孙席珍评传

王姝 著

图书在版编目(CIP)数据

孙席珍评传 / 王姝著. —杭州:浙江大学出版社,
2013.7
ISBN 978-7-308-11660-2

Ⅰ.①孙… Ⅱ.①王… Ⅲ.①孙席珍(1906～1984)
－评传 Ⅳ.①K825.6

中国版本图书馆 CIP 数据核字(2013)第 138335 号

孙席珍评传

王　姝　著

责任编辑	宋旭华	
封面设计	续设计	
出版发行	浙江大学出版社	
	(杭州市天目山路 148 号　邮政编码 310007)	
	(网址:http://www.zjupress.com)	
排　　版	浙江时代出版服务有限公司	
印　　刷	杭州日报报业集团盛元印务有限公司	
开　　本	710mm×1000mm　1/16	
印　　张	14.25	
字　　数	218 千	
版 印 次	2013 年 6 月第 1 版　2013 年 6 月第 1 次印刷	
书　　号	ISBN 978-7-308-11660-2	
定　　价	45.00 元	

序

陈　坚

　　在中国现代文学史上,浙江向有"半壁江山"之称。浙江作家可谓群星璀璨:除鲁迅、茅盾、郁达夫等众所周知的大家之外,还有相当多的优秀作家对现代文坛做出了独特而卓绝的贡献。不少学者从不同角度对浙籍现代作家进行了宏观而全面的研究,如"文学浙军与吴越文化"、"浙江 20 世纪文学史"等。但具体作家的个案研究仍有值得开掘的地方。一是已有的作家作品个案研究多为以前的研究成果,研究思路与方法都略显陈旧;二是由于受历史政治或社会原因的影响,或是难以纳入现有的学术框架中理解,一些重要作家的文学史及文化史意义被逐渐遗忘,淡出人们的视野。特别是随着时间的推移,许多曾经目击过现代文学现场的作家后裔、亲友、学生,渐渐失去跟踪线索,他们鲜活的直接记忆、他们保存的一手资料更是亟待激活与抢救。因而,为丰富文学史的多元面貌、复活历史记忆,除了宏观理论的研究之外,对一些已被淡忘的重要作家的具体研究显得尤为迫切。现代文学绍兴作家群中的重要一员,被鲁迅称誉为"诗孩"、后又担任北方左联书记的孙席珍就是这样一位值得关注的对象。

　　孙席珍早在上世纪 20 年代就已开始创作。他的"小诗"创作,出现在冰心、宗白华等人的"小诗体"渐渐消歇,新格律诗又尚未成熟的时期。他将"小诗"铺陈为抒情长制,兼具徐志摩的抒情与冰心的哲理之长,成为现代新诗发展史上的一个重要过渡,鲁迅、刘半农等赞他为"诗孩";他的《槐花》、《五妹》等散文体小说,是对郁达夫"自叙传"小说的继承与创新,笔致清丽细腻,弥补了郁氏"自叙传"多狂呼而少情思的不足,更能在创造社的心灵自叙之外涂抹上文研会的社会写真背景,从而将"自叙传"小说推上了情理交融的新的高峰,为其赢得"京华才子"美誉;亲历北伐战争的孙席珍奉献了"战争三部曲",冯乃超、沈从文、冯雪峰等纷纷撰文评价,法国、丹麦、日本等国先后节译出版,孙席珍亦被称为"战

争文学家"；而在 30 年代的北平，孙席珍担任北方左联的领导人，他的"新乡土小说"代表作《阿娥》被斯诺选入《活的中国》，并称其为鲁迅之外最喜爱的小说。

然而，令人遗憾的是，上述文学创作实绩并未得到充分的肯定与评价。这可能与孙席珍的文学观有关。从文学走向革命的孙席珍向来认为文学应当是有所为的，但又不满于左翼文学粗疏空浅的标语口号式写作。这样一种文学态度自然有些两面不讨好的尴尬。于是在与现代评论派、革命文学、"两个口号"的论争中，孙席珍往往陷入论争双方的中间立场。对于现代文坛的人事纠葛、思想斗争，孙席珍是身处其中，又作出了自己独立的价值判断。

孙席珍是创作与研究并重的文学教授。早在 30 年代，他的《近代文艺思潮》、《高尔基评传》、《辛克莱评传》、《英国文学研究》、《英国浪漫主义诗人》等是我国外国文学研究领域的开山之作或重要成果。新中国成立后以一人之力撰写的西欧、东欧、日本、印度、阿拉伯等国文学多为填补空白之作。受国家教育部委托，由先生主持翻译默雷的《古希腊文学史》，至今仍是研究希腊文学的权威力作。

我在 50 年代曾亲受教于孙先生，他在课堂上幽默风趣，很能启发听者的学习热情。先生博闻强记，常常只用香烟盒纸一张，略作标记，便可对学生侃侃而谈，滔滔万言不能止。王姝是我的学生，她自 2006 年年末起，便来向我请教，开始研究孙席珍。几年来，她认真积累、检索了大量的文献资料，又多次采访孙席珍先生的亲友、学生，将口述所得与书本材料两相对照，钩沉爬梳，终于全面呈现了孙席珍的文学创作与研究，以及先生许多不为人所知的革命经历，并对之作出了不偏不倚的客观评价。其中，如对孙席珍与鲁迅、郭沫若、周扬等人的交往，大多同文学史上的重要史实有关，又同现代文坛的左右之争密不可分。类似这样的发现，大多从口述史实与原始资料中探寻而得，许多为第一次的解密，其学术价值不言而喻。王姝能沉潜为文，为孙先生勾勒了这样一幅生动完整的画像。这部著作不但丰富了浙江作家的个案研究，而且于私的角度来说，这恐怕也是师生间薪火相传的另一种形式吧，故我乐于为之向读者推荐，是为序。

2013 年春

目　录

第一章　跳着念书的贫家稚儿

第一节　没落的家庭

1906 年农历六月初一,浙江绍兴平水乡红墙下村,一户姓孙的小康之家,又诞生了一个男孩。这是家中第七个孩子了。在他上面,已有四个姐姐和两个哥哥。好在孙家此时尚算富裕,添丁也仍是件喜事。略通经史的父亲给小儿子起名叫做孙彭。做父亲的此时还不曾料到,这个后来改叫孙席珍(席珍为字,取《神童诗》"儒为席上珍"之义,后以字行)的家中幼子,注定会延续着东南文气,为绍兴平水又添新的骄傲。孙席珍,后来成为著名的"同康三孙"之一。"同康三孙"的另两位是叔侄俩:中国"能源之父"孙越崎、经济学家孙孚凌。而孙席珍的父亲与孙越崎的爷爷是亲兄弟。要是按辈分算,孙席珍还是"三孙"中最长的一位。一个家族里同时出现三位在不同领域做出卓越贡献的人物,实属罕见。

绍兴平水,人杰地灵,有辛亥革命"浙东三烈士"之一的陈伯平;又有现代新诗最早的开拓者和倡导者刘大白。以大片大片竹林闻名的平水乡,一直掩映在郁郁葱葱的翠竹丛里,似乎让这些从翠竹丛中走出来的绍兴之子,也格外具备竹的清逸坦荡的精神气节。

1906 年是近代史上一个寻常的年份,它虽不曾发生类似鸦片战争、百日维新、甲午战争这样的大事,却仍然在不可避免地向现代走去。无数普通人的人生逐渐逸出科举考试的传统轨道,开始转向广阔的世界。孙席珍的父亲便是这

样一个无意于求取功名的旧式文人,他也不愿像家乡许多读书人那样入幕作师爷谋生,成为众多绍兴师爷中的一个。在新旧夹杂之间的孙父,尚不能探索到十分切实的新道路。他与三两相知,往各处旅行,曾经南涉港澳,北至塞外,长江上下,足迹殆遍。① 行万里路,本来是士人的游学传统,但近代士人的游学,显然已经打破传统的知识框架,别具睁眼看世界的味道。江南塞上,多事之秋,想来更可以从国事蜩螗中看出传统庙堂价值的毁灭来。从这个意思上来讲,孙父的远游正是现代知识分子新的游历的开端,他为孙席珍这代人的人生打开了新的局面。

孙父游历归来,便与人合伙做生意,在上海开设了一家专门运销南亚和中东各国的茶叶庄。得益于远游所带来的开阔眼界,这家一定程度上已经融入世界经济格局的孙氏茶庄经营得颇为不坏。不料孙席珍六岁时,绍兴老家遭了火灾,屋舍器具都被烧光。全家上下,除了已经出嫁的大姊二姊,都不得不一起迁往上海居住。在狭小的上海弄堂公寓里,幼小的孙席珍初尝人生的艰辛。两年以后,第一次世界大战爆发,远洋航运受阻,对外贸易停滞,小茶庄经不起大风浪,就此倒闭。孙家的家境越发困难,在上海终于住不下去,只得又折返绍兴老家。这样从小康之家陷入困顿的故事,我们在现代作家的身世遭际里似乎俯拾皆是。孙家家道中落的原因,第一次似乎是偶然因素,第二次则显现出历史的必然。天灾与人祸,往往接踵而来,就算是殷实之家,在国家安定与社会保障无从谈起的近代旧中国,也只是风雨飘摇中的一叶小舟,其实一点点风浪都承受不起。也许昨天还富足怡然,今天便露宿街头。无数偶然的家道中落故事,恰见证出近代中国百姓的民生现实。

回到绍兴老家后,孙父先是在机关里觅得一个小职员的位置,因为不善逢迎,屡遭裁遣,最后终于失业。做生意时的一点积蓄用完之后,只能靠典当变卖度日。孙席珍的母亲粗识文字,能阅读绣像章回小说之类,又克勤克俭,在家境每况愈下的当口,还能把家里打点得井井有条。多亏了母亲的辛苦持家,孙席珍的童年才不致有失学之虞。孙席珍八岁时在上海汉文小学入学启蒙,一年半后回转家乡,转入绍兴第五师范附属小学读书。家贫儿早慧,孙席珍聪颖异常,读书又刻苦,结果边读边跳级,几乎是读一年跳一级,总共七年的小学,花了四

---

① 关于孙席珍父亲的游历行踪,引自《悠悠往事·孙席珍自传》,百花文艺出版社1992年版,第212页。

年多的时间就顺利毕业。跳级读书，又让这个贫家稚儿省了一笔学费。这期间，从绍兴第五师范毕业的许钦文入五师附小担任一年级体育教员。这一师一生，尽管当时并未直接相识，却不曾料到，将来的人生彼此还有许多交集，并会在现代文坛上同样留下耀眼的光芒。孙席珍十三岁那年升入中学，勉强读了一年，家中经济实在难以支持。家人商量之后，决定让孙席珍跟随出嫁了的二姊转去外省继续读中学。

第二节　教会中学

1919年春天，十四岁的孙席珍跟随二姊转学到安徽芜湖萃文中学。这是一家教会中学。

安徽虽然算起来也还属于同一个大江南文化圈，但与浙东文化已经有了很大的差异。更何况到了外省，寄食亲戚家也比不得在家中。人生的第一次远行，往往意义重大。它把人投入到一个全新的陌生氛围，逼迫自己从原先的小我中走出，在不同文化的碰撞中，在不同观念的冲击下，开始痛苦而艰难的成长。对一个家境每况愈下的少年来讲，体味着人情冷暖，人世沧桑，在心智成熟的关键时期，这样一次远行，尽管时间不长（孙席珍在安徽芜湖只呆了两年），却接触到外省文化、异域文化（教会学校可以说是西方文化在中国传播的一个窗口，孙席珍的外语基础最早也是在这里打下的）。更重要的是，也正是在这里，孙席珍间接接受了五四新思想的洗礼。这为他进一步远行，到新文化运动的中心——北京，并进而成为一名新文学的诗人、作家和战士，打下了坚实的基础。

教会学校学费、食宿都便宜。孙席珍住校读书，每天的课程就是唱圣诗、念英语、背古文、做习题，有时也会到草地上打打网球。也许教会学校有意与时局保持距离，这些中学生的日子过得几乎与世隔绝。孙席珍是这个班上最年轻的学生，他平时总喜欢到阅览室翻翻报纸，因而对当时的世界局势了解得最深：第一次世界大战早已结束，协约国胜利，正在凡尔赛开和会；中国曾派十五万华工参战，也是战胜国之一。但操纵和会的列强，不但不同意放弃在华特权，拒绝中国收回在山东被日本人夺去的权利，反而还要强迫中国承认日本向袁世凯提出的丧权辱国的"二十一条"。而昏聩的北洋军阀政府正准备在和约上签字。一时间，国内舆论哗然，纷纷表示反对。在安徽芜湖这个小城中，街头巷尾，倒也

平静,表面上看不出什么。孙席珍周末与同学在街上走走时,不曾发现什么异常。但已然关注时事的孙席珍,却能在这平静下面看出异样,他隐隐感觉到一股不大安宁的气氛。

1919年5月4日是一个星期日。按教会学校的惯例,上午做完礼拜,下午休息,孙席珍便与同学们在操场上玩耍。将近傍晚,听到墙外远远传来急促的脚步声,报童叫卖号外的声音格外卖力,嘶哑的声音里透着紧张,让人觉得终于有什么大事发生了。同学们立定了,竖起耳朵听,虽然没有七嘴八舌地讨论,却都感到异样,互相用目光交流。终于等到晚间,有同学拿了号外进来。晚自修教室里便不再秩序井然,大家团团围住,都挤在灯下看报纸,又不敢高声,有同学轻轻地讲:"呵!北京终于闹起来了!"

第二天上午,一切还如常。下午又看了报纸,空气就不大稳了。虽然还在照常上课,但个个都无心听讲。下课了,同学们都聚在教室里小声说话,不再像往常那样了无心事地跑到操场上去玩。报纸上的消息飞速地在同学们口耳边相传:北京几千名学生在天安门集中,高喊口号,游行示威。北洋军阀派了马队来冲,还抓去了好多学生。这消息让这些十几岁的中学生十分气愤,他们态度鲜明地站在青年学生这边。一时间群情激愤,有的叫:"闹得好,就该这样闹!"有的骂:"卖国贼,只会压迫老百姓!"有的倡议说:"我们也应该有所表示。"吵嚷的声音越来越响。

这时,一位绅士气十足的洋教师出现在学生面前,他正是美以美会的洋教师汤普逊先生。他双手插在裤袋里,慢条斯理地开口了:"Boys, keep silence!有话好好地讲,事情总弄得清楚的。慢慢来!你们的政府,会去交涉的。我们美国人,最讲道理,一定会支持你们,照公理去讲。你们爱国,我们美国人也爱国,大家都爱国,这很好。现在,你们还是学生,应该努力读书,学科学。学科学是爱国,也就能救国,这才是好办法!"汤普逊先生平时教学很认真,对待学生和蔼可亲,在学生中很有威信。当他这样说的时候,没有人敢去顶撞他。但大家的心里,却暗自嘀咕:你究竟是站在一个外国人的立场啊,怎么能理解一个中国人,一颗弱国子民的心!

但从此以后,校园里不再像平时那样宁静了。五四运动的浪潮终于席卷了内陆小城。报纸上来自全国各地的消息越来越多:天津、上海、南京、广州、武汉、长沙……这里一个专电、那里一篇通讯,简直看都看不及。不久,有毕业的同学从北京寄信回来,将当时的情景描写得十分详尽。一个人接到信,不一会儿工夫,就传遍整个学校。大家高兴得又跳又叫:真痛快啊!痛打卖国贼,火烧赵家楼!还有同学传诵着五四运动中断指写血书的夏秀峰,冲进卖国贼曹汝霖家的急先锋胡霹雳、杨晦等人的英雄事迹,都又羡慕又钦佩。

火势燎原,运动在全国各地普遍展开了。6月3日,北京、上海同时爆发了比"五四"那天更大规模的示威。当天北京一下子抓去三千名学生,警察局里都容不下,临时把北大第三院当作拘留所,教室里、操场里都关满了人。工厂纷纷罢工,商店纷纷罢市,各地云起响应。芜湖虽是小城,但沿江,有洋街,有码头,风气并不闭塞。在这样的情形下,大家都坐不住了。孙席珍与他的同学们上街买来许多红绿色的有光纸,刻钢板、印传单、写标语、糊旗子,标语上写的是"外争国权、内惩国贼"、"还我青岛、还我山东"、"取消二十一条"、"拒绝和约签字"等等。一时间大家忙得不可开交。老师们也来参加了。有位语文老师引史书上的句子以示抗议:"时日曷丧,予及汝偕亡!"这文绉绉的句子大家似懂非懂,就依样画葫芦跟着写。师生们排着整齐的队伍出发了。罢工罢市之后,街上静悄悄的,店铺十之八九都关着门。游行的队伍一路喊口号,一路散传单。也有同学在街角讲演,引来行人驻足而听。讲演的和听讲的都表情严肃,又热烈又冷静,像是积郁未爆发的地下岩浆在滚滚运行。孙席珍因为跳级读书,年龄小、个子小,却照样跟那些大一点的同学一起,严肃认真地做着每一件事,心里充满了爱国心与责任感。

那天,善良的汤普逊先生眼睁睁望着学生们走出校门,把右手放在胸前,嘴里念着"阿门",也并不来劝阻。直到掌灯时分,大家回校,却发现汤普逊先生正似笑非笑地站在那里迎接,脸上露出无可奈何的神情。也许汤普逊也已经越来越同情这些中国学生,但站在教师的角度,又无法全然赞同。这种矛盾与爱惜的心理,多少与北大蔡元培先生等人的心理略同吧。

这是五四运动的高潮。几天以后,在群众的威力之下,北洋军阀政府把被捕的学生全部释放,撤掉了曹、章、陆三人的职务,并拒绝在巴黎和约上签字。运动取得了胜利。后来,北京中央公园的草地中央,竖了一块"公理战胜"的石牌坊,谁也不曾注意过它。两年以后,孙席珍已到北大读书,有次偶然经过那里,抬头向它一瞥,只觉得那是北洋军阀对自己的一种揶揄和嘲弄。

五四运动打开了少年孙席珍的眼界。从此以后,他不再满足于仅仅做一个

爱读书、学习好的乖学生，上课也不再唯教师的话是听。做礼拜唱诗的劲头也没有以前那么大，每次只像小沙弥念经一样随口哼几句就了事。一到周末假日，赶忙上街跑书店，节衣缩食，买了《新青年》《每周评论》、《星期评论》等回来；后来又有《少年中国》《少年世界》这些刊物。凡是买得到的，总是尽量买来。《湘江评论》因为是外地的，不大容易买到。李大钊、蔡和森、陈独秀、胡适……这些名字都成了少年孙席珍的崇拜对象。刊物上传播新思想的文章有的深入浅出，一看就懂；有的比较深奥，不大能够领会，孙席珍还是硬着头皮看下去。什么德谟克拉西呀，赛因斯

图1 《悠悠往事》书影

呀，布尔什维克呀，概念也不大分辨得清楚，但对孙席珍来说，都仿佛新鲜的养料。他贪婪地把这些新名词、新事物、新思想，不管三七二十一，一股脑儿都往脑袋里装。这时候的他，越来越迫切地想到一个更为广阔的天地里，去把这些新鲜而复杂的名词彻底弄个清楚明白。

第三节　初到北大

两年后，十六岁的孙席珍中学毕业。在他眼前，摆着一条父亲为他安排好的安稳的人生道路。父亲已经为他四处托人情，好不容易找到一个到银行当练习生的位置。但经过五四洗礼的孙席珍怎么可能满足于当一名银行练习生呢？那样一条在世人看来十分稳妥的道路，不啻是一种精神的活葬。

他几乎没有犹豫一下就拒绝了父亲的好意。一到秋天，他就直奔五四运动的策源地、新思想的中心——北京。连去北京的路费都是从亲友处筹措而来。初到北京，孙席珍拖着两件破旧的行李，步出车站，四顾茫茫，不辨方向，于是他

雇了辆街车，路上经过天安门，向巍巍的华表望了两眼，他心潮起伏，不能自已，心中默念：北京，我来了！车到沙滩的红楼，这里正是"五四"新文化运动的摇篮。孙席珍抬头向上望，低头向下看，想到这几年将在这里学会赛因斯，学懂德谟克拉西的道理，一颗激动不安的心终于沉静下来。

孙席珍成绩优异，不经预科，直接考取了北大哲学系。这在当时并不多见，何况他还只有十六岁。到北大后，孙席珍办好各种入学手续，搬进银闸一间小公寓，安顿好了行李。第二天早上无事，他独自跑出德胜门，第一次遇见了一串串驼铃。那时的德胜门，还没有成为高楼林立的现代都市中心，北京城的旧貌尚在四合院沉稳的气息中凝固。一出城墙，风景殊异，德胜门外的景象已经与塞外略同。见惯南方阴雨连绵天气的孙席珍只觉得北方的天特别高特别清澈，北方九月的风吹来颇有些寒意了。而那负着重负的骆驼，却像满不在乎似的，排成行列，只顾昂着头，一直朝着苍茫无际的前方走去。孙席珍一时不免有点黯然，但随即想到，它们将踩着坚实的脚步，横穿过荒凉的大沙漠，最后终将觅到绿洲，他的心似乎又很踏实了。"骆驼呀，骆驼呀，我应该向你们学习，我愿跟着你们一步一步向前走。"北方文化一下子把辽阔坚实的境界展现在孙席珍的面前，开始磨砺这个南方少年的心。

孙席珍在北大读书，经济十分紧张。他家境本来就困难，何况求学还违拗了父亲的意愿。孙席珍几乎每月的伙食费都不大挤得出。再加上他急于求知，见到新书报，总想买来看，这样就更加捉襟见肘了。幸好经绍兴同乡兼师长孙伏园先生介绍，他到《晨报副刊》担任校对，每月有十五元的收入，半工半读才勉强维持了下来。《晨报副刊》报馆在宣武门外丞相胡同，距离沙滩有十多华里，每天下午三四点下课以后，孙席珍就得拖着沉重的脚步，从北池子出前门，穿过杨梅竹斜街，跑到报馆工作。晚上十点多，才能赶回寓所。常常赶不上晚饭，他就路上吃两个饼、一包花生米充饥，边走边吃。一年三百六十五天，不论风霜雨雪，没有假期，没有休息，孙席珍已经习以为常，也从不觉得苦和累。

孙席珍一开始就选择了哲学系。在他心目中，哲学是以万有全体为对象的具有普遍性的科学，它是一切知识的总和，是以探索各种事物的现象与本质为目的的学问，学了它，可以一通百通。进一步来说，哲学不仅仅属于知识体系，以满足理性要求为旨归，而且对于人生观、世界观的确立，也有不可分离的关系。同时，哲学重在修养与实践，最终目的在于解决各种人生问题，所以古希腊

大哲学家苏格拉底才以"知德一致"教人。求知心切的孙席珍饥不择食般地到处听课：陈大齐的哲学概论、徐炳昶的西洋哲学等。但不久，他就发现哲学史上流派各异，众说纷纭，反而弄得莫知所从；后来又听了胡适的中国哲学和梁漱溟的印度哲学，更加觉得虚虚实实，幽深难解。在纯理论的哲学探索中，少年孙席珍越来越困惑，他一面怨自己的水平太低，接受不了，一面却更加渴求真理。他想：原是为了要想通达事理才来学哲学的，结果却越学越糊涂。也许这种脱离实际的纯理论探求，意义不大，渐渐地他就没有开始那么大的劲头了。

但孙席珍并没有就此放弃学习哲学的念头。他从纯理论的本本主义，转向了广阔的社会天地。他主动扩大学习的领域，选读了李大钊先生的马克思主义经济学，相应地还去听马寅初先生的正统经济学。历史、社会、现实，把虚空的哲学问题落到了踏实的大地上。在对社会真理的探求中，孙席珍渐渐觉得自己的脑筋似乎开了窍，进而就想较全面地对马克思主义的基本原理有所理解。于是课外把《共产党宣言》、《社会主义从空想到科学的发展》等经典著作找来读了又读，又设法找了作为马克思主义来源之一的空想社会主义者圣西门和欧文的著作，甚至连蒲鲁东、巴枯宁、克鲁泡特金等无政府主义者的著作也一一加以浏览。孙席珍这种近乎贪婪的大量阅读，其中读不懂的地方简直不可胜计，没处请教，也没人指导，只得硬啃。在这些马克思主义经典文本中，引证了大量的西方文化与社会历史知识，几乎涵盖了马克思主义思想发展的全部历程。少年孙席珍被马克思主义对社会历史的精辟见解和对人类社会的理想性追求深深吸引。为了进一步深入理解，他又自行补课，读了好几部世界史，特别是近代史，连带还看了些地理方面的书，兼及国际政治。尽管当时的孙席珍在《晨报副刊》半工半读，勉强糊口尚可，但要满足求知的需要，以他当时的经济能力，这样多的书，怎么买得起？他只能在东安市场的旧书摊上淘，有时花几大枚才能买到"第二手"的小册子，其余大部分的书，就非到图书馆不可。从此孙席珍下午就不大上课，经常跑西城京师图书馆，往往整个下午呆在那里，边看边做摘记，冬天还可借以取暖。孙席珍总要到闭馆时才出门，然后彳亍着步出宣武门，到报馆里去混一顿晚饭吃。去的次数多了，图书馆里照管阅览室的执事见到孙席珍总是笑嘻嘻地同他点头。一位年纪较大的管理员还常常同他攀谈几句，称许孙席珍为"勤学苦读的好小子"呢。

因为学习西方文化的需要，孙席珍迫切地感觉到外语的重要性。当时许多想要阅读的名著，国内还没有译本，只能靠自己硬啃。好在孙席珍上的是教会中学，英文的底子并不差。他又从头开始学第二外语法语，从字母开始学起，很费力。但一经掌握规律，进度倒也不慢。孙席珍学外语，主要是为了阅读。他常常字典不离手，靠着刚掌握的一些语法规律，就开始啃大部头；虽是烦难，却并不灰心，仍然孜孜兀兀。凡是外语课，每堂必到，每天起早落夜，总要花几个小时在外语学习上，竟渐渐有所成了。

北大是当时中国的文化中心。五四新思潮从这里发源，西方文化也借着这个重要的交流窗口引介。学校常请一些洋教授如杜威、罗素、杜里舒等来讲学。虽然因为语言的关系，孙席珍不大听得懂，但每次也总会去凑热闹。印度诗圣泰戈尔来了，是个大热天，孙席珍帽子也来不及戴，赶到先农坛，听他用流利的英语讲《吉檀迦利》；盲诗人爱罗先珂来了，孙席珍连忙挤进教室角落里去，听他用弹奏曼陀林一样的声音，朗诵他的《桃色的云》。这些鲜明而有趣的人物，给孙席珍带来了新的视野。他只觉得自己什么都想学，什么都去听，却什么也没有学好。仿佛慌慌张张地，到处看看学学，眉毛胡子一把抓，乌七八糟一大堆，只是囫囵吞枣地一股脑地往肚子里塞。

少年孙席珍妄想成为一个"通家"。他什么都抓，什么都想学，意图获得更为广泛的知识。唯独对于文学，孙席珍却抱有一些偏见，不大重视。这倒并不是受了柏拉图认为文学是"摹仿的摹仿"的影响，而是从庸俗的功利观出发的，认为它大之不能够经世济时，小之不足以安身立命，因而对它比较冷淡。话虽如此，孙席珍也并没有完全加以排斥。常常，看理论书籍看累了，他也会找些文学作品来阅读，作为调剂。因为文学作品里有故事情节，看看也富于意趣；有喜怒哀乐，读了也颇为感人；也常描述一些世态风物，传达一点科学知识，不但能怡情悦性，增长见闻，还包含许多人生哲理、宇宙真谛。每部作品、每位作家在他所创造的文学世界里，都在传达他独特的人生观、世界观。文学世界见仁见智，各各不同，却一样发人深省，引人遐思。就这样，从休闲出发的文学阅读，同样深深地吸引了孙席珍。文学作品也渐渐成为他不可缺少的精神食粮了。

这期间，孙席珍读了许多中国前辈作家的作品和若干外国文学名著。孙席珍最崇敬的现代作家是鲁迅和郭沫若。他从他们的作品中受了很多教育，得到不少鼓舞。后来为了更深入、更系统地了解文学，孙席珍就到中文系去听黄晦闻讲诗、刘毓盘讲词、吴瞿安讲曲、鲁迅讲中国小说史、周作人讲欧洲文学史、张

凤举讲文学概论,还到英文系听了一点英诗和英、美小说的讲述。不过这些课程,都是时断时续地去听的。从头到底听完的,只有周氏兄弟的中国小说史和欧洲文学史两门。孙席珍在暮年写回忆录时,曾经充满崇敬与怀念地写道:

> 周作人学识相当渊博,我的一些外国文学基本知识,开始可说是得之于他的传授;听鲁迅先生的课,则不仅获得这门课的专业知识,还教导我们怎样学习,怎样写作,怎样认识历史和社会现实,怎样辨别是非、真伪、美丑、善恶以及怎样做人的道理,觉得受益特别大。①

孙席珍与文学的情缘之路,在当时的文学青年中可以说是相当典型的。他们大多并不像曹丕那样志得意满:"盖文章,经国之大业,不朽之盛事。"他们往往从为人生的切实需求中,从腹饥身冷的贫困中,点燃这精神追求的火花,又试图借助文学的精神拯救力量,重返对社会现实的关切。这样一条社会——文学——社会的道路,正显示了中国现代文学那种挥之不去的社会责任感。周氏兄弟不同的文学观念,也对孙席珍产生了深远的影响。其时,尽管周氏兄弟二人尚同在新文学阵营中,但周作人《人的文学》、《平民文学》等一系列重要论文的发表,已经与鲁迅毫不妥协的凌厉之气拉开了差距。孙席珍从一开始就站在了两条文学道路的中间。孙席珍的第一首诗歌,就是由周作人亲自修改并亲自推荐到报纸上发表的。而孙席珍的"诗孩"之美称,又是由鲁迅先生亲自点头称许,并且书面成文的。这大概也预示了孙席珍的文学创作之路,会在激进与保守、严苛与从容、革命与闲适、"为人生"与"为艺术"等双重话语之间呈现出更为丰富的褶皱与层次来。

就这样,学了好些门类的课程,读了许多不同流派的著述,也写了不少的新文学诗篇,开始时眼花缭乱,是非莫辨,总想什么都抓住,什么都经历一番,但渐渐地,孙席珍开始寻找到自己的道路。是与非,真与伪,进步与保守,正确与错误,终须一一鉴别,因为真理只有一个,道路只能选择一条。于是,孙席珍暂时放弃了已经小有成绩的文学创作,摒绝了那些五花八门的书刊,一概不予理睬。他一赌气之下,把几年来从四面八方搜罗来的各色各样的书刊,拿根草绳一捆,统统卖给了打小鼓的。此后,孙席珍只注意阅读《新青年》,特别是《向导》、《中国青年》等刊物,专心一意地在这上面找寻真理,终于明确了马列主义信仰,认

---

① 孙席珍:《孙席珍自传》,《悠悠往事》,百花文艺出版社 1992 年版,第 215 页。

识到只有在共产党领导下，走社会主义道路，才能救中国，才能引导中国革命走向胜利。

当孙席珍逐步确定自己的人生追求时，也正是五四新文化阵营分化之时。李大钊的《再论问题与主义》，希望用阶级斗争学说去"根本解决"中国的社会问题，而不屑于躲在学术的象牙塔里"纸上谈兵"。曾经首举文学革命大旗的胡适，却日渐保守，以中正平和的态度做起安稳的大学教授来。他一面用改良主义、实用主义的哲学根基改造中国现代学术，一面大力倡导"研究问题，输入学理，整理国故，再造文明"（《新思潮的意义》1923）和"大胆假设、小心求证"。其时胡适的声名如日中天，而他退趋保守的思潮也影响了相当一部分青年学生。

偏偏这时在故宫里的末代皇帝爱新觉罗·溥仪因装了电话，偶尔兴起打电话给这位《尝试集》的作者、新文化的领军人物，约他进宫谈天。胡适终于也免不了千百年来中国文人的御用情结，向庄士敦请教了宫中情形后就欣然进宫了。新文化领袖拜谒逊帝溥仪，一下子引起轩然大波。胡适记下当时的情形："他称我先生，我叫他皇上。"①宫里的王公大臣们听说皇上私自见了胡适这个"新人物"，便"像炸了油锅似地背地吵闹起来了"②。而京中各报也都当作新闻刊载，还登出"胡适请求免拜跪"、"胡适为帝者师"等传闻，闹得满城风雨。胡适不得不写一篇《宣统与胡适》来作答辩。文中在交代了当时的会见情形之后，便开始大发感慨：

> 清宫里这一位17岁的少年，处的境地是很寂寞的；很可怜的；他在这寂寞之中，想寻一个比较也可算得是一个少年的人来谈谈；这也是人情上很平常的一件事。
>
> 不料中国人脑筋里的帝王思想，还不曾刷洗干净。所以这一件本来很有人味儿的事，到了新闻记者的笔下，便成了一条怪诞的新闻了。③

在新旧思潮激战、新文化阵营分化的关键时刻，胡适忽略了溥仪的政治身份，抱着人道主义的隔见，不顾舆论和实情，把一件实具象征意义的大事视作

---

① 胡适：《宣统与胡适》，《努力》周报第 12 期，1922 年 7 月 23 日出版。
② 爱新觉罗·溥仪：《我的前半生》，北京群众出版社 1964 年版，第 141 页。
③ 胡适：《宣统与胡适》，《努力》周报第 12 期，1922 年 7 月 23 日出版。

"普通的人情上很平常的一件事",还责备别人对他的批评是谩骂、诬蔑,这虽与胡适正统敦厚的性格有关,却不免是妇人之仁。

这件事让孙席珍耿耿于怀,越发看清了革命阵营的新形势。激进与保守,本是现代中国思想界两条可选的探索之路。但历史将可选变成了必然。激越于怀的青年学生自然无法容忍胡适明目张胆地为清廷辩护。孙席珍也一样激进。1923年北大二十五周年校庆那天,晚上猜灯谜,有个谜面"丧家狗",打一人名,人们一猜就中,谜底是 QV,QV 是 Quo Vadis 的缩写,意云何往,是胡适的笔名。于是有位同学大声念道:"胡适,QV 呀,你真是一条十足的丧家狗呀!"大家都在嘲笑中快意着。

不久,1925年轰轰烈烈的"五卅"反帝运动在党的领导下展开了,孙席珍自觉投身到运动中去。这年,孙席珍由北大同学卓恺泽(曾任长江局书记,后被国民党特务杀害)介绍,加入 CY(共青团),编在东城沙滩小组。于是,曾经醉心于新文学创作的少年诗人又投笔从戎,变成了激越的革命者。北大求学期间,孙席珍在哲学、社会以及文学上的探索,无疑走过了一条曲折而又不断向前的道路。他在思想上的徘徊容与,正和中国社会向何处去的艰难探索同步。而他最后的坚定选择,则是一个怀有高度社会责任感与使命感的青年学子的必然选择。

第二章 鲁迅交口称赞的"诗孩"

第一节 盛赞"诗孩"

1924 年 12 月 29 日,年轻的孙席珍拜访鲁迅,请他为《文学周刊》撰稿。鲁迅关切地问起:最近还写诗吗? 诗写得怎么样了? 孙席珍当时有些惭愧,答道:"写得不多了。主要因为越写越觉得写不好,其次也怕受人指摘,说我写诗是另有目的,所以不敢写了。"鲁迅听后,鼓励说:"你觉得越写越写不好,可见你比以前已经有了进步。今后只要多读些古人的和外国的诗篇,可以得到不少启发,再多想想,多练习练习,自然会写得好起来的。至于怕受人指摘,我看大可不必;你写你的,他们指摘他们的,用不着理会他们。"四天之后,鲁迅便把那篇著名的《诗歌之敌》托许钦文带给孙席珍,此文的开卷首语曰"大前天第一次会见'诗孩'"。"诗孩"一称,由此从私下的戏称,正式形诸文字。这对于十九岁的孙席珍来说,实在是一种极大的鞭策和鼓励。

不单书面的问世,连"诗孩"戏称的由来,也曾经过鲁迅的亲自肯定。孙席珍先生有过一段回忆:

> 1924 年春天的一个下午,我像往常一样到《晨报副刊》报馆来做校对工作,其间有事去相询孙伏园。到办公室门口一望,朝里一望,觉得不便贸然进去,就站在外面等候适当的时机。我看到鲁迅先生正对着九斗桌,坐在伏老平时坐的那把转椅上,静静地吸着纸烟,陈大悲和伏

老坐在靠墙的茶几两旁的椅子上,唯有钱玄同站在那里发议论,"既然徐公称为'诗哲',冰心女士当然应称为'诗华',或者叫'诗娃'吧",说到这里,回头一眼瞥见我站在门口,就把手朝我站的这边一扬,接着说:"此君也可以叫'诗孩'了。"鲁迅"唔"了一下说:"当然可以,而且也颇恰当。"这时,我就趁机进去,向伏老汇报了几句,然后分别对他们打了招呼,就退出来,下面他们谈些什么,我也不便再听了。

若干天后,在北大的教师休息室里,见到好几位老前辈在一起,其中一位是刘半农,他看见我就开开玩笑说:"喔,'诗孩'来了,可带了什么好诗来给我们欣赏吗?"

那时我还年轻,很腼腆,只能笑笑,不能做什么回答,但我知道,这个称呼,在北京的文艺圈子里,已经相当传扬开了。①

鲁迅在《诗歌之敌》这篇文章里,很慨叹于今日文坛上诗歌创作之冷落,说是"戏曲尚未萌芽,诗歌却已奄奄一息,即有几个人偶然呻吟,也如冬花在严风中颤抖"。"诗歌是本以发抒自己的热情的,发讫即罢;但也愿意有共鸣的心弦,则不论多少,有了也即罢;对于老先生的一颦蹙,即更无所用其惭惶,因为意在爱人,便和前辈老先生犹如风马牛之不相及,倘因他们一摇头而慌忙辍笔,使他高兴,那倒像撩拨老先生,反而失敬了。"这段文章,孙席珍曾连读几遍,觉得鲁迅先生之所以这样说,不仅有所非难于某些顽固保守分子惯用伦理道德的旧观念来扼杀文艺的幼苗外,也正是针对着自己那天所谈,正在亲切地对自己进行教诲。先生还在这篇文章的开头,特地把"诗孩"字样写了进去,亦含有鼓励鞭策、冀其有成之意。

"诗孩"写诗的时候,的确还只是个年仅十六岁的孩子。那是在 1921 年,孙席珍考入北大,得孙伏园的帮助,学习之余到后者主编的《晨报副刊》作校对。每天下午下课后,他用十六岁少年稚嫩的脚,无数次丈量了从北大红楼到十几里外的宣武门报馆。一路上啃两个大饼、一包花生米当晚饭。也就是这样,他和着风霜雨雪,伴着新出报纸上的油墨香,渐渐走进文学的大门。

《晨报副刊》是五四时期著名的"四大副刊"之一。其前身为北京《晨钟报》和《晨报》第 7 版。1921 年 10 月 12 日改版独立发行,至 1928 年 6 月 5 日第

---

① 孙席珍:《鲁迅先生怎样教导我们的》,《悠悠往事》,百花文艺出版社 1992 年版,第 29 页。

2314 号终刊。编者先后为孙伏园、刘勉己、丘景尼、江绍原、瞿菊农、徐志摩。

最初的《晨钟报》是以梁启超、汤化龙为首的进步党（后改为宪法研究会，即研究系）的机关报。1916 年创刊时即在第 7 版刊载文艺作品，但还未能脱出旧式副刊消闲与低级趣味的窠臼。1918 年 12 月《晨钟报》改组为《晨报》。翌年 2 月 7 日，宣布改革第 7 版，增添介绍"新修养、新知识、新思想"的"自由论坛"和"译丛"两栏，使副刊明显地倾向新文化运动。1920 年 7 月，第 7 版由孙伏园主编，后又经他改出 4 开 4 版的单张，报眉印有鲁迅拟就的"晨报附刊"字样，报头定名为《晨报副镌》。孙伏园主掌期间，《晨报副刊》是《新青年》之外传播马克思主义思想、介绍俄国革命的主要阵地，也是新文化运动的重要基地之一。期间所出的"劳动节纪念"专号、"俄国革命纪念"专号，所辟的"马克思研究"专栏，均为中国报刊之首举。同时，《晨报副刊》也兼容并包地介绍过各种社会改良主义、修正主义的学说。这些理论思想杂谈的文章，大多经由孙席珍亲手校订，不仅表现出当时思想文化界宣传马克思主义的复杂状况，也与孙席珍本人对于哲学社会真理的探求同步。随着马克思主义宣传中心逐渐转向上海，《晨报副刊》逐渐把主要篇幅用来推进新文学，副刊登载文艺内容的比例进一步提升。

由于在报馆工作，孙席珍认识了不少老一辈的作家和学者。在他们的影响之下，孙席珍开始练习写作。他读了冰心女士的《繁星》《春水》，接着读了泰戈尔的《飞鸟》《园丁》，尔后又接触到日本的俳句、短歌以及英、美意象派的一些小诗，便不知不觉地效法他们，开始写作小诗。

孙席珍觉得这些尝试之作，内容十分幼稚、肤浅，并不敢拿来示人。1922 年春天的某日，周作人无意中看到了孙席珍偷写的诗，就提笔替他修改了一下。过了几日，想不到这首题为《故乡六首》的小诗竟赫然发表在《晨报副刊》上！原来是周作人将诗作转交给了孙伏园，推荐发表了。这是孙席珍最早发表的诗作。得到前辈的期许和鼓励之后，孙席珍又把另一份诗作寄给邵力子。不久，4 月 24 日，邵力子在他主编的《民国日报·觉悟》上发表孙席珍的《春风——小孩子的诗》，共计二十四首，分四次连载完。从此以后，孙席珍一发不可收拾，写诗的劲头更大了。1923 年，十八岁的孙席珍接连创作了长诗《稚儿的春天》和《黄花》。5 月 15 日，长诗《稚儿的春天》在《晨报副刊》连载。7 月 9 日，长诗《黄花》在《晨报副刊》连载。不久，又由报馆出版单行本。另外还发表了短诗近百首。

这些诗学习冰心的小诗体，带着稚儿的天真与忧伤，一下子打动了许多青年易感的心，也引起了许多文坛前辈的注意。

与小说、散文的成就相比，中国现代新诗的尝试一开始就显得步履蹒跚。从胡适《尝试集》里《两个蝴蝶》的半文半白，到沈尹默《三弦》的古典意境植入，刘大白的"以议论为诗"，都只是个体性的粗浅探索，并不能形成蔚然大观的诗潮。直到周作人译介日本的短歌、俳句，郑振铎译介泰戈尔的《飞鸟集》，由朱自清、刘半农等首倡，伴随冰心《繁星》、《春水》的出现，才形成了中国新诗史上第一个流派——"小诗体"。从形式上看，小诗最短两行，最长的十八行，一般是三五行。小诗大多表现刹那间的感兴，或托物喻理，或借景抒情，寄寓人生哲理或美的情思，追求诗意的真纯和意境的清新隽永。小诗的出现，一方面是诗人积极吸收外来诗歌形式，以丰富新诗体式的多元探索，另一方面也源自诗人捕捉自己内心世界的微妙情感与感受的努力。与初期白话新诗的直白浅露相比，小诗已经注意酝酿内在的个体情绪，吟咏含蓄的诗味，渐渐形成了独特的感悟式意境。但短小的篇幅和刻意的寄寓式写法，也逐渐形成了一种固定的模式与套路，既不能承接古典诗歌的丰厚美学传统，又不能彻底打破镣铐，传达五四的狂飙突进精神。因而，"小诗体"在新诗的发展史上更多地具有过渡的意义。

如果我们横向来比较，"小诗体"几与初期的"问题小说"相类，大多以"爱"与"美"的药方来包治社会百病，甚至连"小诗体"的诗人也与"问题小说"作家多有重合。如冰心既是"小诗体"的代表诗人，更是"问题小说"的主要创作者之一。这两个出现于不同文学体裁中的文学流派，有着同样的致命缺陷：将丰富而痛苦的现实人生，通过简单化的方式美化，以达成一种抽象的拯救。而这，显然是颇有些掩耳盗铃的意味。故意借助一种纯挚的童心来解救苦难，实际的效果却往往流于浅白，过于理想化。因此，1923 年宗白华的"《流云》出后，小诗渐渐完事，新诗也跟着中衰"①。此后在新诗的格律体式与审美意境上，进行更为大胆的探索的，则是新格律诗与象征诗派。

孙席珍的小诗就出现在"新诗中衰"、"小诗渐渐完事之际"，新诗的第一高潮与第二高潮（新格律诗的繁荣）之交。孙席珍的"小诗体"创作，以冰心、宗白华的"小诗体"为摹仿对象，却又别出心裁地运用多首小诗连缀，来系统表达某

---

① 朱自清：《中国新文学大系·诗歌集·导言》，《中国新文学大系导论集》，上海书店 1940 年版，第353 页。

种情思的方法,既自由灵活,又大大拓展了小诗的表现容量。长诗《春风——小孩子的诗》《稚儿的春天》无不如此,到《黄花》一诗,已经发展为九十三首之巨。这一创制也极大地影响了绿波社其他成员的新诗写作。一时间,"诗孩"的连载体"小诗"倾倒诗坛。无论如何,诗以情为主,"诗孩"如此着意写"情",将"情"铺展为辗转反侧,悠哉悠哉的长篇,这首先是对"小诗体"在形式上的突破。

在内容上,冰心的小诗以讴歌母爱、童心和自然美为基本主题,孙席珍"稚儿"的歌唱却看见了爱的现实苦难。让我们来对比这样两篇诗作。

冰心《春水·一零五》:

> 造物者——
> 倘若在永久的生命中,
> 只容有一次极乐的应许,
> 我要至诚地求着:
> "我在母亲的怀里,
> 母亲在小舟里,
> 小舟在月明的大海里。"

这首诗非常凝练、形象地传达了冰心的人生诉求,即:童真、母爱、自然之美浑融一体,其间"我"、"母亲"、"大海"、"小舟"的意象互为依存,不可分割,构成人间最和谐的一幅图景。同"问题小说"一样,冰心热切地讴歌母亲的爱和孩儿的爱,用母爱与童心作为人生追求的最高境界。虽是简单,却具有强烈的向善趋真的审美力量。

孙席珍《稚儿的春天·人间(一)》:

> 如此寂寞的人间,
> 我愿意悠然的辞去。
> 破碎的心,
> 随着破碎的身,
> 长在这破碎的人间:
> 我高唱了,
> 只有山谷来酬应;
> 我叹息了,

更没有些儿声息。

人间只觉着孤零，

还不如悠然的辞去。

天是这样的高，

地是如此的远，

踽踽的来，

凉凉的往，

无主的过了十八年。

这样寂寞的人间呵，

我愿意悠然的辞去！

　　　　　　（1923）

　　稚儿在人间的寂寞究竟因何而起，诗中并没有明言。但破碎的人间给予诗人的，只有孤零，只有叹息，只能悠然地辞去。这样一种感伤的情绪无意中与 20 年代文学的主流情绪暗合。在孙席珍的自述中也提到，那时，他只觉得自己还是个"天真烂漫的小孩子"，"虽然是稚气弥漫，总常常地感觉着潇洒和疏闲"。这些发表于"诗孩"创作初期的诗作记录了一个入世未深的稚子的"零碎的断片的感想"，"因为只是枝头的嫩芽似的幼稚，遂自题曰'小孩子的诗'"。① 与"诗哲"、"诗华"对时代主题的有意为之不同，"诗孩"以一个"小孩子的心"，自然而然地触及了五四历史转型时期的普遍社会心理。

　　有论者认为孙氏"在诗中所呼唤的爱情原是对'无爱的人间'的一种反拨，亦带有那个苦闷焦灼的时代的烙印"。② 但将"诗孩"时期的"小诗"简单化为情诗，或者将情诗仅仅理解为爱的独立价值的觉醒，并仅以爱来表达对时代的苦闷与反叛，显然是不够深入的。我们在孙席珍这一时期的诗作中，看到的《客岁》(1923)"愁思——悲伤/时间只飞般的不息地赶他的路程，/要我再向哪里去找我的客岁呢"，留下的是山川依旧，物是人非之感；《寺中》是"只剩下荧荧的孤灯，/哥哥的寒鸡，/慰我漫漫长夜的寂寞"，因为人间尽是"孤苦的生活"，令人"厌倦"；而在"长着荒草的园中，/我坐着吹起我的笛儿"，就算是泪水愈蓄愈多，

---

①　孙席珍：《稚儿的春天·序》。

②　吴国群：《孙席珍评传》，《社会科学战线》1990 年第 3 期，第 250 页。

竟不能停止悲哀,因为《我的歌声》"一样的歌喉,/怎能要我唱出两样的歌声来呢";而《樱花》中的我看画片上的樱花,将"院中簌簌的落叶之声"认作樱花,"想捡起一片来,袖在/手中,送还我的爱人;/但门外的萧萧声依旧,/纸上的樱花仍是无语"!

在这些诗作中,并没有热烈而明确的情思。那些孤独飘零之感,显然更是一种人生的总体感悟。即使写爱情也只是冰山一隅,诗中恋人幻化成的美好形象可以是"菊花姑娘,/没有一个朋友的,/除了严霜"(《春风·十》),也可以是"我的朋友,/随处都是乐园,/都是天国呵,/你快把刺人的荆棘砍掉了"(《春风·十三》)。这些形象更多地寄寓着对人类所有美好感情所怀着的热切希望。如果我们承认"中国缺少情诗……坦率告白恋爱者绝少,为爱情而歌咏爱情的更是没有"①的现代情诗的叛逆意义,也可以指认出孙席珍诗作中那些明显借爱情反抗封建礼教的因素:"我俩中间,/只有一重旧礼教织成的屏障呵,/怎的好似隔着无边的海。"那么恐怕越发不能忽视孙氏诗歌中那些超越狭义爱情,抵达更为广阔的人类美好感情等主旨的积极意义。

然而,孙席珍小诗作品的时代价值更在于,写出了这些感情的彷徨无助,是"泪做的""寂寞":《春风·二十四》"人们只知道:/叫得凄切的秋是虫,/唱得快乐的春是鸟,/可是他们有他们神秘的言语";《春风·三》"希望是无穷的呵,/但到什么都没有了的时候,/希望便会匿迹";《春风·九》"诗人的心,/如婴孩般的天真——/对着人类微笑,/对着自然微笑,/对着一切微笑"。"黄花呵,/随着东风飞去罢!/原也是微小的漂泊者呵"(《黄花》1923)、"冰天雪地的人间/要热烈的心做什么呢?/世界是这样的大/怎么没有我一寸立足的地方哟"之后,"诗孩"还是半是绝望半是希望,用"多恨"来鼓舞起前行的勇气:"白云悠悠的去了,/江水滔滔的去了,/各走各的路呵,/丝毫也不能相强,/我们也带起生命走罢!"(《夏夜之歌》1923)

由此,20年代青年对爱的怅惘,对情的执着,便以一颗"稚儿的心"显得愈发动人了。在槐花、落叶、犬吠、残灯、飞蛾这些日常事物背后,"诗孩"敏感的心不停地颤栗。诗情与哲理便化作惊人的激情,以每日一首或两三日一首的速度勃发。这些《夜间》的行路人:"只如柳絮萍轻,/随春风江水漂泊浮沉;/数十年的

---

① 朱自清:《中国新文学大系·诗歌集·导言》,《中国新文学大系导论集》,上海书店1940年版,第352页。

伤心事,/不堪回首,不堪问闻;/归去吧,在星月阴翳的夜间,/彳亍着的少年病人!"因何而起的病因,显然不仅是个人的漂泊,更是时代的苦闷,并指向终极性的生存之痛,以及在此生存之痛中的坚守。而挥手作别星月的凄凉,由感伤凄婉转为沉郁顿挫,"别了——再见了!将一腔热血和悲愤,/尽付与东风明月罢"(《夏夜之歌》1923),则为诗孩下一阶段的创作转型,乃至人生道路的转型都铺写下先声。

显然,鲁迅之盛赞"诗孩",以及"诗孩"美称的广为传布,并非偶然。从鲁迅盛赞"诗孩"起,俩人将进一步结下师生情谊,鲁迅与孙席珍的交往将更为长远地启迪着孙席珍今后的文学创作。孙席珍一直感到愧对鲁迅的,也正是"诗孩"的美称。自从鲁迅的那次交谈、那篇文章之后,他努力遵师嘱学习中外诗歌,终觉难以突破"小诗体"的束缚。上海泰东书局曾有意出版他的诗集,诗也编选好了,题作《素心兰》。临要出版,他却越来越不满意,竟悔其少作,将诗稿付之一炬。"诗孩"焚诗,与孩子的天真与幼稚告别,也就此告别了第一个新诗潮流"小诗体"。而对少作的不满,是因为孩子的梦终究要醒,少年强说愁已经换作睁了眼看的沉痛现实。

第二节　师生情谊

1923年初夏的某一天,孙席珍应周作人函邀去他家谈话。其时周氏兄弟两人都住在八道湾。走到西四北大街将近百花深处时,孙席珍迷了路。一连问了两三个行人,都说不知道。孙席珍见路旁空着一辆洋车,就问八道湾去不去。想不到这位拉车的还挺幽默,笑答:"去!八大枚,一大枚一道湾。"于是孙席珍笑着上了车,顺着大街朝北走了一段路,往西转北进了胡同口,再拐了几道弯,停在十一号大门口。刚巧大门开了,走出一个人来,正是鲁迅先生。孙席珍上前恭敬地问:"您是大先生吧?"鲁迅望了孙席珍一眼,和气地说:"是的,可有什么事?"孙席珍说:"是二先生约我来的,他在吗?"鲁迅答道:"总该在的,你进去看看。"说着,便向孙点点头,上街去了。

这是孙席珍第一次见到鲁迅先生。这之后,在孙伏园先生的《晨报副刊》办公室里,也曾见到过鲁迅先生数次,但每次都只招呼一下,没有谈几句话。不过,孙席珍私下觉得十分荣幸,因为作为《晨报副刊》的校对,凡是鲁迅先生寄给该刊的稿件,总要比一般读者先看到一两天甚或好几天。再后来他每周去听鲁迅先生授课,见到的次数就很多了。

孙席珍开始听鲁迅先生讲课,是在 1924 年上半年的学期中间,他是自由进去听的。像这样的听讲,当时叫做偷听,连旁听也算不上。因为旁听也要经过注册手续,且须得到任课教师的同意。偷听生在北大,也算得上是一大景观。1912 年出版的《北大生活》,录有校方关于学籍的规定:旁听生必须交费,不得改为正科生,对内对外均应称"北京大学旁听生"。但此规定几乎不起任何作用,因北大教授普遍不愿意、也不屑于在课堂上点名。对于有心人来说,与其"旁听",不如"偷听"。偷听生的大量存在,而且昂首阔步,乃北大校园一大奇观。教室里正科生偷懒或自学空出来的位子,恰好由求知欲极强的偷听生来填补。甚至"偷听生"声名显赫,远胜于正科生的都不在少数,如金克木 1933 年到沙滩北大法文组"无票乘车",结果"一辈子吃洋文饭"(《末班车》)。小说家许钦文 20 年代初就在北大偷听,几十年后,犹然感激在心:

> 我在困惫中颠颠倒倒地离开家乡,东漂西泊地到了北京,在沙滩,
> 可受到了无限的温暖。北京冬季,吹来的风是寒冷的,衣服不够的我
> 在沙滩大楼,却只觉得是暖烘烘的。(《忆沙滩》)[①]

哲学系的正式生孙席珍跑来偷听鲁迅先生的课,比正科生还要勤奋。从 1924 年秋季开学起,到 1925 年暑假为止,整整一年,孙席珍从未缺课。鲁迅先生讲课的教室里,历来挤得满满的,不但无一空位,还有人坐在窗台上,甚至有站着在那里听的。每次注册科的职员来点名,总是进教室一瞥后,在点名册上做个全到的标记,马上回头就走,用不着逐一对号。这说明了自由进来偷听的人数之多,因为旁听生照章也都是有座位的。而一般认为,教师越叫座,偷听生必然越多,足见当时北大同学对鲁迅先生的爱戴。此种盛况,别的教师也并非不曾有过,但往往未能持续多久。能够保持课堂盛况始终不衰的,除了鲁迅先生,怕没有其他人了。

在孙席珍的回忆中,鲁迅先生讲课,从容不迫,生动而富有风趣,所以教室里的气氛总显得活跃。鲁迅先生向来主张处事要有裕如感,避免局促、紧张,即如上课,也并非要从头到尾都一本正经,中间不妨夹杂一点闲话笑话,以增加课

---

① 陈平原:《老北大的故事之二:校园里的"真精神"》,《读书》1997 年第 5 期。

堂里的活气。这不仅仅是为了活跃课堂气氛,更是一种精神境界的追求。鲁迅先生在他的杂感《忽然想到·二》中就曾提及:

> 在这样"不留余地"空气的围绕里,人们的精神大抵要被挤小的。
>
> 外国的平易地讲述学术文艺的书,往往夹杂些闲话或笑谈,使文章增添活气,读者感到格外的兴趣,不易于疲倦。但中国的有些译本,却将这些删去,单留下艰难的讲学语,使他复近于教科书。

鲁迅不单能认识到这一点,更能在课堂上身体力行。犀利的思想披上幽默风趣的外衣,真可说是一种杂文笔法。鲁迅先生说话略带乡音,但相当普通,北方各省市以及边远地区的同学们,一般都能听懂,这就给他排除了语言上的隔阂和障碍。

孙席珍受教于鲁迅先生虽然只有一年多,但受益之深、之多,却让他毕生难忘。他在晚年的回忆录中,曾经多次充满深情地回忆鲁迅先生在课堂上谈如何写作,谈短篇小说的艺术特色,以及对各种错误理论思潮的批驳,并总结自己从先生教诲中获得的感悟。孙席珍曾这样写道:

> 由于他(鲁迅)学问渊博,识见宏远,课程上的某些疑难问题,他都能运用深湛的哲学理论,广博的科学知识,丰富的历史经验,融会贯通地逐一加以解决,常常有独到的见解,道前人之所未道。又能从这些问题生发开去,旁涉到其他学术领域,指出其相关的要点,阐明其实质的奥义,使人如饮甘醴,头脑为之一新,茅塞为之顿开。他还喜欢就当前光怪陆离的社会现象,进行揭露和批判,有时表情沉痛,有时意态愤激,有时说得比较含蓄,有时故意出之以幽默的口气,真是言简意远,语重心长,有如暮鼓晨钟,足以使人猛省,引人深思。在业务上,他从不满足于单纯的传授知识,总是重在启发、引导,要大家进一步去挖掘、探索、钻研,以求有更多、更大的发明和发现;在思想上,他从不以大声疾呼为能事,总是着重在指明方向、道路,鼓励大家不断地向前迈进,促使和推动大家努力去破旧创新。同学们向他提问,无论在课堂内外,他总是有问必答;有时有的同学未能理解或有不同意见,他总是

不厌其烦地反复解释，耐心说服，真正做到了循循善诱、诲人不倦的地步。①

孙席珍听鲁迅的课，本来就出于自己的兴趣，听起来也格外认真。加之他自己也有了写作的经验，常常就文学创作问题向鲁迅先生主动请教。有一次，下课钟刚响过，鲁迅把书本合拢，向同学们点头示意，准备离开教室。孙席珍和许多热爱文学的同学一拥向前，在讲桌边围着鲁迅先生，七嘴八舌地提问。结果乱哄哄地，简直都分不清谁在问什么。

这时，一位同学提高了嗓音说："周先生，您的文章写得这么好，有什么秘诀，可以教给我们吗？"

这是大家都感兴趣的话题，于是大家都静下心凝神细听。

鲁迅只给了大家一个字"删"。他边说边在黑板上写了一个大大的"删"字。因为教室里接下来还有别的课，别班的同学已经拥进来，大家只好退了出来。

大家都觉得意犹未尽，但也只好无可奈何地各自走散。

不久之后，孙席珍遇到一位女师大的同学，谈起写作的事。对方很得意地说，鲁迅也曾就此话题给她们做过指导，而且谈得还要更多些。

孙席珍忙问："真的吗？他还讲了些什么？"

那女同学先是卖关子，后来才慢慢道来。原来鲁迅在女师大，不仅给了一个"删"字，还提出，要做到会删，须懂得"割爱"。写文章主要是为了把自己的思想感情传给别人，只要这个目的能够达到，其余都是末节。"删"和"割爱"，正是鲁迅先生教给女师同学的"作文三字诀"。

孙席珍听着那女同学的转述，也相当兴奋，便笑着对她说："你讲得这样好，可见会心不远，作文章的三昧你已得了。"就此作别之后，孙席珍在路上还在仔细回味那女同学的话，第二天又兴冲冲地转告了别的几位同学。

讲起"删"、"割爱"，这个"作文三字诀"，对于喜爱卖弄词藻的少年人来说，的确是一剂相当到位的猛药。如果我们细读孙席珍"诗孩"时期的诗作以及稍晚的"京华才子"时期的散文及剧本创作，还是能够发现不少"少年不识愁滋味，为赋新诗强说愁"的痕迹。那些飘零感、那些幽怨感伤的情绪，固然凝结着时代的苦闷，但也颇有点"愁苦之词易工"的匠气。把孙席珍 20 年代早期的创作和

---

① 孙席珍：《鲁迅先生怎样教导我们的》，《悠悠往事》，百花文艺出版社 1992 年版，第 11 页。

他之后的"战争小说"、"新乡土小说"做比,很容易就能够发现,他的文学创作从虚幻的情感喟叹向质实厚重的转变。尤其在孙氏小说至臻圆熟的"新乡土小说"那里,我们还常常能看见简约的留白艺术,神秘而宿命的气息,点到又不点破的恰到好处,早期绮丽的文风荡然无存。这当然有作家个人现实生活逐渐积累的原因,但在作文技巧上,恐怕也与鲁迅先生当年在课堂上的点拨不无关系。

又有一次,仍是一个课外,鲁迅先生又被孙席珍等热爱文学的同学缠住不放。这次的题目是"写什么"。鲁迅知道,这问题不是三言两语就能讲清楚的,便干脆另找地方。有机灵的同学见教师休息室旁有一小教室,大家便一起拥进小教室,团团坐定后,鲁迅先生也坐下,点起一支烟,又继续开讲了。

这次鲁迅讲得比较充分。他先说:"你能够写什么,愿意写什么,就写什么。"这有点接近于"题材无差别论"。但大家一听,就知道下面还有更精彩的,都静静地等着。

果然鲁迅接下去又详细地讲了"能够"、"愿意"背后的三个最基本的要求:第一要写你所熟悉的事情;第二要写有意义的事情;第三要写实有的或虽非实有却像实有一样的事情。他又举了左拉写娜娜等例子——详加说明。这一讲就收不住,差不多比整整一节课的时间都长。大家怕耽误鲁迅先生别的工作,便深深道谢,请他早些休息,陪他下楼,送他上车,这才心满意足地各自回寓。孙席珍晚年回忆起来,这堂课外之课,依然记得格外清晰,连所举的例子都丝毫不差。虽然鲁迅在文学方面的这些教导,后来也散见在许多杂文以及与友人的通信中,但能够当面聆听如此集中而有系统的讲解,孙席珍深以为幸。

在课堂上,鲁迅常常纵横捭阖,古今中外的文学思潮、文学现象无不纳入其视野。这无疑对孙席珍自身文学观的形成产生了极大的影响。如鲁迅认为,契诃夫短篇小说常能笑中有泪,直指病源,期以疗救,因而总体创作成就高于莫泊桑。而莫泊桑在短篇结构艺术上也颇有成就,如《两个朋友》《菲菲小姐》等均为佳作。孙席珍后来的文学创作更趋向写实,看重思想内容的启迪性,显然与上述文学观念有着密切的联系。

孙席珍开始听课的1924年,其时鲁迅正在翻译厨川白村的《苦闷的象征》,逐章逐节地在刊物上发表,同年即辑印成单行本。当时的鲁迅在每天八小时机关工作之外,还要同时在北大、北师大、女师大三校兼课,每周必须奔波于东、南、西城各一次。工作这么繁忙,他还要抽出业余时间,在静夜孤灯之下,从事这种并不是非做不可的工作。《苦闷的象征》一书,是鲁迅重要的文艺理论译著之一,封面也是由鲁迅亲自选定。可以想见,鲁迅对厨川论著的喜爱之情。

厨川白村是日本近代著名的文学评论家。他的文艺理论要点,用他自己的话来说,就是"生命力受了压抑而生的苦闷懊恼,乃是文艺的根柢,而其表现法乃是广义的象征主义"。其哲学根源有二:一是柏格森的"精神绵延说"和"创化活力论",一是弗洛伊德的"精神分析说"。

柏格森的"精神绵延说"认为精神的绵延性是万物的基础和本原。"精神绵延说"建立在柏格森倡导的生命哲学基础上。他提倡直觉,贬抑理性,认为科学和理性只能把握相对的运动和实在的表皮,不能把握绝对的运动和实在本身。只有通过直觉才能体验和把握到生命存在的"绵延"——唯一真正本体性的存在。"它使人置身于实在之内,也不是从外部的观点来观察实在,它借助于直觉,而非进行分析。"①"创化活力说",主要在于以"创造性进化"的神秘观念,来代替自然界发展的客观科学规律。在《创造的进化》中,柏格森视"生命冲动"为创造万物的宇宙意志,"生命冲动"的本能的向上喷发,产生精神性的事物,如人的自由意志、灵魂等;而"生命冲动"的向下坠落则产生无机界、惰性的物理的事物。柏格森的生命哲学具有强烈的唯心主义和神秘主义的色彩,但它对种种理性主义认识形式的批判和冲击,对于人类精神解放确有重要意义,成为现代派文学艺术的重要哲学基础。瑞典文学院高度评价柏格森的《创造的进化》是"一篇震撼人心的雄伟诗篇,一个含蕴不竭之力与驰骋天际之灵感的宇宙论","他亲身穿过理性主义的华盖,开辟了一条通路。由此通路,柏格森打开了大门,解放了具有无比效力的创造推进力……向理想主义敞开了广阔无边的空间领域"。②

鲁迅的《狂人日记》里有着明显的象征主义印痕,即如《呐喊》、《彷徨》中的现实主义篇章,也隐约直指人的精神危机。后来的《野草》、《朝花夕拾》,乃至《故事新编》中,现代主义文学的影响日深。"仔细诵读起来,有些地方也依稀透出生的召唤之类的印痕",孙席珍在 80 年代初期这样评价鲁迅作品中的现代主义因素。当时的文学批评理论远没有今天开放活跃,现代主义文学还远未能正名。孙席珍却能对鲁迅作品中的现代主义因素加以肯定,他说:"一个艺术家从

---

① [法]柏格森:《形而上学导言》,刘放桐译,商务印书馆 1963 年版,第 4 页。
② 1927 年瑞典文学院《诺贝尔文学奖颁奖辞》。

原野里采撷来一枝片叶，以增加自己盆栽中新的生气，却也是无可指摘的。"①

弗洛伊德的"精神分析学"，则过分偏执于性本能，把性爱看成唯一的人及其全部活动的基本心理规律，与物质生活的客观自然规律对立起来。"精神分析学"一出，颇有些喜欢标新立异的人随声附和，文艺界也颇有人想以此来解释各种文艺现象。厨川白村的论著也汲取了弗氏理论的精华，他把它解释为梦的再创造和革命的飞跃，这显然更符合文艺的实际。鲁迅虽然翻译厨川氏的《苦闷的象征》，但对弗洛伊德"精神分析学"的弊端，却了然于心。何况鲁迅先生对于医学、生理学、心理学、病理学等等均非外行，他自始就对它持怀疑和保留的态度。当学界、文艺界深以弗氏理论为时髦，并意图拿来一试的时候，鲁迅深恐谬种流传，贻误后世，就终于打破沉默，起来辞而辟之了。

那天在课堂上，讲了唐宋传奇，讲了些霍小玉、崔莺莺等才子佳人的故事后，鲁迅故意把话题引到"精神分析"上来，说道："近来常听人说，解决性的饥渴，比解决食的饥渴要困难得多。我虽心知其非，但并不欲与之争辩。此辈显系受弗洛伊德派学说的影响，或为真信，或仅趋时，争之何益，徒费唇舌而已。"

鲁迅先生略一停顿，接着就举例想象一个叫花子求乞金钱和求乞 kiss 可能的不同遭遇，似乎恰证明了弗氏理论：要解决性的饥渴，比解决吃饭问题要难得多。但话锋一转，又很严肃地说："上面所举的例，无非是一种假设。在现实社会里，经常有人因冻饿而死于道途，转乎沟壑，却从没有听说有人由于性的饥渴而倒毙在路上——因为一个人如果三天不吃饭，七天不喝水，肯定就会死亡；但此人即使三年不性交，七年不 kiss，也决不至于死掉的。所以无论如何，食的问题，比性的问题总不知要迫切、重要多少倍。"

驳斥了弗洛伊德的唯"力必多"论后，鲁迅又说："恋恋于霍小玉、崔莺莺者，总还是黄衫少年、纨绔公子；我因此还不免要搬出几句老话来说：人生在世，第一要生存，第二要温饱，第三要发展，这是做人最基本的要求。什么以性爱为基础的'精神分析学'之类，不过在心理学以及文艺理论的领域里聊备一格而已，拿它来说明极个别的一种偶发现象也许可以，若以之作为普遍原则来广泛应用，那就没有多大道理了。"

鲁迅这天对弗洛伊德理论偏颇之处的批驳，时时举出实例，中间几度引得

---

① 孙席珍：《鲁迅先生怎样教导我们的》，《悠悠往事》，百花文艺出版社 1992 年版，第 26 页。

全体同学大笑。但他自己的面部表情，却始终冷静、严肃。课后出来，孙席珍暗自赞叹：先生只用了三言两语，便把一种谬说驳斥得体无完肤；如若与人论争，只需一击而中其要害。在战术运用上，如此犀利明快，也定能操必胜之算的。

像这样对一些理论思潮既承认它的积极意义，又客观理性地作一针见血的批评，在鲁迅的课堂上并不罕见。孙席珍后来在 30 年代讲授《近代文艺思潮》，始终结合宏观社会的、历史的大背景来理解文艺思潮，既显示出一个马克思主义者积极严肃的思考，同时显然也承袭了鲁迅先生的思想脉络。

出版于 1928 年的孙席珍小说集《到大连去》里，有篇题为《六老堂》的后记，记载了鲁迅在课堂上对尼采超人哲学的批驳：

> 仿佛记得鲁迅先生在首善学校（指北大）里说过："有一个时期，我也曾经想做超人，费了好久的功夫去寻求做超人的方法。我想尼采是主超人说的，便买了一些尼采的书来看，心想这总该可以得到的吧，但也没有踪影。后来终于找到了，据说是：在两边两座绝壁万丈的高山上，望下来是测不到深的深渊，我便须耸身一跳，从这个山头跳到那个山头。跳不过，跌死了，万事全休；跳过去了，便成为超人。或者，把我身如箭一样地射过去。我思量，我身既不是箭，万万没有法子射得过去；而且我也找不到两边万丈绝壁的那种境地，足以供我耸身一跳，于是我便灰心了。"

《到大连去》，曾寄请鲁迅先生审阅。鲁迅看了后既未予以称许，亦未斥为虚妄，猜想起来，应当尚无大谬。当孙席珍重读这段文章时，深感先生当日的这些话并非戏言，觉得先生是在教导我们，要革命，要改革，必须脚踏实地，从现实出发，一步步向前迈进，才是正确的途径；那些妄想耸身一跳便能跨越的人，都是注定要幻灭的。而这样一番对革命罗曼蒂克情绪的否定，可以见出孙席珍对鲁迅与倡导革命文学的创造社之间论争的一种客观态度。加之孙席珍后来曾亲身经历"血与火"的革命，对此更有直接而深切的体验。

孙席珍虽然并没有正式注册听课，但这个编外的"私淑弟子"不仅得到鲁迅以"诗孩"美誉的不断鼓励，还在整整一年课堂内外的"偷听"中获益匪浅。孙席珍与鲁迅的师生情谊远远超越了普通意义上的授业解惑，更在文艺精神的应和与现代作家的代际承传上占有重要的地位。

第三节 京华才子

20 年代早期,孙席珍因为担任《晨报副刊》的校对,与鲁迅、周作人、钱玄同等文学前辈来往密切,并以少年稚子的诗歌创作,崭露头角,赢得不小的声名。其创作的第一个高峰期,几乎是与 20 年代现代文学的第一个高峰同时到来的。但与鲁迅、郁达夫、冰心等相比,孙席珍尽管创作时期略同,在年龄上却着实只是一个稚嫩的"诗孩"。这个年轻的"诗孩"同时还只是一个学生,但与同龄人相比,又已经俨然也是一位"文学前辈"。就这样,孙席珍与文学前辈们亦师亦友,与他年纪仿佛的文学青年之间也亦友亦师,成为跨越代际的特殊存在。

1923 年的 5、6 月间,赵景深向孙席珍所在的《晨报副刊》投稿,孙席珍得以与之相识,并开始了长达数十年相扶相助的情谊。投桃报李,孙席珍也向赵景深主编的《绿波旬报》投稿,由此加入"绿波社"。不久,6 月 14 日的《朝霞》刊登的《绿波社第二次开会纪事》,介绍新加入的社员九人,其中就有孙席珍。

成立于 1923 年 2 月 12 日的"绿波社"主要发起人是赵景深、焦菊隐、于赓虞等。其主要创作涉及小说、散文、童话等领域,但成就和影响最大的还是新诗。绿波社诗人创作的小诗与短诗,形式活泼、自由率真,每行字数不定、每段的行数也不定,大多也不押韵,摆脱了旧体诗固有的束缚;内容上,既写亲情之真挚厚重、爱情之甜蜜苦涩,也用人道主义的同情写下层劳动人民的生活,还有大量诗篇写花草树木、鸟兽虫鱼、日月星辰,无不充满着生机与活力,显现出与老成乃至陈腐的古典诗歌迥然不同的青春气息与生命活力。和孙席珍一样,绿波社诗人也在尝试小诗组诗化的创作体式,用多首小诗系统表达某种情思,克服了小诗简短零碎,不适合系统表达更多情思的缺点,加强了小诗的有机性和整体性。应该说,孙席珍与绿波社同仁的唱和往来,以及在小诗创作上的大胆创新,在新诗发展史上留下了有益的探索。

石评梅也是孙席珍当时交往的诗友之一。他们在北京相识,"情同姐弟"。石评梅最早发表作品是在北京诗学研究会出版之《诗学半月刊》上,大约是在 1923 年。孙席珍结识石评梅后,便替她介绍一部分作品发表于《晨报副刊》和中国文学研究会北京分会编印的《文学旬刊》上,同时也推荐到赵景深主办的天津绿波社之《绿波旬报》上发表。1924 年底,蹇先艾、李健吾等的熠火社与绿波社、星星文学社进行协作,在孙伏园主编的《京报副刊》附出了一种《文学周刊》,由孙席珍担任执行编辑。在《文学周刊》上,孙席珍也推荐发表了石评梅的一些诗作。

1924年秋,石评梅曾经将近作的一百多首诗,汇为一卷,交由孙席珍来选定。孙席珍不负好友的重托,认真挑选了其中较好的几十首,结成集子。又因为石评梅诗文中有很多是歌咏植物或者以植物为背景的,孙席珍费尽思量后,为她加了一个《百花诗选》的题目。女诗人尤爱慕梅花之俏丽坚贞,所以自号评梅,自称其寓庐曰"梅巢",信纸也用"几生修得到梅花"或"梅作主人月作客"之类的梅花笺。

对文学创作者来说,以文稿见寄相托,其实是最大的信任与托付。而孙席珍以诗人同样敏感的内心,感受到石评梅诗稿中"落花"、"残叶"背后的善感与抑郁,极浓烈的又是极哀怨的悲剧色彩。"百花诗选"的题名,不单指出石评梅在女高师与冯沅君、苏雪林、庐隐等诗文唱和时的主要题材取向,也揭示了其作品中"狂笑,高歌,长啸低泣,酒杯伴着诗集"的浪漫精神状态。孙席珍亲自将《百花诗选》交给王统照,要他登在《文学旬刊》上。结果《文学旬刊》只登了一半,还有一半被埋在故纸堆中了。石评梅还打算和好友陆晶清合出一部集子,叫做《梅花小鹿》。原稿曾给孙席珍过目,但后来一直没有付印。大约女诗人其后曲折的感情经历也使诗稿蒙上了另外的色彩,不愿再出版了。

1928年,当石评梅因高君宇哀伤致死的音讯传到当时正在南方过着地下流亡生活的孙席珍那里时,孙席珍立即撰长文怀念,深感惋惜:"她虽不是一位了不起的文学家,但她对于文学的勇敢和努力,在落寞的文园里,也算是个难得的女作家。她的死,不但是北方文坛的损失;夸张一点说,也是中国文坛上的损失,中国文坛上的女作家又弱一个了!"[①]

在这篇纪念文章里,孙席珍既不讳言石评梅作品的缺陷,又如实指出其真正的价值所在:

> 她的作品非常注意于修辞,所以她的每篇诗和文都很华藻美丽,有些尖刻的批评家便说她过于堆砌。但是,华藻美丽或穿凿堆砌不过是她作品的外表,对于她的作品的好或坏是没有什么多大影响的。她

---

① 孙席珍:《女诗人评梅》,《真美善》1929年女作家专号。

的作品自有她的生命，这便是她在作品中表现的情致之真切。

"情致之真切"正因文如其人。孙席珍评价评梅的为人道："她性情很活泼，但是不涉浮躁；富于感情，而尤重义。"孙席珍还特别回忆起与之交往时的几件小事，可以见出石评梅重义有信的品性，并与凉薄的世情作比。让孙席珍印象尤深的是，1925年女师大风潮发生后，石评梅"只要一提到这事，就会无限伤心，每次见了她的同学的面，总是禁不住捶胸痛哭。她一星期中总要到女师大去看几次的。她说女师大是她的娘家，女儿虽然嫁出去了，娘家的事情是永远也不会忘记的；如今娘家给强盗狗贼们糟蹋到这步田地，怎么不叫她伤心彻骨呢"？

孙席珍与人交往，首在论人。像石评梅这样重情重义，又能融真性情入文，尽管孙席珍认为其作品文气终不免浅弱，格局也不免褊狭，但还是肯定其"情致之真切"，作出颇为中肯的评价。

除了诗友交接之外，孙席珍与当时同在北京文艺圈的绍兴同乡，小说家许钦文、画家陶元庆等人都来往密切。许钦文、陶元庆在京游历，就住在鲁迅曾经住过的绍兴会馆，即鲁迅作品中赫赫有名的 S 会馆。许钦文年长些，曾在孙席珍就读的小学任教体育。陶元庆的弟弟则是孙席珍小学时的同学。做弟弟的常喜谈起艺术家兄长陶元庆，而且谈时带着显而易见的自负神情，给孙席珍留下了很深的印象。孙席珍虽然早就耳闻陶元庆的大名，同在绍兴，却一直无缘得见。直至到了北京，孙席珍在绍兴会馆许钦文先生处，却出乎意料地遇到了陶元庆。

许钦文、陶元庆在孙席珍的印象中，都是沉静的人。这种沉静正和绍兴会馆寂寞的柏树，夜风幻化的鬼怪，黯淡的煤油灯光，以及杂乱的书籍气氛一致。

许钦文的沉静是富于理智的，又稍活泼些。陶元庆则穿着青色的衣裤，黑色的法国艺术家式的短须垂在前胸的上部，态度沉静而温文。

三个既是同乡又同是艺术青年的人聚在一起，谈论大抵也总不过是诗、小说和绘画一类的话题。

谈倦了，便告辞，有点兴尽而返的味道。

许钦文的创作道路是由鲁迅一手扶持的。鲁迅为他介绍发表，指点创作，甚至还在《彷徨》中写了一篇《幸福的家庭——拟钦文》，以至被人讥讽是为许钦文做广告。1924年底，鲁迅所译厨川白村的《苦闷的象征》即将出版，经许钦文介绍，请陶元庆为该书绘制封面。

陶元庆用一个在压抑中拼命挣扎的半裸的妇人人体形象为主体,这妇人披着波浪似的黑发,用脚趾夹着钗的柄,又用温柔的嘴和舌舔着染血武器的尖头,画面略带恐怖,暗藏着无限悲哀,用黑、白、灰、红等彼此相衬的色彩和郁悒的线条来表达"苦闷的象征"这一主题。鲁迅深喜之,以为这样处理"使这书披上了凄艳的新装",许钦文更认为它"首创了新文艺书籍的封面画",而五四新文学书籍以图案为封面的则始于此书。这本书初版时因经费所限,封面用单色印成,鲁迅觉得过意不去,于是待初版售完后,以版税作为再版时的补充经费,并将封面由单色还原为复色,视觉效果也更加强烈了,于是这本书的两个版本,因为有不同色彩的封面而成为收藏家的珍品,以至被称为"人间妙品"。

鲁迅激赏陶元庆的艺术才华,他评价道:"在那黯然埋藏着的作品中,却满显出作者个人的主观和情绪,尤可以看见他对于笔触,色彩和趣味,是怎样的尽力与经心,而且,作者是夙擅中国画的,于是固有的东方情调,又自然而然地从作品中渗出,融成特别的丰神了,然而又并不由于故意的。将来,会当更进于神化之域罢。"①

此后,经鲁迅请托,陶元庆先后为《彷徨》、《出了象牙之塔》、《工人绥惠略夫》、《中国小说史略》、《唐宋传奇集》、《坟》、《朝花夕拾》设计封面。鲁迅甚至还代友转请,因索画太多,连鲁迅自己都不好意思了。

一次,陶元庆从北京天桥看戏回来,为舞台上的艺术形象深深感动,彻夜赶画出了一副《大红袍》。他取故乡绍兴戏《女吊》的意境,画出一幅半仰着脸的女子,把其中"恐怖美"中病态的因素删除,表现出一种渗着悲苦、愤怒、坚强的艺术精神。当许钦文把《大红袍》介绍给鲁迅,并转述创作情形时,鲁迅深为感动,便对许钦文说:真是富有力量,对照也强烈,又极调和、鲜明,还有那握剑的姿态,也很醒目。接着又提议将之用作许钦文《故乡》集的封面。这成了陶元庆最具代表性的装帧封面。

1929年,陶元庆在杭州得伤寒病逝。孙席珍当时因大革命失败,流亡南方过地下生活。消息传来,孙席珍忆起在北京时的交游,非常感伤,在《怀念陶元庆先生》中写道:

　　去年在上海看到他的画册,尤其惊骇他的特出的天才的无限量的

---

① 鲁迅:《陶元庆氏西洋绘画展览会目录》。

发展,他不同一般画家,仅以能用固定的陈旧的形式和色彩写出对象的实体为满足,他是独出心裁地,用一种他自己所特创的表现方法,要在每幅画里把他的热情,他的思想,他的个性,完全融合交流在画面上。……

他只在艺术的道路上开辟了一条新的途径,要未死和后来的人,继续地把那条路开辟成更新的更完整的康庄大道罢了。

孙席珍文中提到的上海画展,是陶元庆第二次也是最后一次画展。鲁迅除了撰写文章介绍,挑选了一些自己珍藏的画像拓本加入展览,自己也亲赴展览会,并与陶元庆、许钦文和家人共宴为贺。在《当陶元庆君的绘画展览时——我所要说的几句话》一文中,鲁迅再次热情赞扬陶元庆对中国现代美术运动的独特贡献,他认为陶元庆的画作"以新的形,尤其是新的色来写出他自己的世界,而其中仍有中国向来的魂灵——要字面免得流于玄虚,则就是:民族性"。五四新文化运动使得中西两种异质的文化发生冲撞和会通,往往出现或固守传统、或被西方同化的错误倾向,而陶元庆的艺术追求能够坚持自我,没有泯灭民族性,又增添了"新的形和新的色"。这一论断,也正和孙席珍的见解相同。只有在画作里真正投入自我的"热情"、"思想"、"个性",才能在中西交融中独辟蹊径。

孙席珍自认并不懂画理,但以他对艺术的鉴赏力,当然可以感受到陶元庆画作中传达的氛围和感觉。尤其是《苦闷的象征》,"如不细细地去鉴赏,自然难免被人说是鬼画符,连小孩子都写得出的了"[1],其实"那幅画是含了很深的象征意味",正与鲁迅译著中介绍的现代主义文学观相匹俦。

除了与以鲁迅为中心的文研会作家、艺术家来往,孙席珍与创造社作家郁达夫也有较深的交谊,并在早期的小说创作中,明显受到郁达夫"自叙传小说"的较大影响。

1923 年秋季的一天,渐近薄暮,孙席珍像往常一样,赶往报馆上班。他匆忙在北河沿的衰柳下朝南行走,无意中从一位行人身旁摩肩而过。那人似乎跟跄了一下。孙席珍因赶路心切,一时竟未觉察。直到已经越过那人一丈多路,孙席珍才忽然意识到自己失礼,于是回身驻足,等待那人缓步过来,向他道歉。那

---

① 孙席珍:《怀念陶元庆先生》,《悠悠往事》,百花文艺出版社 1992 年版,第 74 页。

人望了孙席珍一眼，连说"没关系"，并且和蔼地说："你好像有要紧事，还是赶路去吧。"孙席珍又向他鞠了个躬，"那么，请多原谅"，道声"再会"，便继续前行。

又过了几天，是一个星期日的午前，仍然在上次那一带衰柳岸边，孙席珍从南河沿欧美同学会借了布莱克和彭斯的两部诗集，边低头前行，边背诵着《天真之歌》和《经验之歌》中的一些诗句，几乎又与一位迎面而来的行人相撞。孙席珍赶忙站住，抬头一望，想不到竟又是上次遇见的那位先生。

"您是郁先生吗？我太冒失，差点又冲撞您了。"

他微微一笑，问："你是哪一系的同学？怎么认识我的？"

孙席珍说："我没听过您的课，是在刊物上见过您的造影，和那次相遇的印象联系起来，而这样认定的。"然后说出了自己的姓名。

"唔，我也看见过你发表的一些诗歌。你手上拿的是什么诗集？"

两个文人相见，虽然在年龄上一师一生，但在文学面前，却成了挚友。两人一谈起诗来，就都收不住了。郁达夫对孙席珍手中的诗集很感兴趣，连说："不错不错，你喜欢的几位早期浪漫诗人，确实清新可喜……不过晚期有些诗人也不乏佳作，读来非常感人。"

孙席珍猜郁达夫所说的晚期浪漫诗人，未必是指罗赛蒂兄妹以及史温彭等等，可能特指的是道生（郁的文章里常写做玳生）。他十分谦虚地说道："我还刚刚开始学习，幼稚得很。外国诗，一般只取其比较浅显易解的试着读读。无论哪个时代、哪位诗人的名篇，都还读得太少。"

"那也没啥要紧，而且是每个喜欢弄弄文学的人难免要经历的过程。今后只要多读些名著，多看点世相，也不妨时常写写，自然会成长、充实起来的。"

这样随随便便地谈着，不觉已走了一大段路。忽然郁达夫伸手从衣袋里摸出表来看了看，问孙席珍道："你可会喝酒？"

"不大会，稍稍能喝两口。"

"此刻你打算到哪里去？"

"打算回公寓吃午饭。"

"那么，乘此菊黄蟹肥时节，同我去做件雅人雅事吧。"

孙席珍没有答话。因为在北京，食蟹是一项很奢侈的消费，而且著名的馆子只有正阳楼独家经营，那里螃蟹索价每只一元。半工半读的孙席珍其时每月的伙食费不过三五元钱，食蟹对孙席珍来说不啻是天价。

郁达夫见孙席珍正在犹豫,便慨然说:"兴之所至,偶一为之,又何妨呢?"

孙席珍看他语气诚恳,意态爽然,就颔首示意,跟着去了。

正阳楼这样的高级饭店,对孙席珍这样的穷学生来说,是去不起的。到北京一年多,孙席珍只来过一次,那是孙伏园先生的邀请。那天,因为两人都穿着西服,孙伏园又比较矮胖,上唇蓄着一撇小胡子,仪表很像个日本中、上流绅士。一进馆子,就被楼下的堂倌误认为是东洋客人。孙伏园听出乡音,笑嘻嘻地用绍兴话分辩,堂倌赶紧又致歉又更正。

孙席珍给郁达夫讲了这段故事。郁达夫听了哈哈大笑,说:"伏园反应真快呀。但今天大可放心,我们穿的都是布袍,堂倌大概会说两位寒酸客人上楼了。"

说笑着,不知不觉就上了正阳楼。坐定以后,郁达夫叫了两斤绍酒,团脐、尖脐各两只。

孙席珍觉得太多,郁达夫却坚持说:"要吃,总该吃得痛快些。"

两人一边吃,话题仍然回到诗歌方面。孙席珍冒昧地问他:"听说您最喜爱的诗人是英国的道生和清代的黄仲则,是这样吗?"

"大概是的,由于他们的作品情思真切,意境清新……"

酒和蟹上来后,郁达夫拿起酒壶满斟了两杯,把一杯递给孙席珍,一杯自己先呷了一口说:"酒味很醇,不错。"就动手剥蟹,然后缓缓地说:"刚才谈起道生的诗,那是我近来无聊孤寂的好伴侣。他只活了三十三岁,一生仅留下薄薄的三卷诗集,并无长篇巨制,因此他的清词丽句,很少为人所称道。你问我哪些是他的名篇,我看他的诗差不多每首都发乎至情,出自肺腑,为千古薄命诗人所罕有。即如他的第一卷诗集里的那首:

> 无限的悲哀的,
> 燃烧着我的愁怀,
> 切莫伤心泪落,
> 快把那明朝忘却。

就十分凄楚动人。又如题为 Beata Solitudo(Blessed Solitude)的那首诗,大意是:

> 我们要去寻找

> 一个寂静的所在，
>
> 在那里我们将忘掉一切，
>
> 同时也将被完全忘却。

这种独造的境界，恐怕连史温彭也未必写得出。还有一首《现在我不如西奈拉治下的时候了》的诗，热情如火，句句如黄钟大吕，写幻象消灭的悲哀，犹如千寻飞瀑，直逼读者心胸，大批评家西蒙士称之为现代最了不起的抒情诗中的一首，我也很有同感。"

孙席珍立即领会了诗境，接话说："前些时候，偶然听人唱着一首歌曲，不知作者是谁，其中有这么几句：

> 夜——留下一片寂寞，
>
> 河边只有我们两个。
>
> ……
>
> 不知是世界遗弃了我们，
>
> 还是我们把它遗忘？

我很表欣赏，认为这正是从道生的那首 Beata Solitudo 中脱胎出来的。您看过吗？"

"唔，OK，"郁达夫正双手持蟹螯，便点点头说，"你这年轻人很能够领会诗的情致呢。"同时叫堂倌添了一斤酒，话题也就转到黄仲则身上。

孙席珍又问："黄仲则的诗，您最喜欢哪几首？"

这时郁达夫已略有几分酒意，笑着回答："这可难住我了，《两当轩诗集》所载何止千首，叫我从哪里说起呢？"

"不少人都称许他的'独立桥头人不识，一星如月看多时'两句，不知您以为何如？"

"这两句确也不坏，但黄仲则别有许多好诗……此刻也一言难尽。"

"我看到苏曼殊《燕子龛随笔》里提到黄仲则的两句诗：'似此星辰非昨夜，为谁风露立中宵？'说这是'相少情多人语'，您认为对吗？"

郁达夫似乎稍稍有所触动："这话说很妙……'相少情多'，我也赞同，也很符合黄仲则的身份。"然后叹了口气，说："曼殊自是绝顶聪明人，他作诗功底并不很深，但能吸引众长，善于融会贯通，也就是善于化。他除深受李太白的影响

外,也颇取法于陆放翁、龚定庵等辈。即如他那首著名的小诗《春雨》,很可能是从黄仲则的'独立桥头'转化出来的,不过黄仲则表的是静态,曼殊写的是动态,所以读起来后者的形象较为鲜明,境界也更为清新些。"

食蟹是很要花时间的,其之所以是文人雅事,恐怕就在于食蟹时那份心情、那种趣味。两人边饮酒、边食蟹,说诗论文,谈笑风生,不知不觉过了中班打烊时间,已经午后两点多钟了。郁达夫会了钞,孙席珍又陪着走了一段路才分手。

这是郁达夫与孙席珍结交的开端。这一次兴致所至的正阳楼食蟹,给孙席珍留下了很深的印象。郁达夫既有诗人性情,待人又平易可亲。当时,郁达夫是北大经济系的讲师,孙席珍只是一个普通学生,从名分上说,一师一生;论年龄,郁达夫长孙席珍十岁;从文学事业上讲,郁达夫已卓然成家,孙席珍才刚刚起步。在此后的交往中,孙席珍总是恭敬地称他为先生,而郁达夫则称他孙君或密斯特孙。多少年后,孙席珍回忆起来,仍然满怀深情:

> 凡是和郁达夫有过交往或曾经会见过他的人,几乎没有一个不对他抱有好感的。……他处世温雅恬静,悠然自适;对人不卑不亢,平易可亲——这种性格,好像天生就是如此的。我不想妄称与他有何深交,谬托知己,但就以往接触和闻见所及,他纵有不怿之事,并无愠色;偶或与人意见相左,有所争论,也总是心平气和地相对,从无悻悻之词。①

后来孙席珍也曾到城南寓所去拜访过郁达夫。孙席珍与这些文坛前辈因为工作的关系交往较多,但同时,一方面他自己是半工半读的,必须抓紧时间;另一方面,他无事也不大敢去惊扰他们。所以尽管郁达夫为人平易,孙席珍去找他的次数也不多。而两人谈话的内容,大抵不出文学的范围。在为数不多的几次拜访中,孙席珍从郁达夫那里受到不少启发。

郁达夫以他的自叙传小说闻名文坛。《沉沦》一出,打动了一代青年,文笔清丽细腻,家国情愁更是直切入时代的苦闷。郁达夫虔信法朗士关于"文学作品都是作家的自叙传"这一断言,又特别推崇卢梭勇于暴露个人私欲与卑劣的《忏悔录》,也偏嗜日本佐藤春夫、田山花袋、葛西善藏等人的"私小说"。有一次

---

① 孙席珍:《怀念郁达夫——纪念郁达夫被害四十周年》,《悠悠往事》,百花文艺出版社 1992 年版,第 37 页。

与孙席珍谈起写小说时,他说小说多半带有自叙性质,虽然不必都要照卢梭那样写得赤裸裸,有些情节不妨隐讳曲折些,也允许适当的夸张和必要的虚构,但总得以自己的经验为主。

郁达夫还曾和孙席珍谈起文艺批评。他说文艺批评由于批评者所持态度不同,就生出各种学说和流派来,但对批评者来说不能墨守一家之言。一味挑剔指摘,原非批评的本意;只求欣赏赞美,恐也未必符作者的初衷。总之,解剖分析,须有目的,方能产生好结果。率真、宽容、同情、学识,为批评家之四德。郁达夫还认为,批评同时也即是创作,陈陈相因产生不了好的文艺评论,好的文艺评论应当具有强烈的说服力和感染力,并促进优秀文艺作品的产生。郁达夫还同孙席珍谈过翻译问题,他在严复倡导的信、达、雅之外,补充了学、思、得三个原则。"学",对原作要有深湛的研究,是基本功;"思",必须经过细致的思考;"得",力求心领神会。郁达夫进一步总结道:严氏所提的三原则是重在外表的客观条件,他所补充的原则侧重内在主观要求。

孙席珍早期小说创作的凄美风格与郁氏的"自叙传"小说十分相似。1923年下半年到1924年初,孙席珍先后写了一些短篇小说和散文,投寄给钱智修主编的《东方杂志》、章锡琛主编的《妇女杂志》等全国性的大型刊物,都被采登。其中有《青年的悲哀》、《我之理想的配偶》等散文,也有《高楼》等小说。1923年11月10日,《东方杂志》发表的短篇小说《误会》,为目前所见孙席珍最早的小说作品。

大革命失败后,流亡南方的孙席珍整理旧作,从上述各种期刊上选出自己比较喜欢的作品,结集为《花环》,交由上海亚细亚书局出版。这是他第一个面世的创作集,记录了他从诗歌转向小说的早期文学尝试。《花环》收入小说三篇,即《槐花》、《高楼》、《误会》,另有三幕剧本《花环》,三篇散文《五妹》、《南旋》、《湖上》。《花环》结集出版已在大力倡导革命文学的1928年,但作品则大多写作于孙席珍尚在学生时代的四、五年前。因而题材上,大多写青年学生之间缠绵悱恻又懵懂不及明言的感情纠葛;氛围上,则带着"苦闷彷徨"的时代气息。小说里的男女主人公都是在热切思考着人生问题的青年学子,他们带着"血的

蒸气,醒过来的人的真声音"①,从书房"走到十字街头了。然而是在十字街头徘徊"。② 他们从现代意识出发追求人的独立价值与情感的真挚共鸣,又在现实的重重枷锁中感受着苦闷与失望。与鲁迅、周作人等文研会作家过从甚密的孙席珍,写起小说来,却又带着强烈的创造社"自叙传"小说的特色。就这一点而言,"为人生"与"为艺术"之间,并没有那样截然的分界线,因为从文学革命的角度看,现代意识同样统摄了这两条形异实同的创作道路。孙席珍的早期小说创作,笔致清丽细腻,弥补了郁氏自叙传多狂呼而少情思的不足,更能在创造社的心灵自叙之外涂抹上文研会的社会写真背景,从而将自叙传推上了情理交融的新的高峰。

1923 年冬天,孙席珍回了一趟绍兴老家。阴冷的南方冬日笼罩着孙席珍的返乡之旅。因为贫穷缺乏营养,孙席珍的六妹在前几年就死于诸暨,幼小的灵魂难归故里,这已经给这个风雨飘摇中的家庭带来痛苦与不幸。这次回家,是孙席珍自十六岁进京读书后的第一次返家。孙席珍大概不曾料到,这也是他最后一次返家。本该是家人团聚的喜悦,却又遭遇了五妹早夭的不幸。孙席珍之上有四个姐姐、两个哥哥。这个家中唯一比他年幼的五妹躺在门板上,憔悴得可怜,眼眶深陷,略带着凄苦的微笑。孙席珍忆起她临终前一夜,突然对自己说:"三哥呵,我要死了。"而现在,一屋子的人都哭得悲切,五妹的死竟成了事实! 她瘦小的身躯不像冬天北风吹后的树枝,倒更像平日里她自己常说的:"好像博物院里供着的枯骨一般了。"

五妹临终前一日的下午,父亲与大哥都赶回了家。一看五妹的病体,都吓了一跳。父亲责怪母亲耽误延医请药,只一味求签求佛。一个人在家辛苦支撑的母亲又委屈又心痛,及至商定了第二天要去请医生过来时,五妹已经叫着:"娘,去,去,去……"她就这样去了!

五妹的死让孙席珍大哭一场。但到入殓时,却已经哭不出来了,只剩下惘然和发怔。已经深入思考过人生哲学问题的孙席珍不再仅仅用"诗孩"敏感的心做无谓的"哀伤",而要进一步追寻这"哀伤"背后的原因。故乡的凋敝,生活的不易,家庭的贫穷与五妹的早夭之间,有着必然的因果逻辑。领受了新思潮

---

① 鲁迅:《随感录·四十》,《鲁迅全集》第二卷,人民文学出版社 1973 年版,第 40 页。
② 茅盾:《〈中国新文学大系·小说一集〉导言》,《中国新文学大系导论集》,上海书店 1940 年版,第 96 页。

的京华学子,还乡途中再一次遭遇更为真切的"心头多恨",它和青年的时代病一起,为心灵的苦闷做了现实的注脚。

许多现代作家都有过这样一场现实与精神的双重还乡。从鲁迅的《故乡》,到沈从文的《湘行散记》,无不记录着新世界与旧故乡之间的冲突。他们带着新的认识和眼光,返观家园时,便能更深刻地体会到凋零后面的社会因素,又使得他们在追寻文学理想的同时,慨叹心灵寄寓之艰难时,带上了沉重的现实背景。

经历再次丧妹之痛的孙席珍在圣诞夜,写下散文《五妹》,于年后发表。他以平实的手法记叙五妹的死,平静的表面下却有着凄凉透骨的哀伤,这已经隐约可见孙席珍后期乡土小说的写实风格。从此,孙席珍渐渐文多诗少,向小说、散文的创作发展。孙席珍在这次返乡途中,与亲友游玩杭州之际,写下另一篇重要的散文《湖上》。西子湖的美景并不能让孙席珍陶醉,他时时警醒自己的"不应该",触目是犹染古轩亭碧血的秋瑾墓、传说附会中的武松墓、杂花丛中的冯小青墓,在青山绿水间觉察的是"萧静"和"凄凄"。西子湖畔,洋楼处处,酒楼戏楼,热闹异常,又弥散着柔腻的空气。与表弟欣悦于《游龙戏凤》、王君计算于游程和费用不同,孙席珍却凄然想着:"革命,杀头,乌鸦为什么终于没有飞到瑜儿的坟顶呢?……在故乡,'古轩亭口'是常常走过的。来往在这样的闹市中,谁还会忆起有这样一段黯然的往事,惹起黯然的意绪?"

一般人写西湖,大多会陶醉于湖光山色之间,也许会略加一些思古之幽情,但左不过是林和靖的疏淡,少有人写秋瑾、武松的激越,小青的孤寂。有评论者在赏鉴这篇《湖上》时,评价道:"张陶庵为善游钱塘者,梦中犹得花山云水的性情与风味。前比古人,孙氏的,状景兼以写怀,差可得其仿佛。屐痕过处,印着歌者的诗心。"[①]也许因为时代的隔膜,评论者并没有指认出《湖上》文中萧索气息的由来,也没有细析出萧索背后的求索。如果脱离了五四文学革命的时代背景来看《湖上》,就纯粹成了一篇游记。孙席珍的《湖上》,应当是朱自清的"荷塘",郁达夫的"故都"。如果说张岱沉醉于西湖的繁华旧梦,基本上仍流连在传统风流才子的范畴,那么新文学青年孙席珍眼中的西湖,则一面是革命者的风流云散,一面是党人政客的花酒淫奢。由是,"诗孩"的诗心投映到这片湖山上,不免在清词丽句里抒发着个人与家国的双重哀愁。

---

① 马力:《西泠芳草 孤山水云——读孙席珍的〈西子湖上〉》,《写作》2001 年第 2 期,第 11—12 页。

　　这一时期的小说《高楼》、《花环》，延续着"诗孩"式的忧伤与多情。《高楼》写夏令学院中相识的茜英爱上同桌春雪，却因旧礼教的束缚，只能在槐花榆柳之下，手捧一卷《茵梦湖》，做了一场怨女痴男的"少年维特之梦"。剧本体小说《花环》中的法国人罗林，被向往自然真爱的恋人玛丽抛弃，后与同病相怜的阿丽丝偶遇结合，不幸阿丽丝病故，自己又失业沦为乞丐，直到在西班牙偶遇早已成为阔太太的玛丽，因玛丽的施舍重获生计，最后怀着感激之情在玛丽墓前献上了报答的花环。《花环》将背景移至域外，以象征、寄托的笔法写爱的纯美与光明，写爱而不得的弱者的苦痛，又暗含对资本主义世界失业贫困、阶层分化弊端的批判，并开出了极具问题小说色彩的药方——以"泛爱"来普救众生。罗林在失爱、得爱与皈依大爱之间的心灵流浪，分明与创造社诸作家柔弱多感的心灵之歌仿佛相似，而跃乎人类四谛之上的宗教性的挽歌与花环，则以哀婉凄恻的格调直追郁氏文风。

　　在这些早期创作中影响最大的，则是 1924 年发表于《东方杂志》第 21 卷第 22 号上的《槐花》。《槐花》是展现在长诗《黄花》中的情绪的散文化，带着新文学早期强烈的感伤色彩，抒情味道极浓。小说写 28 岁的"他"十年前经历了与四个女郎的欢聚悲散，而今想到她们有的是"鸿泥燕影"，有的是一病永诀，"这样大的世界上，有谁真心爱我"，自此"精神越发颓唐"，终于在无为的隐居中"灰心"。作品传达出一个少年漂泊者的孤独感，淡淡的哀愁、轻轻的忧伤，博得不少读者的同情，使孙席珍再次赢得文坛前辈的瞩目。连好几位素不相识的著名学者，如心理学家刘廷芳、经济学家萧纯锦、银行学家唐有壬等，都不吝予以称道，萧氏甚至对人说："不愧为京华才子！"

　　日本友人柳田泉氏，在其所撰《现代支那文学之鸟瞰图》（新潮社版）中，由于多情善感，将孙席珍归入郁达夫派，这一说法大概是从谭正璧氏《中国文学进化史》生发出来的。孙席珍并不以为然。他在自述中这样说道：

　　　　我并不沾沾自喜，因为就才学和识见而言，较之郁公，我远远有所不及，愧不敢当；就技巧和风格而言，我们也大不相同——正如达夫自己所说：作品中当然处处有个"我"在，没有"我"，哪里来的作品呢？至于拙作当中，有时有"我"在内，有时也写写没有"我"的客观事物，因此也不愿意承认自己是郁派。①

虽然孙席珍对郁达夫其人其文,十分钦佩,但也许囿于现实主义文学的观念,又或者悔其少作的心理使然,孙席珍心心念念地一再要将自己与"郁派"拉开距离。的确,在孙席珍后来的小说创作中,除了优美清丽的文笔、简练传神的刻画之外,早期创作中那种"京华才子"的哀怨自怜已经全然不见,郁氏"自叙传"的影响荡然无存。但在全面论述一个作家的发展道路时,我们并不能因为作家自身的否认而轻易放过一段重要的创作历程。"京华才子"时期的小说、散文创作,延续着"小诗"时期忧郁多感的精神气质,明显带着郁氏"自叙传"小说的印痕。当然,社会写真背景的融入又无疑为这位"徘徊在十字街头"的小资产阶级青年最早地摆脱小我的情绪,投身血与火的革命,返观乡土现实,做了最初的准备。

---

① 孙席珍:《怀念郁达夫——纪念郁达夫被害四十周年》,《悠悠往事》,百花文艺出版社 1992 年版,第 53 页。

第三章 从"五卅"到"三一八"

第一节 学生领袖

孙席珍以他的小诗创作享有"诗孩"盛名,又继之以早期"自叙传"小说与散文赢得"京华才子"的美誉。但真正使得孙席珍走出梦幻般的"诗孩"天地的,是他在血与火的学生运动中的成长。从"五卅"、女师大风潮,到"三一八"惨案,少年诗人经历了青春与热血、人情与世故、理想与革命之间的跌宕起伏,"槐花"颜色的梦终究变成了惨淡的中国现实,锤炼为面向现实的坚韧。

孙席珍在当时的北大,是颇为引人注目的。半工半读的他,勤奋刻苦,不是在教室、图书馆苦读,就是在报社编校稿子,这已经占去了他大半的时间。除此之外还有精力不断发表诗歌、小说、散文等文学作品,大家对这个小个子的绍兴人都感到疑惑:他究竟如何安排时间,又怎么会从小小的不起眼的身躯里迸发出那么大的能量,同时做了那么多让寻常人做一件都已觉得吃力的事情?

这还不算什么。

1925 年的春天,孙席珍因为诗人的名声着实太盛,众望所归,被推举为北大的学生代表。又经王小隐介绍,担任《大北日报》国际政治版编辑。早在 1924年的 10 月底,因为孙伏园辞职,孙席珍已经升任《晨报副刊》的助理编辑。另外,他还从同年底开始担任《文学周刊》的执行编辑。同时编着三种报纸的孙席珍还是有所侧重的。《文学周刊》是绿波社与星星文学社的合作社刊,附《京报》

发行。而当时的《京报》老板邵飘萍已经邀了孙伏园任《京报副刊》的主编。一方面是孙伏园的介绍，一方面是绿波社文学同仁的重托，编辑《文学周刊》当属兴趣所在。《晨报副刊》则是孙席珍的主要经济收入来源，也是孙席珍与文坛重要作家联结的纽带。

担任《大北日报》国际政治版的编辑，与上述两种偏重文学的副刊不同，渐渐地，孙席珍花在文学创作上的时间日少，撰写、编辑政论文章渐渐多起来。孙席珍在这些早已散轶了的政论文章里，把前一阶段在哲学、社会领域的思考做了一个全面的总结，又在这总结的基础上，投身于学生运动与大革命的实践。尽管现在我们很难查找到那一时期孙席珍关于国际形势和革命问题的政论文章，但结合抗战时期他有关政治形势的报告、论文集，可以想象，其观点之深入，文风之犀利。

这一时期，孙席珍早已在哲学与社会问题的探索中，寻找到了自己的终身信仰：只有马克思主义，只有在共产党的领导下，走社会主义道路，才能救中国。一个充满激情的自觉的马克思主义者，一个满怀浪漫的少年诗人，一个经验丰富的老报人，一个深孚众望的学生领袖，多重身份叠映成一个站在时代浪尖的弄潮儿。

从文学到革命，成为孙席珍在大革命时期的必然选择。

这是中国革命风起云涌的年头。国共两党第一次合作，革命统一战线建立，加速了中国革命的进程，轰轰烈烈的大革命开始了。

中共四大以后，在党的领导下，群众运动蓬勃发展。1925年5月30日，因抗议日本纱厂资本家镇压工人大罢工、打死工人顾正红，上海学生两千余人在租界内散发传单，发表演说，声援工人，并号召收回租界，被英国巡捕逮捕100余人。当天下午，万余群众聚集在英租界南京路老闸巡捕房门首，要求释放被捕学生，高呼"打倒帝国主义"等口号。英国巡捕竟开枪射击，当场死11人，被捕者、受伤者无数，造成震惊中外的"五卅"惨案。

"五卅"惨案的消息传到北京后，北京各界民众在中国共产党的领导下，开展了声援"五卅"惨案的活动。北京学生首先响应上海人民的反帝斗争。6月1日，北京学生联合会提出了取消领事裁判权、收回租界、惩办行凶捕头、撤换英日领事等要求。6月3日，北京师大等数十学校宣告罢课，并举行了声势浩大的示威游行，参加游行学校百余所，5万余人。10日，在天安门前，北京学联发起、

第三章 从「五卅」到「三一八」

召开了北京各界对英帝国主义惨杀同胞雪耻大会。北京各界 480 多个团体,各界人民群众 20 余万人参加了会议。

在"雪耻大会"的统一指挥下,13 日,北京商界 55 个行业代表集会,决定不用英、日钞票,不买卖英、日货,不供给英国、日本粮食。25 日,北京 30 万市民又在天安门集会,举行了总示威。30 日,北京 500 多个团体在天安门举行了"全世界被压迫民族国民大会"。

"五卅"运动,是全国反帝反封建民主革命新高潮的开始。在北京,学生、群众参加这次运动的人数之多,阶层之广,规模之大,群众情绪之激昂,达到了前所未有的程度。"五卅"反帝爱国运动,严重打击了帝国主义,大大提高了中国人民的觉悟,揭开了大革命的序幕。

在风起云涌的革命形势中,孙席珍迅速成长起来了。他从北大学生会转到北京学生联合会,直接参与、组织了历次罢课和示威游行活动。他参加了 6 月 10 日的"五卅"雪耻大会,亲身感受了"九城内外,相望于道,天安门前,肩摩接踵。自青年学生以至六七十岁之老妇,莫不争先恐后,同表义愤"的氛围。[1] 会后,"雪耻大会"在党的领导下成为北京各阶层人民群众反帝爱国运动的统一指挥机构。孙席珍直接参与了北京各界雪耻大会的工作。不久,他为此遭到北洋军阀逮捕,约一周后释放。

出狱后,经历考验的孙席珍的革命意志更为坚定了。7 月,由北大同学卓恺泽介绍,孙席珍加入共青团(CY),编在东城沙滩小组。卓恺泽是奉化人,是孙席珍的同学兼老乡,他早在 1923 年底就加了中国共产党。"五卅"运动后,卓恺泽担任共青团北京地方委员会青年部的负责人,一直是孙席珍参加学生运动并走向革命的引路人。"三一八"惨案发生后,卓恺泽受伤回乡,发起农民运动,后曾一度担任中共长江局书记。1928 年被捕,为国民党特务杀害。

孙席珍的入团证明人是中法大学的学生代表陈毅、女师大的学生代表张晓梅。他们在学生运动中结成了亲密的战友。

陈毅在法国勤工俭学,因组织留学生拒款斗争被法国政府驱逐。回国后一度担任过《新蜀报》的主笔,写了大量诗文,抨击当时黑暗的军阀政治,结果被当地军阀"礼送出川"。到北京后,就读位于西山碧云寺的中法大学,担任中国共

---

[1] 杨逸邨:《北京人民爱国反帝的一次壮举——记五卅运动天安门大会》,《中国近代史通鉴:五四运动与国民革命下册》,吴士英主编,红旗出版社 1997 年版。

产党北京地方委员会(简称北京地委)西部区 18 个支部之一的中法大学支部书记。

和孙席珍非常相似,陈毅也是从文学到革命。在"五卅"运动中,他整天奔波忙碌,朝气蓬勃,以至于中法大学的校长李书华后来回忆说:"陈毅作为学生,哪儿是读书!读书是掩护,其实是在搞革命。"但搞革命的同时也不忘文学,陈毅一面做党的工作,一面就"自己发展",搞文学创作。他在各类报刊发表了大量诗歌、散文、杂文、小说、译作和评论,还参加了"文学研究会"。1925 年春,陈毅与金满城、李嵩高等组织了一个文学小团体"西山文社"。陈毅也曾写诗,也是类似小诗体的作品,有一首题名为《报仇》的小诗就发表在《晨报副刊》,由孙席珍亲手编发:

> 可怜的孩子,
>
> 你被谁人欺负?
>
> 你要下定复仇的决心,
>
> 莫让仇人早早的死去,
>
> 要仇人死在你的手中,
>
> 使天下苍生出一口气,
>
> 这样的努力,
>
> 才算可取!

此诗原是陈毅同志所著短篇小说《报仇》的题辞,并注有"《黄沙集》中的警告"字样,原载于 1925 年 4 月 7 日的《晨报副刊》。《黄沙集》可能是陈毅同志早年诗集,和孙席珍的《素心兰》一样,今天已经散轶。

陈毅还翻译过法国诗人缪塞(当时译为米塞)的作品,其中《歌》、《愁》两首诗发表在《晨报》1925 年 4 月 25 日的副刊《文学旬报》上。诗后还有陈毅借题发挥的评论:米塞有着忧郁颓废的气质,诗人咏叹的愁闷,"便是吾国现在青年朋友们经常感受到的愁闷。比如做事无勇,活着无趣,仿佛天地之大竟无一处可以立足"。米塞在诗中说:

> 若上帝发言,
>
> 便应回答他:
>
> 在世上我能享的唯一的幸福,

便是能有几回痛哭。

陈毅在译作附白的最后抛出了发人深省的问题：

血已枯了！

泪已干了！

心弦已断，

连话也说不出了！

这样悲哀的程度，比米塞还胜十分，这是什么原因呢？

这就走出了小诗时期纯粹的哀怨彷徨，而是把矛头直指社会。孙席珍和陈毅，一齐作诗，在抒发尽了时代的苦闷之后，又不约而同地选择了同样的道路：投身革命，一齐领导学生运动。

女师大的学生代表张晓梅，原名张锡珍，当时只是一个 14 岁的少女。张晓梅出身于河北房山一个铁路工人的家庭。她受两个姐姐的影响，自觉投身革命。"五卅"那年，她积极参加进步学生运动，同年加入中国共产主义青年团。张氏三姐妹都是坚定的革命者：大姐张锡瑗是邓小平的第一任妻子，后因病亡故；二姐张锡瑞的丈夫周达文，在组织安排下留学苏联，为斯大林赏识，担任列宁学院中国部负责人与中文报《工人之路》主编。苏联"肃反"运动中，周达文被王明、康生罗织罪名，诬陷为"托洛茨基匪徒"、"日本间谍"。在王明、康生的迫害下，周达文于 1937 年 12 月含冤牺牲在苏联，年仅 34 岁。

张晓梅"三一八"后转至上海，由邓小平夫妇介绍入党，并与中共中央秘书处的徐冰结合。新中国成立后，徐冰历任北京市副市长、中共中央统战部部长等职，张晓梅历任中共中央妇委委员、北京市妇联主任等职。"文革"中，张晓梅夫妇被林彪、江青反革命集团迫害致死。

女师大另一位学生代表刘亚雄是石评梅在太原女师时的同学。曾响应五四，在太原女师宣传民主思想，亲自到乡村宣传反封建、妇女解放的思想，还组织过反对校方开除解除包办婚姻女同学的斗争，取得胜利。1923 年，刘亚雄考取北京女子高等师范学校。"五卅"时期，刘亚雄被选为女师大学生代表。她是驱逐校长杨荫榆的女师大风潮的发起人之一，也是学生会领导人之一，积极参加了 1925 年北京声援"五卅"的运动和 1926 年的"三一八"斗争。新中国成立后曾出任中央劳动部常务副部长。

孙席珍与陈毅、张晓梅、刘亚雄他们分别代表各自的学校,参加北京市学联的工作,领导北京各高校的学生运动。

斗争如火如荼。仅据北京一地统计,从1925年至"三一八"以前,每月大小的群众集会总在四次以上,每次参加的人数多达数十万人,少的也在千人以上。游行、请愿、示威、罢课,一次接一次,一浪高一浪。北大、朝大、医大等29校组织了297个讲演队,3200多个讲演员手拿小旗在街头进行宣传。学生还组织了代表讲演队到游艺园讲演,师大女生也组织家庭讲演队,深入到家庭妇女中挨户进行宣传。青年团还发动学生和青年工人上街张贴传单和宣传画。一时间,北京的大街小巷贴满了彩色传单、图画、标语等宣传品,连汽车上、电车上也贴满了传单标语。另外,学联还派出"长途讲演队,曾在津浦、津京、京汉等地,南京、武汉等地讲演过"①,讲演队所到之处颇受欢迎。孙席珍还曾在这一年的暑假,去长辛店组织过工人运动。

但这也引来了国民党右派的疯狂反扑。1925年8月20日,刺杀廖仲恺后,以反共著称的林森、邹鲁、戴季陶、谢持等在北京举行了"西山会议",在上海另设"中央党部"与广东中央党部对抗。在北京,"西山会议"派在汉花园1号另立国民党北京市党部,单方面开除李大钊等共产党人,分裂国民党的北方领导机构,与翠花胡同8号原国民党北京特别市党部唱对台戏。

国共合作的国民党北京特别市党部成立于1924年4月20日,地址就在翠花胡同8号。这个由国民党左派与中国共产党共同合作的国民党北京特别市党部,实际上受中共北方区委的影响,其中的领导骨干和工作人员多为跨党的共产党员和国民党中的左派分子,如李大钊既是中共北方区执行委员会(简称中共北方区委)的负责人,同时又是中国国民党北京政治委员会的领导人之一。陈毅也在党部担任过秘书。

这样,翠花胡同8号和汉花园1号,成了斗争的焦点。

在国民党特别市党部,领导孙席珍他们工作的有安体诚、于树德等。于树德当时担任青年部(学生部)部长,直接主持北京、天津两地的青年学生运动。安体诚于1925年底调回北京,在北京大学任教并参与北方区委和国民党北京市党部的领导工作。期间,孙席珍调入爱国运动大同盟。安体诚担任大同盟的

---

① 《团北京地委组织宣传运动的报告》,北京档案馆存。

党团书记,孙席珍就在爱国运动大同盟担任记录工作。

晚上,翠花胡同8号常常热闹非凡。来自各大高校的学生代表纷纷讨论,紧张地安排各项革命工作。孙席珍常去翠花胡同8号,直接向安体诚、于树德等领导汇报工作。

除了学生工作之外,孙席珍所在的东城沙滩小组也定期过组织生活,学文件,听报告,汇报工作,交流思想。地点一般是红楼的某个空教室。因为人数不多,各人都自寻一张座椅,放几本不同的书,低着头,或看书,或写字,算是自修。有时也有领导同志来参加,给大家分析形势,陈乔年、陈为人等还讲过团课。

有一次,教室里来了个穿着西装、打着花领带的瘦长青年,态度很文雅,脸色苍白,带点肺病似的。他轻轻地进来,随手带上门,微笑着向大家点点头,接着就随便地坐下来。孙席珍向坐在旁边的同学打听此人是谁,那位同学回答说:"你不认识他吗? 他就是秋白,刚从上海来,可能是组织指派的。"

一听说是瞿秋白,孙席珍不免特别多看了几眼。少年孙席珍初到北京时,就在晨报馆找到两本绝版书《俄乡记程》和《赤都心史》。那是瞿秋白作为特派通讯记者采写的通讯实录,1920年在《晨报副刊》上连载。从这两本书中,孙席珍了解到十月社会主义革命的实际情况,从而知道革命创业的艰难。革命,并不是美丽的幻想,要达到胜利,必须经过艰苦奋斗的过程。这是孙席珍最初读到的秋白作品,以后又常听到他的名字。从那时起,孙席珍就认他是自己的前辈。

瞿秋白似乎是听见了学生们的窃窃私语,就站起来同每个人握手,然后说:"同学们,我是组织上叫我来同你们一道学习的。今后,我们有话可以随便谈谈,有问题可以自由提出。凡是我知道的,我一定尽力解答。我讲得未必都对,如果讲错了,大家互相讨论。今天我们先相互认识一下,然后由我来谈谈革命形势。下次怎样进行,我想是否可以选一两本马恩的著作边读边议,你们看这样好不好?"

大家都不作声,有几个资格比较老的同学说:"这样很好。"于是瞿秋白开始介绍上海、广东以及其他地方的情况。他声音很低,但口齿清楚,说话有条理,介绍和分析都很清晰,逻辑性很强,讲了大约有个把钟头。瞿秋白是中国最早宣传马克思主义的理论家,也是第一个尝试用马克思主义研究中国现代社会的政治和经济、研究中国革命的一般性和特殊性的人。他的讲课,既有深刻的理论支撑，又结合中国革命的实际，对同学们的启发格外之大。

瞿秋白讲课的中间，偶尔走廊上忽然有脚步声经过，也有一两次有同学推门进来向教室一望，看到大家东一个西一个东坐在那里，各顾各的，以为是自修复习，连忙就走。一般情况下，大家也不觉得是特意来刺探的。

瞿秋白讲完后，见没什么人提问题，就站起来说："我先走，你们再坐一会。下次什么时候、在哪里再谈，另外再通知。"他走后，大家就议论开了。孙席珍说："他讲得顶好，很有启发。"也有人说："他是老资格，理论很高，当然讲得好。"这样随便谈了几句，才慢慢一个个分头离去。

这是孙席珍第一次见到瞿秋白。

形势发展很快，工作很紧张。东城沙滩小组的成员都分配在不同的工作岗位上，有时忙得连正课都没法上。好在当时点名制度不严格。就北大而言，注册课的先生只要看到你的座位上有个人坐在那里，就给划个"到"，这一堂课就算没有缺席。孙席珍也一直奔波于翠花胡同 8 号、《晨报》报馆与学校之间，在北大学生会、北京学联会、北京各界雪耻大会以及爱国运动大同盟承担着紧张而忙碌的工作。

瞿秋白是东城沙滩组的指导员，但也并不是每次小组会议都来参加的。他除了作过几次形势分析报告外，还讲解过《共产党宣言》，用的是最早的陈望道的译本。孙席珍记得有一句是"一切的历史都是阶级的历史"，他解说得十分详细，很有说服力。只这一句，他反反复复地讲了两三个钟头。讲完后，问大家还有什么问题，然后彼此闲聊几句，向大家点点头，轻轻开门出去。

尽管当时的北方革命形势很好，但瞿秋白一直保持着高度的革命警惕性，既保证团课学习的质量，又尽量注意安全，不引起他人的注意。他往往静静地来，轻轻地去，讲课更注重实效。孙席珍觉得，瞿秋白的行踪这样地飘忽，简直就像《共产党宣言》中第一句所说的"共产主义的幽灵"一样。

时光流逝，这样过了些日子，彼此都比较熟悉了。小组里有几个女孩子，平时喜欢开开玩笑，他们说孙席珍的样子有点像广东人，叫他"小广东"，于是瞿秋白也跟着他们叫孙席珍"小广东"。

一天，瞿秋白跟平时严肃的态度大不一样。一进门，满面笑容，一只手忙着向口袋里摸，摸出一张叠得方方正正的纸来。打开后，眼睛炯炯有神地望着大家说："今天我教你们唱个歌儿，这是每一个同志都应当会唱的。歌词里讲的，

就是我们的最高理想。歌词是参加巴黎公社的著名诗人鲍狄埃的诗,原有六节,后来有一位比利时的工人作曲家谱了曲,一般只唱三节。现在我翻译了过来,翻得不好,唱得怕也不大正确,我先唱一节,你们别见笑。"说完之后,他就低低地唱了起来。他的声调虽低,音色倒还好,看上去是花了最大的力量,白皙的脸涨得绯红了。

瞿秋白的激情感染了大家。唱完后他笑眯眯地说:"唱是唱得不大好,但这首歌我们必须要学会,差就差一点罢,你们同意不同意?"大家都笑了,想鼓掌又不敢,只做一个轻轻拍手的样子,齐声说:"好!好!好!"稍停一下,他就一句句地教唱。那得意、自豪的样子,是孙席珍从来没有看见过的。他边唱边做手势打拍子,一晃一晃,花领带飘呀飘的,拍子虽然打得不大像样,但是神情确实很潇洒。尤其是唱到"旧世界打它个落花流水,奴隶们起来起来"这一句时,瞿秋白十分投入,就如同陶醉了一般。

他停下教唱,拍拍孙席珍的肩膀道:"小广东,这两句译得好吧?"孙席珍连连点头说好。

瞿秋白一句句地教完第一节后,又叫大家连起来合唱了几遍。他说:"今天就教这些。歌谱已经学会,下次两节可以一齐教了。"这天大家都很兴奋。晚上,孙席珍一路轻轻地哼着这首歌回到寓所。找出《国际歌》的原文来,发现有两句译文有点走了样,这两句的原意是"我们是新世界的主人,虽然我们是一无所有",但瞿秋白教唱的却是"莫要说我们一钱不值,我们要做天下的主人"。孙席珍随即一想,秋白是从俄文转译的,不一定是他译错,可能俄译者就搞错了。孙席珍觉得自己虽然学了一点法文,可自觉并没有资格挑剔他,而且从内心也不愿意挑剔他,所以偶然查对发现了这一点,却从没有对别人提起过。后来唱的时候,孙席珍也一直照着这一译文唱下去。

孙席珍还特地查看了好几种不同的《国际歌》翻译。他发现歌词中瞿秋白最得意的"旧世界打它个落花流水,奴隶们起来起来"两句,的确译得好,还没有一个版本改动过这两句词。瞿秋白教唱的《国际歌》,是他于1922年自己重新翻译的歌词。之前《国际歌》的三种译文都不准确,也没法歌唱,瞿秋白就自弹自唱,对照原文,一字一句地推敲,一边弹奏风琴,一边吟唱译词。瞿秋白翻译的《国际歌》,几乎是中国第一个可唱的版本。后来通行至今的萧三的翻译也是在他的基础上做修改的。

瞿秋白教唱《国际歌》，和平日里讲课严肃的态度大为不同。这次团课，师生们尽管只能轻轻哼唱，却都难以抑制内心的激动。在孙席珍的记忆里，瞿秋白还教过一首《二七纪念歌》，可惜全首歌词现在已经不大记得起来了，只有开头两句"你们为着奋斗而牺牲了，开我们阶级斗争第一幕"和最末两句"我们跟着你们的血迹而前进，继你们的志，以慰你们"，还留在脑子里。这首歌词十分低沉，曲调较缓慢，转折音很多。秋白不是高明的声乐家，但教唱的时候，贯注着他的真实感情，眼眶里噙着泪水，低着头。唱完站起来，大家都用手帕擦擦眼睛。他说："哭泣解决不了问题，我们要奋斗，我们要报仇！"待到大家分头出去，秋白的影子早已经消失了。

孙席珍和瞿秋白相处不过短短的一段时期，而且因为特殊的革命形势，都是在课上匆匆一见，单独谈话的机会也不多。只有一次，一个朦胧的月夜，孙席珍独自在北河沿漫步，远远看见一个人，从南向北走，步子比较轻快，似乎在沉思什么。走到近处打个照面，才发现是瞿秋白。瞿秋白问候了几句，勉励道："你很聪明，将来能有所作为的。要坚决些！"说完就和孙席珍握了握手分开了。这次以后，瞿秋白再没到东城沙滩小组来过，以后也再没有和孙席珍见过面。孙席珍想，他一定另有重要任务，去了别的地方。孙席珍与瞿秋白交往的这段时期，大约在1925年5月到11月间。当时瞿秋白参与领导了"五卅"爱国反帝运动，主编了中国共产党创办的第一张日报《热血日报》，写了大量如《五卅后反帝国主义联合战线中的前途》、《中国国民革命与戴季陶主义》、《五卅运动中国民革命与阶级斗争》等时论文章。到年底，瞿秋白已经又赴上海，旋赴广州，投入新的革命工作中去了。

因为王明左倾路线的迫害，瞿秋白被撤职，转到上海，与鲁迅一起从事左翼文艺活动，最后在瑞金被捕牺牲。他一介书生，襟怀坦荡，坚守理想，临终时写下《多余的话》，文中坦言因党内路线斗争而产生的种种内心矛盾，几被世人误解。但在孙席珍的心目中，始终都不曾忘记他教唱《国际歌》时极富感染力的神情，也始终不曾忘记他对中国革命道路精辟而深入的分析。当然，同瞿秋白一样，孙席珍从文学到革命，以书生怀抱，守革命理想，在此后的革命生涯、写作生涯以及学术生涯中都不曾有丝毫动摇。这种坚决与勇敢大概是中国知识分子走上革命道路的共有特点。

第二节 《晨报》换帅

几乎是在孙席珍走向革命、参加爱国学生运动的同时,他工作的《晨报副刊》换了一位主编。一家报馆更换主编,看起来真是一件再寻常不过的小事,但《晨报》换帅的背后,却隐藏着新文化阵营分化的复杂事实,展现了不同观点、不同立场的知识分子派别的矛盾与争斗,又和女师大风潮、"五卅"运动以及稍后的"三一八"惨案都息息相关,联结着中国知识分子对现代性道路的不同选择。而孙席珍身处矛盾的漩涡中,在激进与保守之间,不偏不倚,忠于革命又忠于文学,坚守自己的立场。

1924 年 10 月,鲁迅先生写了一首诗《我的失恋》,寄给了《晨报副刊》。当时经孙席珍看过校样后,亲自送去排字房。结果第二天,报纸出来,《我的失恋》却不见了。

原来,见报的前一天晚上,鲁迅的这首诗被代理总编辑刘勉己抽掉了。孙伏园到报馆看大样时,发现稿已被撤,已经按捺不住火气。刘勉己又跑来说那首诗实在要不得,但吞吞吐吐地又说不出何以"要不得"的理由来。

孙伏园大怒之下,就顺手打了他一个嘴巴,还追着大骂他一顿。第二天,孙席珍也"气忿忿地跑到鲁迅先生的寓所,告诉他'我辞职了'"。[1]

这是一首什么样的诗呢?

孙席珍在晚年回忆起这首引发《晨报》换帅事件的小诗时,一针见血地指出了诗背后的奥秘。

这首题为《我的失恋——拟古的新打油诗》这样写道:

> 我的所爱在山腰;
> 想去寻她山太高,
> 低头无法泪沾袍。
> 爱人赠我百蝶巾;
> 回她什么:猫头鹰。
> 从此翻脸不理我,

---

① 孙伏园:《鲁迅和当年北京的几个副刊》,《北京日报》1956 年 10 月 17 日。

不知何故兮使我心惊。

我的所爱在闹市;
想去寻她人拥挤,
仰头无法泪沾耳。
爱人赠我双燕图;
回她什么:冰糖壶庐。
从此翻脸不理我,
不知何故兮使我胡涂。

我的所爱在河滨;
想去寻她河水深,
歪头无法泪沾襟。
爱人赠我金表索;
回她什么:发汗药。
从此翻脸不理我,
不知何故兮使我神经衰弱。

我的所爱在豪家;
想去寻她兮没有汽车,
摇头无法泪如麻。
爱人赠我玫瑰花;
回她什么:赤练蛇。
从此翻脸不理我,
不知何故兮——由她去罢。

一九二四年十月三日

拟古,是模仿东汉张衡《四愁诗》的格式;新,是创造性地加以变化翻新;打油诗,是像唐人张打油那样用通俗的语言和游戏的笔法写出来的诗。

这首诗从《晨报副刊》撤下后,孙伏园因此愤而辞职,又办《语丝》,该诗就发

表在《语丝》上。后来,鲁迅又把这首诗编入写作极为谨严的散文诗集《野草》里,可见鲁迅并没有把它视为戏作,相反还给予了相当的重视。

在《〈野草〉英文译本序》里,鲁迅曾说此诗是为了"讽刺当时盛行的失恋诗"而作。原来,这首诗是用游戏的笔法写出来的严肃的讽刺诗,讽刺对象是现代评论派的徐志摩。

孙伏园是鲁迅的学生,又是徐志摩的好友。孙伏园既促成过鲁迅的《阿Q正传》等创作,也编发过徐志摩的许多作品。但这时,新文化的阵营已经起了分化。徐志摩与同样留学英美的胡适、陈源等人思想更为接近,日渐靠拢,而孙伏园则与周氏兄弟关系更为密切,鲁迅的来稿当然还是毫不犹豫地编发了。

可《晨报》是研究系的报纸,徐志摩是梁启超的入室弟子。这时的徐志摩,从剑桥回国不久,正处于诗歌创作的高峰,被誉为"诗哲"。他迎接泰戈尔访华,追求林徽因未果,闹得北方文坛沸沸扬扬。

鲁迅用这首《我的失恋》,跟徐志摩开了个大玩笑,也表达了辛辣的讽刺。"失恋"事件的亲历者孙席珍对鲁迅诗作的理解当然更为深入:

> 诗中有"爱人赠我"和"回她什么"各四,一般认为这是先生随手写下的,未必有深意存乎其间,而实则不然。"爱人"既是豪门巨室的"千金小姐",所赠当然都是华美精巧的礼品,如百蝶巾、双燕图、金表索、玫瑰花之类。"诗哲"比较寒酸,献不出奇珍异宝,只能羞答答地报之以自作的诗文:一曰猫头鹰,暗指所作散文《济慈的〈夜莺歌〉》;二曰冰糖壶芦,暗指所作一首题为《冰糖葫芦》的二联诗;三曰发汗药,是从"诗哲"与人论争理屈词穷时的晋人之语中抽绎出来的,说"你头脑发热,给你两粒阿司匹灵清醒清醒吧"! 四曰赤练蛇,是从"诗哲"的某篇文章提到希腊神话中人首蛇身的女妖引伸出来的,这点我一时不大记得清楚了。总之,四个"回她什么",个个都是有来历的,决非向壁虚造,弄得"诗哲"窘迫万状,足有好几天为之寝食俱废。①

鲁迅这样公开讽刺徐志摩,显然会得罪徐志摩的老师——《晨报》的后台、研究系的梁启超。再加上林徽因与梁启超之子梁思成结为伉俪,讽刺徐志摩的

---

① 孙席珍:《鲁迅诗歌杂谈—读鲁迅先生几首诗的一些感想和体会》,《文史哲》1978年第2期,第42页。

"失恋"，简直犯了梁启超的大忌。

刘勉己作为《晨报》编辑部的负责人，见了这样的诗，因事情紧急，只能擅自撤下，结果引得孙伏园辞职，转而被《京报》的邵飘萍聘去做副刊主编。最后，《京报》得到鲁迅等人的支持，倾向革命，编发了大量反对北洋军阀政府的杂文、随感等，成为"三一八"时期左派知识分子的重要阵地，销路大增。《晨报》换帅，鲁迅等一批新文学知名作家都不再向它投稿。自 1924 年 10 月孙伏园辞职后，《晨报》元气大伤，一连换了几任主编，都不见起色。

几乎与《晨报》换帅同时，位于石驸马大街的女师大在这年也换了一位新校长。

女师大的新校长杨荫榆，是中国教育史上第一位女性大学校长。杨荫榆先后留学日本、美国，获哥伦比亚大学教育学硕士学位后回国，取代鲁迅的同乡兼好友许寿裳担任女师大校长。

从她的教育经历与职业背景看，担任女师大校长应该没有问题。但杨荫榆个性谨严，一心想实践她的教育理念，"把女子培养成贤妻良母，而非革人命者"。她上任后，便着手整顿学风校纪，反对学生过于涉政，不赞成学潮，有些举措就引起了进步学生的不满。其实，在杨荫榆看来，"把女子培养成贤妻良母"并不意味着培养那种封建时期"三从四德"的女子，而是要践行 19 世纪欧洲教育家弗里德里希·威廉·奥古斯特·福禄贝尔所言：摇动摇篮的手是摇动地球的手。杨荫榆曾在一篇文章中宣称："窃念好教育为国民之母，本校则是国民之母之母。"

但她的这种古典主义教育观与当时的中国现实相隔太远，也使她脱离了时代的洪流，成为逆革命大潮而动的不合时宜分子，结果引发了一场女师大风潮。她本人也被鲁迅等人猛烈抨击，成为历史悲剧人物。

1924 年 9 月，皖系与直系军阀之间爆发战争。暑期回家度假的 3 名女师大浙江籍学生因交通被阻没有如期返校。杨荫榆以违章为由，勒令 3 人退学。"女师大学生自治会"在许广平等人的带头下，要求杨荫榆收回成命。遭到拒绝后，1925 年 1 月，"自治会"发起了驱逐校长的风潮。鲁迅等人也对杨荫榆进行了激烈批判，杨荫榆被形容为"专制魔君"、"女性压迫者"、"教育界蟊贼"、"反革命分子"等。

1925 年 4 月，章士钊以司法总长兼任教育总长后，强调"整顿学风"，支持杨

荫榆。5月7日,为了防止学生上街游行,教育部下令不准学生外出,只可在校内组织纪念活动。杨荫榆奉行章的命令,在校内以"二十一条国耻纪念日"的名义举行演讲会,她作为主席登台,却被全场学生的嘘声赶走。5月9日,女师大校评议会开除刘和珍、许广平等6名学生自治会成员。11日,女师大学生召开紧急大会,决定驱逐杨荫榆,并出版《驱杨运动特刊》。27日,鲁迅、钱玄同等7人联名在《京报》上发表《对于北京女子师范大学风潮宣言》,表示坚决支持学生。

几天后,"五卅"运动爆发,女师大学生在学联的统一组织下,参加了"沪案后援会",这与杨的办学理念严重相违。因为怕爆发学生骚乱,7月30日,杨解散女师大学生自治会。8月1日早7时,校内突来武装警察百余人,要求学生搬出学校。校方解散大学预科甲、乙两部等4个班。8月10日,教育部下令停办女师大,另成立国立女子大学。22日,坚守女师大的学生骨干刘和珍、许广平等13人与政府当局发生冲撞,被拖出校门。军警的插手使女师大风潮进入了白热化状态。

领导女师大风潮的学生领袖中,有一位名叫李桂生的女同学,表现得特别英勇。她在军警冲击学校时,挺身而出,身负重伤。《本校学生自治会上段执政呈文(三)》(八月三十日)中记载道:

> 8月22日午后三时许。刘百昭声称奉章士钊之命。带警察百余名。流氓百余名。……伤重而且性命危在旦夕者,有李桂生一人。①

苏甲荣写于8月24日的《女师大惨变目击记》也同样提到了这位伤重学生李桂生:

> 有受伤甚重之李桂生一名,卧于一小室之床上,垫褥全无,盖一破被单。……据云李生下车时,曾晕绝,后经请来某医院大夫诊视,打针后始复苏。足见受伤甚重,危在旦夕。②

在《国立北京女子师范大学被难学生控告章士钊刘百昭戴修骘状词》中就

---

① 《本校学生自治会上段执政呈文(三)》(八月三十日),《文学论文集及鲁迅珍藏有关北师大史料》,北京师范大学中文系编,北京师范大学出版社1981年版,第324页。
② 苏甲荣:《女师大惨变目击记》,《文学论文集及鲁迅珍藏有关北师大史料》,北京师范大学中文系编,北京师范大学出版社1981年版,第361页。

有李桂生、刘和珍、许广平等 24 人的共同签章,其中李桂生名列第一。在写于 8 月 26 日的这份状词中,李桂生、刘和珍等学生运动积极分子赫然在目:

第一位:李桂生年二十三岁安徽太平人

第十三位:刘和珍年二十一岁江西南昌人

第二十二位:许广平二十四岁广东番禺人

状词中提到:"桂生受伤尤重,当即昏死。经医急救,幸而复苏。……均卧病医院,惫不能起。"[①]

就在同一天,鲁迅去德华医院看望了在刘百昭率领打手攻入女师大时勇敢地冲在前面护校,而被几次打昏的学生李桂生。

这位被各界报道、鲁迅亲自探望的李桂生,是女师大自治会的成员,学生运动中的风云人物,女师大最早的地下党员之一。在女师大风潮中,李桂生与许广平、刘和珍等曾经并肩作战,是亲密的战友。据鲁迅日记记载,1925 年 6 月至 7 月初,正是女师大风潮中杨荫榆与学生公开对抗、相互较劲的相持时刻,先后得李桂生信四封。信的详细内容虽已不可考,但李桂生时任女师大学生代表,与许广平一样,向鲁迅先生求教请援,想来大致不差。

正是这位李桂生,在大革命失败后与孙席珍结为革命伴侣。

但这时,他们还只是学潮中的同志兼战友。女师大学生遭此惨遇,北京各高校当然不可能袖手旁观。5 月 7 日,国耻纪念大会发生冲突的当天上午,北京各校的学生,就已经激于义愤,到天安门集会示威,并与警察发生冲突。下午,约三千名学生前往魏家胡同 13 号章士钊宅,捣毁章宅门窗并与巡警发生冲突。北京各校相继罢课,并于 5 月 9

图 2　孙席珍与李桂生及其女

日赴段祺瑞执政府请愿,提出释放被捕学生,罢免章士钊、朱深,抚恤受伤学生,恢复言论集会自由等四项要求。

---

① 《国立北京女子师范大学被难学生控告章士钊刘百昭戴修骘状词》,《文学论文集及鲁迅珍藏有关北师大史料》,北京师范大学中文系编,北京师范大学出版社 1981 年版,第 367 页。

北京学联会、全国各界妇女联合会、上海全国学生总会、上海各界妇女会、广东国民党妇女部等团体组织，纷纷发表宣言或拍来电报，支持女师大进步师生。尤其是孙席珍做学生代表的北大，接连发表宣言，并以实际行动以示声援。

北京大学评议会也于8月18日开会，通过决议案如下：

> 本校学生会因章士钊摧残一般教育及女师大事请本校宣布与教育部脱离关系事。议决：以本会名义宣布不承认章士钊为教育总长拒绝接受章士钊签署之教育部文件。

北京大学在教师的支持下，声明脱离教育部独立，以示抗议。

女师大风潮日益加剧的关头，鲁迅写下《对于北京女子师范大学风潮宣言》，邀请马裕藻、沈尹默、李泰棻、钱玄同、沈兼士、周作人等6位教授一起署名，发表在1925年5月27日的《京报》上，并接着成立了"女师大校务维持会"。学校被宣布解散后，师生们在宗帽胡同自赁校舍，坚持开学，由鲁迅、许寿裳、马裕藻、郑奠、沈尹默、黎锦熙、傅种孙、徐炳昶等数十名进步教师义务教课，不取报酬。

在鲁迅等师长、北大等兄弟院校学生的共同支持下，章士钊下台，杨荫瑜免职，女师大复校，学生运动取得胜利。1925年11月30日，女师大正式复校。经过运动的考验，刘亚雄、郑德音等学生代表正式发展为党员，并成立了党小组。

女师大师生的胜利固然值得庆祝，更艰巨的斗争却还在后面。段祺瑞丢车保帅，12月31日宣布免去章士钊职务，任命易培基为教育部长。但章士钊教育总长的职务虽然被免，旋即又担任了段祺瑞执政府的秘书长。

与女师大风潮相伴随始终的，则是中国现代思想史上一次有名的论争，鲁迅与"现代评论派"的论争。斗争双方的阵地，在鲁迅这面，是孙伏园接编的《京报》以及稍后创刊的《语丝》；在陈源（陈西滢）、徐志摩这面，则是孙席珍继续效力的，从1925年10月起由徐志摩接编的《晨报副刊》，以及陈西滢创办的《现代评论》。这就把孙席珍推到了矛盾的中心点。

据孙席珍之子孙小昭回忆，李四光曾写过一篇文章，意谓鲁迅虽说支持学生运动，但其实不过忙于资料卡片。这篇文章是经由孙席珍编发的。此文虽已散轶，但李四光的确一度因他兼任京师图书馆副馆长的薪水问题加入这场论争。李四光辩白薪水问题的信就发表在1926年2月1日的《晨报副刊》上。

当时，徐志摩已经接编《晨报副刊》，陈西滢、李四光就以此为基地展开笔战。1924年10月,孙伏园愤而辞职。孙席珍在"文化大革命"中的回忆材料中说,徐志摩接编后,他自己又在晨报呆了半年左右,因为彼此观点不合,终于辞去。这里交代十分不详,徐志摩接编《晨报》是在1925年10月,那么孙席珍到底是孙伏园辞职后半年离开呢,还是徐接编后半年离开?

孙伏园于当年12月受邵飘萍之邀,创办《京报副刊》,又请孙席珍任所附《文学周刊》的执行编辑,鲁迅称誉孙席珍为"诗孩"的《诗歌之敌》一文即在此刊上发表。据《孙席珍教授纪念册》中大事记记载:6月11日,担任京报付印的《文学周刊》执行编辑;10月31日,任《晨报副刊》助理编辑。但《文学周刊》的出版是从1924年12月至1925年12月,共44期,显然时间有误。《文学周刊》是绿波社与星星文学社的合作社刊,附《京报》发行,属于同仁刊物,恐非谋生之计。编辑《文学周刊》当属业余兴趣,既是业余为之,时间也易误记。而伏园辞职,编辑空虚,乃升任对报务十分熟稔的孙席珍,合情合理。

另外,孙小昭回忆,徐志摩非常欣赏孙席珍诗文方面的才华。那么,所谓与志摩不合,大体是当时特殊情况下的违心之语。而我们再来细读孙席珍关于徐志摩的回忆,应该可以看出些端倪:

> 同时代老一辈的诗人,郭沫若那样气势磅礴的诗,我学不像,闻一多太做作,徐志摩有些使人腻烦,但比起他们来,我又远远地自愧勿如。[1]

又据赵景深记载,绿波社还一度请徐志摩讲学,关系颇洽。身为绿波社成员的孙席珍,与徐志摩在诗文方面互引为知己,应在情理之中。那么,无论是从当时的资料,还是亲友的回忆来看,孙席珍应该是在徐志摩接编后,仍然工作了半年。

这半年,恰恰是伴随着女师大风潮,中国现代知识分子阵营分化、论战最为激烈的半年。

1925年5月30日,《现代评论》发表了陈西滢的专栏文章《闲话》。这篇引发了一场20世纪初文坛重要论战的文章,是针对女师大风潮有感而发的,收入《西滢闲话》时拟名《粉刷毛厕》。文中写道:

[1] 孙席珍:《孙席珍自传》,《悠悠往事》,百花文艺出版社1992年版,第217页。

《闲话》正要付印的时候，我们在报纸上看到女师大七教员的宣言。以前我们常常听说女师大的风潮，有在北京教育界占最大势力的某籍某系的人在暗中鼓动，可是我们总不敢相信，这个宣言语气措辞，我们看来，未免过于偏袒一方，不大平允，看文中最精彩的几句就知道了。

《闲话》发表后，鲁迅于当日就写下了题为《并非闲话》的反驳文章，并于6月1日即发表在《京报副刊》上，从此展开了一场长达半年之久的论战。

由"闲话"引起论争的双方，对女师大风潮的描述大相径庭。在支持与反对学潮的问题上，也产生了根本的分野。8月22日《现代评论》第二卷第三十七期上登载的李四光《在北京女师大观剧的经验》、1925年6月2日《晨报》上登载的《汪懋祖与女师大》①等文都描述了学生在学潮中群情激愤，攻击校长、教师，及至破坏学校的出格举动。

长期以来，由于受意识形态的影响，陈西滢、徐志摩等现代评论派一直被视为北洋军阀政府的帮凶，大加鞭挞。叙述历史时，从一开始就扣上政治化的大帽，容不得异见。近年来的一些研究，韩石山、傅国涌、邵建等人则从还原历史现场出发，在研读史料的基础上，使各方面的声音得以浮出水面。但也有部分研究，在剥离政治化倾向的同时，又不免把论争在公共领域的意义悬置，而斤斤计较于私域的得失，用叫局问题、剽窃问题、薪水问题取代了公共话题，从而把这场有关现代知识分子走向的大论争引向无谓的私争。这显然走向了另一个极端，使得历史的真相越发晦暗不明。

留学英美的现代评论派与留学法日的语丝派，的确分成了两大阵营。但同为有责任心的公共知识分子，这场论争更多地还是源自政治理念上的根本抵牾，并非利益集团的愤于私争。这样来理解，我们庶几不会被片面的声音所蒙蔽而只看到单面的历史。也唯独这样，我们才能更为深入地理解，与鲁迅、孙伏园等人更为靠拢的孙席珍于孙伏园辞职后，继续在《晨报副刊》工作时的特殊处境。他在编发着《"闲话"引出来的闲话》、《再添几句闲话的闲话乘便妄想解围》、《闲话的闲话之闲话引出来的几封信》、《李四光先生来件》、《结束闲话，结束废话！》等陈西滢、徐志摩、李四光的稿件时，是怎样在夹缝里寻找既不失公正

---

① 转引自《老新闻（民国旧事 1924—1927）》，天津人民出版社 1998 年版，第 114 页。

客观的视角，又区别于"正人君子"们的坚决的革命立场。

女师大风潮的导火线，是五七纪念会的不准游行。但封锁游行的不单单只有女师大。事实上，北京各大高校都有禁止游行的举措，只不过各校学生纷纷突破封锁，照常上街游行。唯独在女师大，却格外激化，引发了学生们驱逐女校长的"驱羊"运动。

蔡元培曾经这样说过，他从来无意鼓励学生闹学潮，但是学生们示威游行，"出乎爱国热情，实在无可厚非"。但他也看出学生运动的非理性因素，并对爱国压倒诗书的倾向表示了深切的隐忧："至于北京大学，他认为今后将不易维持纪律，因为学生们很可能为胜利而陶醉。他们既然尝到权力的滋味，以后他们的欲望恐怕难以满足了。"①大概也只有这个时期，在中国的大学里才出现了那么多的学潮、运动，甚至出现了多起大学校长被学生驱逐的有意味的事实（前有女师大驱逐杨荫榆、后有清华大学驱逐罗家伦，而罗家伦还是五四运动中的学生领袖之一呢），证实了蔡氏的忧虑果然成为事实。

因而，比照两方面的历史叙述，可以看出，女师大风潮，学生们固然有积极进步的一面，驱逐校长也不免有暴力过度的成分。但这在当时，恐怕是情势使然，无法可想。因为，女师大风潮的第一层面，是爱国学生与阻止游行的校长杨荫榆的矛盾，这是现实层面的矛盾；第二个层面，则是支持学生的鲁迅等左翼知识分子与坚持公理战胜的陈西滢、徐志摩等自由主义知识分子的矛盾，这是文化层面的矛盾；而第三个层面，则是以爱国学生运动为突破口，国民革命与段祺瑞执政府的矛盾，这才是政治层面的矛盾。而在现实层面上，文化分野与政治分化掺和在一起，无论哪一边都不能轻易否定，无论哪一边都有反省的必要。

重新返回历史现场，就是学生运动的内部，也有着各式各样的矛盾。许广平曾谈起过一个学生代表突然反戈，吵闹得不可开交：

> 学生自治会……我因自入校以来，每学期评议、纠察、干事，轮流更替，缠纠永无休止，自觉无所建树，有点疲倦了！……新年开师生同乐会的晚上，……我原也晓得，牵入风潮的旋涡而且是在北京，一定麻烦而无效的，我终于没有到教室参与这种会议，随后听同班说，到的人

---

① 蒋梦麟：《北京大学和学生运动》，钟叔河编，《过去的大学》，长江文艺出版社 2005 年版，第 14页。

不过十个左右,不知怎的算议决了,随后评议员得到各班的总表决是驱杨,但是第二天我们班的一个评议员(即评议主席)托故不来了!说也奇怪,另一个也推到家族限止不做这种运动了!她们推举同班L君代表,L君傻头傻脑的竟日忙着油印,会议,做驱杨运动,我当时给她一个警告,劝她不要受人利用,或暗地吃亏,她也退下来了!不久,那个托故不来的同学,写了长篇大论的十多张信纸的信来骂住堂的同班——她不住堂——最重要的意思是她为评议长,为什么未得她同意就发出驱杨宣言,……这一骂,住堂同班严重的回驳她了!这一来,同班对她们十分怀疑,同时,她们十多个某附中来的同学连成一气灰色起来了,她们起先热烘烘地可以领着大家干。忽地冷冰冰地掉下来反噬人……①

又说自己也常常"灰心、气短,放弃责任,……气愤、恼丧……全自治会的职员,像我的易发气的人多着呢"。② 当时女师学生吕云章到台湾后撰写的《回忆录》里也提到学生间的种种矛盾(李桂生与吕云章关系不错,大革命时期曾邀其共事)。女师都是女生,想来在激烈的学生运动中,口角是非,难以避免。

这诸多矛盾中就有后来成为孙席珍妻子的李桂生与许广平之间的矛盾。同样地,这也不是私人的恩怨,而是联结着立场与态度的根本矛盾。而这种矛盾的深化并导致孙席珍与鲁迅之间师生暌隔,则要到"三一八"惨案的发生。

第三节　师生暌隔

许广平在《鲁迅回忆录》里这样回忆她的"三一八":

> 我还记得"三一八"那天清早,我把手头抄完的《小说旧闻钞》送到鲁迅先生寓处去。我知道鲁迅的脾气,是要用最短的时间做好预定的工作的,在大队集合前还有些许时间,所以就赶着给他送去。放下了抄稿,连忙转身要走。鲁迅问我:"为什么这样匆促?"我说:"要去请

---

① 许广平:《校潮参与中我的经历》,《文学论文集及鲁迅珍藏有关北师大史料》,北京师范大学中文系编,北京师范大学出版社 1981 年版,297—298 页。

② 许广平:《刘和珍、杨德群二君给我的印象》,《女师大周刊》第 123 期,1926 年 3 月 24 日。

愿!"鲁迅听了以后就说:"请愿请愿,天天请愿,我还有些东西等着要抄呢。"那明明是先生挽留的话,学生不好执拗,于是我只得在故居的南屋里抄起来。写着写着,到十点多钟的时候,就有人来报讯,说铁狮子胡同段执政命令军警关起两扇铁门向群众扫射,死伤多少还不知道。我立刻放下笔,跑回学校。第二天,我们同甘苦、共患难的斗士刘和珍和杨德群活生生地被打成僵死的尸体,鲜血淋漓地被抬了回来。请愿群众的愤激情绪,达于极点。

由此可见,孙席珍编发的李四光来稿,谓鲁迅虽支持学生运动,自己却只忙于资料卡片,并非空穴来风。

而孙席珍所在的由徐志摩主编的《晨报副刊》,以及与徐志摩走得很近的现代评论派陈西滢等人,在"三一八"中的表现又如何呢?

1926年的徐志摩在浙江硖石老家过完春节,直到三月初才启程返北。船到渤海,便遇上了"三一八"惨案的导火索——大沽口事件,在海里停泊了六七天。待海禁解除,徐志摩回到北京,已是十号以后,没过几天,便发生了"三一八"惨案。3月25日的《晨报副刊》,刊出饶孟侃的诗作《三月十八日》,3月27日刊出闻一多的诗作《天安门》。当时,徐志摩正和闻一多、饶孟侃等人办《晨报副刊》的一个新诗副刊,叫《诗镌》。《诗镌》4月12日出的创刊号,可说是一个"三一八"惨案专号,有闻一多的文章《文艺与爱国——纪念三月十八》,有饶孟侃、杨世恩、蹇先艾等人的诗作,还有徐志摩本人写的一首诗。这首诗,后来收入诗集《翡冷翠的一夜》时,特意加了副题《纪念三一八》。全诗如下:

> 南方新年里有一天下大雪,
> 我到灵峰去采春梅的消息;
> 残落的梅萼瓣瓣在雪里腌,
> 我笑说这颜色还欠三分艳!
> 运命说:你赶花期节前回京,
> 我替你备下真鲜艳的春景:
> 白的还是那冷翩翩的飞雪,
> 但梅花是十三龄童的热血!

徐志摩在此后不久写的散文《自剖》中,更是淋漓尽致地表达了对时局的无

奈,自己心中的悲愤,还有那种难以排遣的惆怅。这几段文字是这样的:

> 说来是时局也许有关系。我到京几天就逢着空前的血案。……
> 这深刻和难受在我是无名的,是不能完全解释的。这回事变的奇惨性
> 引起愤慨与悲切是一件事,但同时我们也知道在这根本起变态作用的
> 社会里,什么怪诞的情形都是可能的。屠杀无辜,还不是年来最平常
> 的现象。……

> 爱和平是我的生性。在怨毒、猜忌、残杀的空气中,我的神经每每
> 感受一种不可名状的压迫。……只觉着烦,只觉着闷,感想来时只是
> 破碎,笔头只是笨滞。结果身体也不舒畅,像是蜡油涂抹住了全身毛
> 窍似的难过,一天过去了又是一天,我这里又在重演更深独坐箍紧脑
> 壳的姿势,窗外皎洁的月光,分明是在嘲讽我内心的枯窘![1]

从上述文章可见,徐志摩对于"三一八"惨案的悲愤,是一点儿也不亚于鲁
迅的。

在抗议段祺瑞执政府枪杀学生的暴行这一点上,现代评论派与鲁迅并无根
本不同。不同的是在抗议方式的选择上,在对学生运动的深层思考上,彼此产
生了分歧。

陈西滢于3月27日在《现代评论》(第三卷第六十八期)上发表了有关"三
一八"惨案的《闲话》,文章一开头就揭穿了执政府的所谓"暴民说",然后强烈要
求查出这次惨案的主谋是谁,下令的是谁,行凶的是谁,他们都负有杀人的罪,
一个都不能轻易放过,并希望即日成立特别法庭,彻底调查案情,严正地执行各
罪犯应得的惩罚。要求国民军在撤出北京之前,应贯彻这样的主张。这样他们
才可以满足一部分民众对他们的属望,也才可以在民众的心中留一个去思的纪
念。他还说,法权会议的代表还在北京,我们究竟有没有法律,就在此时表
示了。

陈西滢等"现代评论派",多学政治、经济和法律,因而在表达悲痛和愤懑之
外,更多地从理性的角度分析问题。《现代评论》从3月27日起发表的有关"三
一八"惨案的王世杰的《论三月十八日的惨剧》、陈西滢的《闲话》、及泉的《三月
十八日》、许仕廉的《首都流血与军学阶级冲突》、高一涵的《惨案前的黑暗》、唐

---

① 徐志摩:《自剖》,《自剖文集》,百花文艺出版社2005年版,第6—8页。

有壬的《漆黑一团的时局》、王世杰的《京师地检厅与三一八惨案》、陈西滢的《杨德群女士事件》等文章，一点也不比《语丝》上的少，只不过与鲁迅的《无花的蔷薇之二》、《纪念刘和珍君》、《淡淡的血痕中》相比，呼吁、感慨的情感成分少得多，而以分析批判见长。

这或许是因为，《语丝》是个随笔刊物，《语丝》的作者，多为女师大教授，又几乎都是文学家，他们的怀念文章是散文笔法，因此更为亲切感人。而他们的抗议与悲愤，已经成为民族苦难的普遍性意象与不息的精神资源。如鲁迅在《纪念刘和珍君》中的名句，几乎每位国人都耳熟能详：

> 惨象，已使我目不忍视了；流言，尤使我耳不忍闻。我还有什么话可说呢？我懂得衰亡民族之所以默无声息的缘由了。沉默呵，沉默呵！不在沉默中爆发，就在沉默中灭亡。

《现代评论》是一个时政兼及文化的刊物，现代评论派诸君子从谴责杀人者进一步反思暴行产生的根源，或追究法律程序的完善，或期望发起群众运动的人也能反省，从中接受教训，表达对群众运动的不同看法，其实只是更偏于理性客观的分析。

仍以后来被鲁迅等人当成批判靶子的陈西滢的这篇《闲话》为例，文章怀着沉痛的心情，以反语出之，提出妇女小孩不当负"匹夫"的责任，劝他们以后不要再参加任何运动，并把矛头指向民众运动的负责人，指责他们犯了故意引人去死地的嫌疑。而《晨报》的陈文澜，以群众运动的广场效应理论来分析惨案，认为"三一八"惨祸，"实为彼辈党人乐于观成"①。这样的指责是否成立，可以参看以下事实：一份是事发后国民党北京特别委员会上呈国民党中央的报告书，书中说："流血惨剧，不但为革命民众所不恐惧，且适足以促其努力扩大国民革命之战线。"②另一个事实是"三一八"的组织者，大多是国民党要员：国民大会主席徐谦，是国民党北京执行部主任；大会主持人顾孟余，是北京特别党部的负责人，两人都在国民党第二次全国大会上当选为国民党第二届执行委员。这次大会上，李大钊当选为执行委员，毛泽东当选为候补执行委员。就在这次大会上，

---

① 陈文澜：《惨案评议》，转引《三一八惨案资料汇编》，北京出版社 1985 年，第 329—330 页。
② 《北京特别执行委员会对于"三一八"惨案之经过呈报中央执行委员会书》，转引自《三一八惨案资料汇编》，北京出版社 1985 年，第 96 页。

决定了北伐等大事。"三一八"惨案背后的政治背景的确不言而喻,《现代评论》《晨报》上的批评文章,将这点看得很清楚。

鲁迅也看得很清楚,但却选择了不同的道路。激进知识分子出于革命的激情,对学生运动无条件支持,并错指了炮轰的矛头,反而使以现代评论派为代表的对惨案的理性深剖不幸被扣上反动的帽子,中流截断。

但对请愿游行这类活动,鲁迅也是有自己的看法的。他在 1926 年 4 月 6 日所写的《空谈》一文中曾这样说过:

> 请愿的事,我一向就不以为然的,但并非因为怕有三月十八日那样的惨杀。那样的惨杀,我实在没有梦想到,虽然我向来常以"刀笔吏"的意思来窥测我们中国人。我只知道他们麻木,没有良心,不足与言,而况是请愿,而况又是徒手,却没有料到有这么阴毒与凶残。[①]

对于鲁迅的这一看法,许广平在《鲁迅回忆录》中有过解释,说"为了聚积革命力量,以有限的代价换取更大的胜利,鲁迅有时是不主张请愿的"。鲁迅认为,请愿的斗争方式要改变,还因为请愿都是徒手的,而统治者有刀有枪,会下毒手,这会吃亏的,不利于"壕堑战"。

这样看来,鲁迅对于学生运动的观点其实与现代评论派之间并没有本质的不同。同样都是从爱护青年学生出发,只不过一个在探索新的斗争方式,一个则批判施行这种自杀式示威活动的民众运动负责人。至于他们在论争中,由女师大风潮中结下的旧怨,故意曲解,以情感代替逻辑,激情大于理性,由此导致现代中国知识分子的两大阵营不能携手共进,转而分裂,这恐怕是百年中国道路的一大遗憾。

孙席珍虽然站在两大阵营的夹缝间,但他以一个学生运动中的积极分子的身份出发,自然又与鲁迅、徐志摩等师长视角有所不同。从他编发《晨报副刊》那些抗议"三一八"惨案的相关文章来看,应当是从理性的角度同时认同论争双方的观点的。但当他作为一个学生代表时,则又同时避开了论争双方坐而论道,而且各说各理的弊端。孙席珍以实际行动投身火热的斗争,并最终从学生运动走向革命,他的个人道路也为我们提供了理解历史的另一个视角。也许,不管是鲁迅还是现代评论派,停留在纸面的论点再精辟、再理性都只是历史的

---

① 鲁迅:《空谈》,《鲁迅全集》第三卷,人民文学出版社 1973 年版,第 263 页。

片面。历史,更多地是由实践铸就的必然。

孙席珍在党的领导下参加了"三一八"请愿活动。他在大同盟的领导人安体诚是走在游行队伍最前列的请愿代表之一,并在惨案中不幸负伤。介绍他入团的老领导,当时担任北京团地委书记的卓恺泽也亲临现场指挥。同为学生代表的陈毅则在铁狮子胡同,与安体诚、邓文辉等一起站在最前线。女师大的学生代表李桂生、刘亚雄,因为受伤未能参加,但一直留守校园,焦急地等待消息。直到傍晚,她们才迎回冲进校门衣裙不整的同学。同学们带回的消息让人震惊:自己亲密的同学刘和珍、杨德群牺牲于执政府罪恶的弹雨中。李桂生、刘亚雄不顾病体,怀着满腔愤怒与悲痛,率同学赶往惨案现场,并对阻挠救护、收尸的荷枪实弹的军警,进行说理斗争,成功运回烈士遗体。

李桂生虽因病重未能亲身参加"三一八",态度却绝对积极。《女师大刘和珍女士被害记》中记载,在刘和珍尸体验看现场,还有李桂生等人为其遗失物品作声明。

孙席珍、李桂生等人积极投身学生运动。而另一边,许广平却因忙于恋爱,忙着抄资料卡片,不再积极参加学潮,不再参与革命斗争的第一线。这当然也跟前述鲁迅对学生运动的看法有关。"五卅"惨案发生后,许广平目睹"六三纪念会"争做主席的乱剧,已经对学生运动产生了怀疑,而此前女师大风潮中暴露出来的学生内部矛盾更让她退却:"即如我校风潮,寒假时的确不敢说办事的人没色彩,所以我不敢做,不过袖手旁观,现在也不敢说她们没色彩,……而且公举你出来做事时,个个都说做后盾,个个都在你的面前塞火药,等你灌足了,火线点起来了!他们就远远的赶快逃跑,结果你不过做一个炸弹壳,五花粉碎。"①

李桂生对此颇有微词。当时,同为女师代表的刘亚雄、张晓梅等都站在李桂生一边。李桂生与许广平发生争吵,以至疏远,关键在于两人在学生运动中的态度差异。"三一八"惨案发生后,刘和珍、杨德群的死难更使许李矛盾激化。李桂生亲自验看过刘和珍的尸体。一边在为死难者的鲜血呼号,另一边却在静静地抄写资料卡片,恐怕在李的心中,激起了强烈的反差,两人终至互不交往。

许广平与李桂生的矛盾,终于导致了鲁迅与孙席珍师生之间渐生隔阂。

"三一八"以后,奉直联军出动飞机,轰炸北京。在奉直联军的强大攻势下,

---

① 《两地书》原信三十,1925 年 6 月 17 日,《两地书全编》,浙江文艺出版社 1998 年版,第 446 页。

冯玉祥的国民军只得撤出北京,退往西北。4月17日,奉直联军开进北京,更疯狂地实行白色恐怖,枪杀《京报》主笔邵飘萍,逮捕北大部分教授,蒋梦麟等八位校长不得不暂避。北京城内到处张贴着这样的告示:"凡宣传赤化,主张共产者,不分首从,一律死刑!"李大钊等遭到了反动军阀政府的严令"通缉"。

北洋政府查抄出北京学联的委员名单后,立即以教育部命令开除这些委员的学籍,并责令全国各校不准录取。北京的革命活动被迫转入地下,几乎陷于停顿。在这样的形势下,党根据实际情况,安排优秀的青年学生到各地继续从事革命。其主要的流向有三种:一批到湖南、广东、上海、四川等地,支援那里的斗争和北伐战争,约有五六十人;一批送到莫斯科中山大学学习革命理论,包括刘亚雄在内前后近百人;还有一批派往黄埔军校学习。

孙席珍的老上级安体诚在"三一八"之后,到黄埔军校任教,先后担任政治教官、政治部宣传科长、国民党特别党部宣传委员等职,主编《黄埔日刊》。这年的5月,年少气盛的孙席珍,一意投笔从戎,希望驰骋疆场,做个戎马书生。于是,在安体诚、于树德等人的安排下,孙席珍依靠海员工会,取道津门、上海、香港,南下广州,准备投考黄埔军校。未几,由时任政治总教官的安体诚介绍入党,又投身北伐。

由此看来,孙席珍的离职也并非与徐志摩的矛盾,而是情势逼人,投笔从戎,直接参加革命去了。这样,鲁迅与陈西滢,并连带了徐志摩、李四光一齐笔战的时候,孙席珍正在编辑鲁迅论敌一方的阵地《晨报副刊》,再加上李桂生与许广平的矛盾,鲁迅便对孙席珍大为不满。

1925年的鲁迅日记中,常有孙席珍来访交谈的记录,两人间的关系亲密,毋庸置疑。四年之后,孙席珍北伐归来,流亡上海,再访鲁迅,事情起了微妙的变化。鲁迅日记中这样记载:"1929年4月16日:孙席珍来,不见。留函并书四本。""4月28日:晚孙席珍来,不见。"十二天之内,诚挚拜访,连续吃了闭门羹。

而这段时间,正是孙席珍经历了战争洗礼,创作最丰的年头。中篇《战场上》作为战争文学开山之作于1928年发表,获得关注及好评;著名短篇《阿娥》于1929年发表。孙席珍的小说创作集先后出版,计有《花环》、《到大连去》、《凤仙姑娘》、《金鞭》、《女人的心》,再加上《战场上》六种。一向不遗余力,扶持青年作家的鲁迅竟如此不置一辞,何况还是他曾经亲口称誉过的"诗孩"?甚至在后来与鲁迅走得较近的左翼刊物《北斗》上,冯雪峰也发表了《民族革命战争的五月》，用"人道主义的战争文学"的论断来否定《战场上》。

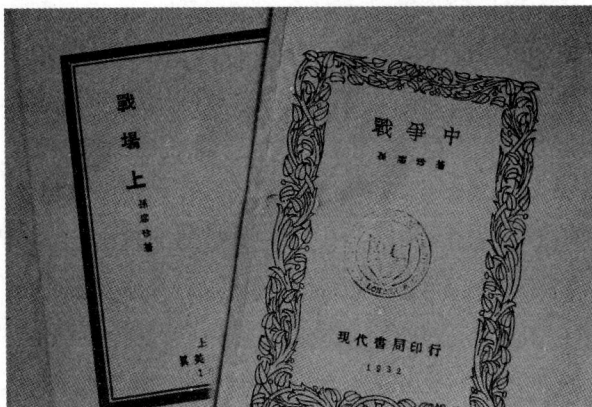

图 3   "战争三部曲"（缺）书影

　　鲁迅与孙席珍的矛盾，从未向外人道过。在笔者与孙小昭先生的交谈中，他也是沉吟再三，才说出这一段尘封的往事。他还特意用了一个词，"讳莫如深"。无论是在公开发表的相关研究中，还是私下的回忆，孙席珍都不愿谈起与鲁迅的过节。

　　也许，除了北方学生运动中许李二人结下的旧怨，还有孙席珍在"北伐途次"与郭沫若的知遇之交。因为1928年、1929年正是郭沫若与鲁迅争论得最激烈的年头，而孙席珍却在此前不久成为郭沫若的秘书。

　　但鲁迅是否因此关上了原本向孙席珍敞开的大门，不得而知。

　　孙席珍对于此事一直讳莫如深的原因，应当不难猜测。他在彼此的论争中，身处事件的焦点，对双方的观点了然于胸。他深知鲁迅的良苦用心，但为尊者讳，更出于号召行动的需要，还是毫不犹豫地站在革命的一头。

第四章　与郭沫若在北伐途次

第一节　连升六级

孙席珍是一个天真的人。说他天真，并非说他不解世事。他的天真是在全然洞悉那些复杂的人事纠葛之后，仍然固守自己内心的原则。

"三一八"惨案后，孙席珍在党的指派下，从北大辍学南下广州，打算入黄埔军校学习。当时的广州已经成为革命的中心，一大批革命领袖与进步青年齐聚广州，正要掀起新的革命高潮。孙席珍出发前听别的同学说，瞿秋白在黄埔军校任教，茅盾也在国共合作的中央宣传部担任重要工作。瞿是孙席珍所在的东城沙滩团小组的指导老师，本有师生旧谊。想到可以再做他的学生，聆听他的教诲，孙席珍十分激动。茅盾主编、大力革新《小说月报》，是新文学的领军人物，虽然孙席珍早就读过他撰写的文章，一直敬仰钦佩，却因一个在上海工作，一个在北京求学，从未能当面问教。现在同在广州，孙席珍很是期望能在革命与文学两方面获得更多的指导。

谁知道到达广州后，形势发展异常迅猛，当时任军校政治总教官的安体诚介绍孙席珍加入共产党，同时对他说："马上就要北伐了，革命需要你到部队去做政治工作。"于是指派孙席珍跟随林伯渠出师北征。

林伯渠担任政治部主任的第六军是一支杂牌军，由程潜的攻鄂军、吴铁城的独立师、广东潮梅军以及收编的陈炯明残部翁腾晖部等组成，内部矛盾重重。

要把这样一支队伍训练成坚强的革命队伍,任务相当艰巨。

早在国民政府东征的时候,林伯渠就担任过攻鄂军及该军讲武学校的党代表。第六军成立后,林伯渠首先协助军长程潜调整了师、团干部,将原攻鄂军讲武学校第二期学生,全部分配到六军各部担任下级官佐。同时,从毛泽东、李富春等创办的"湖南政治研究会"政治讲习班和黄埔军校调了30名学生,专门开设了一个为期两周的特别训练班,任命喻寄浑(中共党员)、王祯祥为该班指导员,请周恩来、邓演达讲授军队政治工作的内容与方法,还请人讲述了《本军沿革》。特训班结束后,这些怀抱革命理想与激情的优秀青年学生,都下到部队基层,成为第六军的政治工作骨干。在系统的政治工作组织下,第六军的面貌焕然一新。

孙席珍加入北伐军后,已经有着坚定革命信念和丰富斗争经验的他立刻被任命为连指导员,承担起繁重的革命工作。1926年7月20日,林伯渠所在的第六军离开广州,开始北伐。战争的第一个阶段,即北伐军进攻湖南、湖北的时候,第六军一直是预备队。林伯渠在行军间歇,召开政治工作人员会议,研究如何加强和改进政治工作。在政治部上下级的共同努力下,第六军整顿部队军纪,监督部队财务开支,处理违反军纪的士兵,反对师、团长侵吞军饷。这些措施有效地提高了全军的政治素质,改善了军民关系。孙席珍也在实际的斗争中增长了不少才干。

在广大人民的支持下,北伐军进展异常迅速,不到两个月,即进入湖南,底定全湘,孙席珍升任营政治指导员;又连取汀泗桥和贺胜桥,进入湖北,直捣武汉,孙席珍升任团政治助理,不久又被直接调入军政治部,在林伯渠的直接领导下工作。北伐军势如破竹,节节胜利,孙席珍也节节升任。

国共合作时期的北伐军队伍,是从旧军阀部队一点一点改造成革命队伍的。在这个结合了斗争实际的艰难的改造过程中,共产党及国民党左派力量控制的政治部系统起了关键的作用。第六军是相当典型的一个例子。然而,这中间旧军阀部队的残存习气、党的领导人与军阀首领之间的矛盾乃至争斗,都在所难免,这也造成了北伐军内部复杂的形势。就在孙席珍任职军政治部期间,第六军出了一件大事。

8月份,北伐军开始围攻武汉,第六军奉命重返通城警戒江西之敌。途中,第六军经理处党代表贺澍,将李某寄公款给程潜在上海家属的事,报告了林伯

渠。9月1日，程潜在林伯渠处发现贺的报告，大为嗔怒，当即要将贺澍撤职，认为他"唆使人毁坏其的名誉"，遂与林伯渠发生了"语言冲突"。因与程潜"意见相左"，第二天，林伯渠给程潜留一便简，便去了长沙。

在旧军阀的眼里，军队是其私有财产，寄公款给家属，本是循例办理，稀松平常得很。而林伯渠整顿第六军，党代表贺澍从革命理念出发，举报此事，也是正义之举。只是，在当时的复杂情形下，锐意革新亦不能操之过急。林伯渠与程潜的矛盾激化了。

孙席珍目睹这起军长与政治部主任分裂的事件，对军阀部队的旧习性，以及革命的艰难性有了更真切的理解。这些私贪军饷，为财富权势而战的上层军阀们，拿底层战士的生命来换取自身的荣华富贵，这让年轻的孙席珍深深感到不平。在他后来的文学创作中，曾通过普通兵士的口来传达强烈的愤慨：

> 我们在战场上，火线上，百战拼命，是为了什么？是为了至高无上的主义吗？是为了民族的自由吗？是为了救国救民吗？……并不是的！我们天天在枪林弹雨之中出没，哪个能够知道这恶战是为了什么？……
>
> 然而，他们，什么团长，什么师长，他们知道的！……他们利用民众家的愚昧，利用我们的因为没有饭吃而来甘愿吃粮拼命，便在这当中，他们扯起了为国为民的大旗……
>
> 弟兄们，我们是为了他们抢夺财物而死的！我们是为了他们的娇妻美妾而死的！……①

林伯渠离开第六军后，抵达长沙，向李维汉等中共湖南区委负责人汇报情况。共同研究决定：为顾全大局，暂以请病假为名，等候程潜态度的变化。如程潜诚恳地请林伯渠回去，则再回六军。当日，中共湖南区委将此意见报告中共中央，林伯渠也以"染疾到长沙医治"为由，给总政治部主任邓演达发了请假电报。不久，中共中央回电同意湖南区委的意见，并嘱一方面应就此事向程潜提出警告，同时也不要对程"操之过急"。邓演达亦回电准假，邀林伯渠"到武昌一叙"。

这期间，北伐军相继占领了汉阳、汉口。9月6日，蒋介石命令一、二、三、

---

① 孙席珍：《战争中》，《孙席珍创作选集》，杭州大学出版社 1991 年版。

六、七各军开始进攻江西。由于战局变化及第六军广大政治工作人员强烈要求林伯渠回去，中共军委王一飞等也通过其他关系做了程潜的工作。9月14日，程潜便要求六军政治部秘书李世璋、第十七师政治部主任李隆建、第十九师政治部主任张振武等，联名电邀林伯渠回来主持大局。17日，林收到电报后，当即回电，并答应立刻赶赴前线。

林伯渠与程潜的戏剧性冲突，就这样得到了解决。时正逢蒋介石入赣督师，路经长沙，邀林伯渠同行。林伯渠便于9月20日由长沙径自入赣。

当时，蒋介石求功心切，很想在江西战场上大干一场，以显示一下他的声威。程潜亦不甘老是作预备队，处处随人之后，也很想在江西战场上显示一下他的拳脚。他们贸然命令第六军和第一军王柏龄第一师，于9月19日攻入南昌。然而事与愿违，这次战役不但第一师损失过半，第六军亦有将近半数覆没。10月中旬，蒋介石又组织第二、三、六军再次进攻南昌，但仍未得手，第二军也受了相当大的损失。

两次攻打南昌失败，蒋介石脸上无光，十分气恼。10月3日，林伯渠行至江西奉新，回到第六军。当时，第六军才从南昌退下来，部队伤亡较大，思想混乱，湖南派不满意广东派，广东派也不满意湖南派，而湖南派中的醴陵派（程潜的同乡）与浏阳派（参谋长唐蟒的同乡）之间的暗斗也相当厉害。旧军阀部队里明争暗斗的恶习再次抬头。

林伯渠回军后，调整组织，任命干部，整顿财政，重新配备政治工作人员，巩固内部团结。在北伐军最后总攻南昌前，他还为第六军制定了政治工作计划，拟定了既通俗又能鼓舞士气的具体政治口号，如"为已死同志报仇"、"为南昌人民报仇"、"必须雪前次退出南昌的奇耻大辱"、"不收复南昌，不算革命军人"[①]等。因为有了这样一系列的工作，第六军很快又恢复了战斗力。

10月28日，蒋介石根据苏联顾问加伦拟订的作战计划，再次下达了进攻南昌、夺取江西的命令。这一次进攻南昌，总结了9、10两个月两次进攻南昌的失败经验，重新调整了战斗部署。以林伯渠所在第六军和朱德担任教导团团长的第三军为进攻主力，中共党员和加伦等苏联顾问在各军之间做协调工作。从湖北增援了第四军的两个师和贺耀祖的独立师，在长江以北的第八军，亦同时向

---

① 《六军参加江西战争记》，1926年11月8日。

安徽方向出动,以威胁敌军的退路。在各方力量的团结努力下,第三次攻打南昌终获胜利。

11月1日总攻开始,很快占领了德安、马回岭、乐化、芦坑、涂家埠、九江,8日便攻占南昌,几乎全部消灭了江西敌军。

第六军在这次战役中的任务是进攻对整个战役"具有决定性的意义"①的乐化车站和涂家埠。林伯渠亲自参加了这次战役,并在火线上开展了有力的政治工作。2日下午,六军第十七师由蛟桥越过铁路,与十九师夹铁路向南进攻,于4日占领芦坑车站。5日拂晓,当部队继续向乐化进攻时,遇到敌人两个旅约六千余人的顽强抵抗,第六军官兵阵亡四百余人,阵势顿时松懈下来。

这时,林伯渠命令政治部全体工作人员加入前线督战。孙席珍等军政治部的所有成员,不分官阶大小,不论职务分工,都高呼着"革命只有前进,没有后退"、"第六军应该为南昌被屠杀人民报仇"等口号,身先士卒,鼓舞士气。第六军全体将士再次大振军威,奋起冲锋,冲破防线,乘胜占领乐化车站,并于次日消灭了涂家埠的守敌。

这是一场极其惨烈的战斗!蛟桥、芦坑、乐化、涂家埠四役,第六军共伤亡官兵千余人。四十九、五十五两团的连排干部几乎全部阵亡,每团士兵仅余二百余人。在这次战役中,政治工作人员冲上前线,与战士们同生死、共进退,起到了关键性的作用。原本属文职的他们,也拿起枪支,冲锋在战场的最前线,结果有5人阵亡,3人重伤。

这段战火中的洗礼深刻地影响了孙席珍。似乎还没有哪位现代作家像孙席珍那样,真正经历过枪林弹雨,经历过战场上的生死离别。曾经与死神离得那么近,与底层士兵一起摸爬滚打过来的孙席珍,由此对战争的残酷和士兵的惨痛生活感同身受。他后来发表于《小说月报》的两篇战争小说佳作《从蛟桥到乐化》、《火和铁的世界》几乎就是北伐战场的写实。而这两篇小说,也是孙席珍最看重的小说之一,曾一度推荐给斯诺。如果没有北伐战场的政治工作经历,没有在火线上生死挣扎的经历,是不会有后来的"战争小说家"孙席珍的。

北伐军不断取得胜利。根据林伯渠的要求,所有政治部工作人员深入地方,帮助民众建立革命组织和革命政权。当时,《民国日报》就曾作过这样的报

---

① 〔俄〕亚·伊·切列潘诺夫:《中国国民革命军的北伐》,中国社会科学出版社1981年版,第486页。

道："第六军首先入江西后,各县民众在该军政治部指导下,均自动组织县党部、农民协会、工会等,且无不积极工作,一时革命空气,大见发扬。"[①]

11月8日,林伯渠随第六军进驻南昌后,还参加了建立江西省政权的工作。南昌成立了江西省临时政治委员会,以朱培德、白崇禧、程潜、李宗仁、李富春、张国焘等为委员,随后又成立了省的政务和财务委员会,这三个委员会均作为省的临时政权机关。

和孙席珍几乎同时南下的李桂生等北方学生运动中的学生代表们也都投入了革命的洪流中。李桂生一到南昌,就参与了地方政权的建立。她担任江西省党部妇女部长、妇女解放协会主任委员。在江西省地方政权的建立中,李桂生遇到了老同学、老战友方志敏、周治中、袁玉冰等人。北伐军第三次进攻南昌城时,正是周治中冒着生命危险,女扮男装,从僻巷中的地下水道将北伐军引进城。旧友相逢在革命的高潮,倍添欣喜。李桂生与周治中等人,在南昌把革命和妇女解放工作开展得轰轰烈烈。周治中于南昌起义后,隐蔽在江西做地下工作,1931年不幸被捕牺牲,年仅37岁。

北伐军中革命力量的壮大却成了蒋介石的心病。他进入南昌后不久,开始同帝国主义和奉系军阀勾结,阴谋篡夺革命成果。他把总司令部"行营"搬到南昌,先是撤了总政治部秘书长朱代杰(中共党员)的职务,又要邓演达将总政治部由武汉移至南昌。蒋指使张静江、陈果夫、段锡朋、程天放等右派分子建立"东湖社"和"AB团"等反动组织,排斥方志敏、林伯渠、李富春等共产党人,控制国民党江西省党部,又撤消了江西省临时政治委员会,提请在南昌的所谓中央政治会议任命李烈钧、熊式辉为首的十一人为江西省政府委员,并以李烈钧为省政府主席。

为对付蒋介石的反动举措,邓演达等国民党左派与张国焘、董必武、林伯渠等经过商量,决定将北伐军总政治部留驻武昌。为了牵制蒋介石,邓演达敦请郭沫若率秘书李一氓驻节南昌,任总政副主任,主持入赣北伐军的政治工作,负有与我党密切联系,并监视蒋介石的重任。邓自己仍然坐镇武汉,控制中枢。

就这样,一片胜利声中的南昌,其实暗流汹涌,形势十分复杂。以蒋介石为首的"总司令部"与以总政副主任郭沫若为首的"总政治部"之间形成了两个对

① 上海《民国日报》,1926年12月3日。

第四章 与郭沫若在北伐途次

立的中心。

上层的这些异动，对年轻的军部军官孙席珍来说，此时并不知情。他还沉浸在胜利的喜悦中。1926年11月的某一天，孙席珍行走在洋溢着胜利气息的南昌街头，东瞧瞧、西看看，并不是刻意寻找什么，只是想体味一下革命后的自由氛围。忽然，他眼前一亮，对面那位军容整齐，神采奕奕的军官，不正是郭沫若吗？他几乎有点喘不过气来，心跳得厉害。没错，正是那位写过《女神》，又投笔从戎的北伐军总政治部副主任郭沫若！以前只是远远地见过几面，这么近距离的接触还是第一次呢！孙席珍激动得满面通红，三步并两步走上前去：立定、敬礼！郭沫若看着这位二十岁刚出头的青年军官，还礼之后问："你是？"

"报告郭主任！我是第六军政治部的孙席珍。"话一出口，孙席珍就后悔了，是不是太唐突了？鼎鼎大名的郭沫若怎么会在意一个小军官的名字？……

"孙席珍，你就是那个'诗孩'吧！"还没等孙席珍回过神来，郭沫若一下子就认出了他。郭沫若竟还记得他，还这么平易，一点架子也没有！

诗人相见在革命军中，分外亲热！

更想不到的是：第二天，郭沫若发来一纸调令，当天就把他直接调入总政治部，任秘书处秘书兼编纂股长，主编《革命军日报》。

调入总政治部后，孙席珍才渐渐看清蒋介石的真面目，认清了复杂的形势，并在郭沫若的领导下，加入了这场艰难的斗争。在变幻不定的情势下，孙席珍更坚定了走革命道路的信念，其对敌斗争的经验也越来越丰富。当时与孙席珍一起战斗着的，还有担任宣传股长的潘汉年。不久，郭沫若的秘书长李一氓率先遣队转至上海工作，郭沫若身边不再有专职的秘书。于是，除了主编《革命军日报》的日常工作之外，一旦有事，身在秘书处的孙席珍也常常分担起郭沫若的秘书工作。这段与郭沫若的直接接触对青年孙席珍影响很大。在日后的追忆中，他这样写道：

> 他豪迈奔放像拜伦，挺拔俊逸像雪莱，刚健雄深像歌德，粗犷豁达像惠特曼，……他的性格、气度、言谈、举止，无不深深地感动了我，我对他也加深了钦敬。①

北伐一年间，从林伯渠到郭沫若，孙席珍从少尉升至上校，连升六级。

---

① 孙席珍：《怀念郭沫若同志》，《悠悠往事》，百花文艺出版社1992年版，第77页。

1927 年，蒋介石的反革命活动愈来愈猖獗。他在南昌开了临时中央政治会议，挑起了一场迁都之争，要与武汉争夺党权、政权以及军权，妄图把国民党中央、国民政府和北伐军完全置于他的控制之下。

国民党中央不顾蒋介石的阻挠，于 3 月 10 日至 17 日在汉口召开了二届三中全会，挫败了蒋介石企图控制武汉国民党中央和国民政府的阴谋，使一些共产党员又重新担任了国民党中央的领导工作，并出任国民政府的部长。

蒋介石进行了疯狂的反扑。三中全会 7 日开预备会议，9 日蒋介石就指使其爪牙惨杀了赣州总工会委员长、共产党员陈赞贤。15、16 两日，蒋又指使段锡朋等封闭了南昌《贯彻日报》，解散由共产党人和国民党左派主持的南昌市党部。17 日，蒋从南昌到了九江，又命令其爪牙，纠集流氓地痞，捣毁了九江的国民党市党部、总工会和农民协会，查封了《国民新闻》，打死打伤多人，逮捕数十人。20 日，蒋介石抵达安庆（当时安徽省会），23 日，又指使流氓地痞捣毁设在安庆的国民党省、市党部，和省总工会及江右军政治部，打伤 6 人。

看清蒋介石的真面目后，郭沫若决心脱离蒋介石的"行营"，离开安庆。他化名高浩然，假充第三军参谋，由水路转赴南昌，借住在曾任二十军党代表、当时在第三军的朱德家中。3 月 31 日，为了揭露蒋介石的反动面目，他奋笔疾书，写成讨蒋檄文《请看今日之蒋介石》。文章在武昌《中央日报》上发表，并印成小册子，被广泛宣传，推动了工农群众的反蒋斗争。

郭沫若离开总政到第三军后，孙席珍也被调至第三军当编纂科长。

第三军是云南部队，军长为朱培德。朱德与第三军军长朱培德，师长王均、金汉鼎，都是在云南陆军讲武堂的同班同学，又长期在滇军共事。朱德离开二十军到南昌后，朱培德十分信任他，让他成立军官教育团，培养军队干部。不久，第三军整编为第五方面军，朱培德任军长，朱德也被任命为第五方面军总参议。这支部队因为有朱德的关系，师团长中倾向革命的人较多。朱德的军官教育团更是培养了不少革命人才。

武汉国民党中央面对蒋介石的猖狂进攻，迅速作出决议，改组江西省党部和省政府，免掉李烈钧江西省主席职务，任命朱培德为主席。免除李烈钧职务的决议于 4 月 2 日到达南昌后，朱德、郭沫若、傅惠忠等，当日就发动南昌学生、工人占领了江西省党部和省政府，逮捕段锡朋、程天放、洪轨等 10 余人，迫使李烈钧等逃往上饶。4 月 7 日，朱培德任江西省长，9 日任命朱德为南昌市公安

局长。

4月12日,蒋介石在上海公开举行了反革命政变,大肆逮捕和枪杀共产党人与革命群众。接着、李济深、李宗仁、黄绍竑、白崇禧、何应钦等在广东、广西、福建、浙江等地,也开始大批逮捕和屠杀共产党人和革命群众。4月18日,蒋介石在南京建立反动政府,第一次大革命遭到严重挫折。

朱培德早年受革命新思潮影响,在与朱德在云南陆军讲武堂同学时,立志军事救国,学习刻苦,与朱德并称"模范二朱"。他先后参加辛亥革命、讨袁运动、护法战争。1926年3月,"中山舰"事件发生后,军队中的共产党员和进步人士遭到迫害,朱培德以军长职权将迫害本军共产党的教育长熊式辉撤职,并慰问本军全体受害政工干部。但在蒋介石叛变革命后,朱培德的政治态度就微妙起来,"在这中间就采取了中立态度,他对于革命不反对,可是对反革命者也不离开。"

形势越来越紧张了。

5月初,首先是张联升在鄂北自称襄樊镇守使,驱逐共产党,捣毁党部,扣留送给冯玉祥的军火及其押送人员。5月13日,四川杨森同驻鄂西的独立第十四师夏斗寅暗中勾结,通电拥蒋,率兵东下。5月18日,夏斗寅公开叛变,与杨森部一起袭击武汉。21日,留守在长沙的国民革命军第三十五军团长许克祥在长沙发动"马日事变",收缴工人纠察队枪支,捣毁湖南省总工会、农会等革命团体,大肆捕杀共产党人和革命群众。

朱培德也行动了。5月29日,朱培德以请政治工作人员谈话为名,把驻在南昌的第三军全部政治工作人员召集到第五方面军总指挥部即江西省政府内的南花厅。事先,全场已被警卫包围。孙席珍、贺培真(作曲家贺绿汀之兄)等政工人员到齐后,朱培德并未露面,而由已升任第三军军长的王钧和总指挥部参谋长黄实传达朱培德的命令说:"现在江西军队中的武装同志和做政治工作的几位人员发生了一点意见,请诸位暂时离开江西,以免引起不好的结果。"朱培德原意是请走一些,又留下一些,息事宁人,这样对宁汉双方都有个交代。不料全体政工人员表示要走大家走,要留大家留,成为僵局。这倒是出乎朱培德意料之外。

时任第九师政治部主任的赵济叙述了"遣送会议"的场景:

> 我们坐定后,第三军军长王钧和总指挥部参谋黄实才进入会场。

不一会儿,大约有一连武装士兵把会场包围起来,我们马上意识到,这次会议,大非寻常。

军长王钧宣布开会,他对我们说:"总指挥(指朱培德)事忙不能出席,我代表他向大家说一下情况。"他说:"近来,三军的政治工作,由于少数人做得过火,在军队中造成了不良影响。因此,总指挥的意思,希望这少数人离开军队。"王钧讲到这里,停顿下来,用目光环视我们,希望我们当中有人表示态度。①

赵济、吴缉熙(第七师政治部主任)等人当即不卑不亢、义正词严地指出,第三军的政治工作,都是遵照总政治部的指示进行的,无所谓过火不过火。

王钧有些理屈,只好让大家举手表示是否愿意离开。先让愿意留下的人举手,等了半天,没有一个人举手。王钧很吃惊,又让愿意离开的举手,结果几乎全都举了手。

王钧无话可说。大家要求他明白宣示,如何处理,好各作准备,收拾一下自己的行李。王钧说:"你们的行李已派人去收拾,也会送给你们,用不着你们担心。"接着他又说:"总指挥决定按各人的职位送给旅费,发了旅费再送你们过江。"他要大家按秩序领旅费,每人发给三个月伙食及旅差费。

会后,在南昌的第三军政工人员在一个团的武装押解下,渡赣江,由牛行车站上火车至九江。欢送途中,从军部大门起沿途都贴满了"欢送共产党"的红纸标语。孙席珍等政工人员在最后一刻,都没有忘记自己宣传发动的责任,纷纷用自己的手册纸,写了不少"拥护三大政策"、"拥护武汉政府"、"反对投降蒋介石"之类的小传单,边走边散发,士兵们倒也没有一个人加以干涉。②

30日,从南昌到达的政工人员与在南浔线及九江工作的第三军全体政工人员会合,共计142名,转乘轮船被遣往汉口。孙席珍同贺培真等一行12人,一起到达武汉。

朱培德"礼送"共产党人出境,内心是很矛盾的。宁汉分裂,谁也看不清形势。他跟共产党人朱德等感情较深,但他识字不多,思想里还是忠党爱国、朋友义气等旧观念,因此只能采取折衷的办法,既和蒋介石暗通款曲,又对武汉国民

---

① 赵济:《"礼送"出境记》,《文史资料选辑》第77辑,文史资料出版社1981年版,第135—136页。

② 梅原:《对政治工作进行"欢迎欢送"》,《文史资料选辑》第45辑,文史资料出版社1980年版,第36—38页。

政府有所交代。朱培德说:"东征、北伐我们得过共产党的力,不能忘恩负义,翻脸不认人,做那种对不起朋友的事。"他骨子里,还是一个宅心仁厚、不忍负义的人,被时人称为"当代袁绍",但效忠党国的愚忠又让他不得不分共。他采取了一种渐进的、缓和的、和平的方式——遣送出境,在宁汉对立中表明自己的中间立场。朱培德首鼠两端的"礼送"出境,客观上给日后的南昌起义准备了先决条件。

6月5日,朱培德下令省总工会、省农民协会以及各县农民协会停止活动。卫戍司令部派出部队包围省总工会、省农民协会,缴去武装,查封省总工会、市党部、学生会、农民协会以及《贯彻日报》《民国日报》等处,礼送方志敏等20余名共产党员出境。6日,朱培德再次布告全省,要求共产党员退出,农工运动停止。遣送出境的共产党员范围由军中扩大到省党部、政府各部门。

已经到达武汉的孙席珍担任了第八军宣传科长。第八军原属唐生智的部队。但到了6月下旬,武汉的形势也急转直下。唐生智自河南回到武汉后日益反动,汪精卫集团开始酝酿"分共",邓演达秘密出走,中共中央完全陷入了混乱状态。7月15日,汪精卫反革命集团召开"分共会议",宣布同共产党决裂,公开叛变革命,第一次国内革命战争最后遭到失败。孙席珍也在组织的派遣下,离开武汉,开始了下一阶段的战斗。

第二节　南昌起义

"四一二"反革命政变发生后,国民党武汉政府内部,开展了一场北伐还是东征的讨论。是东进讨伐蒋介石,趁他立足未稳,收复南京、上海,还是继续北伐?因当时奉军南下,步步逼近武胜关,最后商量的结果还是继续北伐,以唐生智、张发奎部为主力,唐生智为总指挥,郭沫若仍为政治部副主任,与邓演达留守武汉。此前,郭沫若因《请看今日之蒋介石》遭到通缉,但邓演达催促郭沫若前往上海,建立政治部上海分部,开展工作。郭秘密到上海,与周恩来、李一氓会面后,认为上海局势已不可为,便又潜回武汉。

6月中旬,北伐军班师武汉,第二方面军准备东征讨蒋。因汪精卫日趋反共,邓演达、郭沫若实际上一直被监视着,困守在汉口黄陂路的一幢房子里。几天后邓演达悄然出走,郭沫若就任第二方面军政治部主任,第二方面军的军长是在河南立下战功的张发奎。张发奎部下也有不少人为共产党人，但他一直未曾大力反共。

第五方面军朱培德那里，也一直在左右之间游移。6月13日，朱培德下令恢复农工活动，撤走驻守省农会、工会的军队，随后出席省农民协会扩大会议并作演说，表明禁运、遣送是迫不得已的作为。礼送共产党人出境时，朱德不在南昌。在早些时候，他已率领军官教育团到赣东的抚州一带剿匪。6月中旬，朱德剿匪归来，辞去公安局长一职。朱培德也没有起用右派，而是委左派李尚庸继任。

朱培德虽要求江西共产党人"克日离赣"，实际上也并未认真执行。遣送事件发生后，王钧还逮捕了几个"清党"分子，把江西的右派势力的气焰"压下去"。"形势还没有十分恶化"①，国民党江西省党部仍为左派人士所掌握，罗石冰接任了组织部长，黄道、李桂生仍分任宣传部长和妇女部长。列入6月5日遣送名单中的方志敏并未出境，他当天还与缪敏在南昌举行了婚礼，之后被省委派往吉安指导农民运动②。朱培德分布告传至全省后，确实曾使"各县土豪劣绅及反动分子若奉纶音，应时蜂起"。他们以为南昌时局果真大变，跑来联系，"至南昌后，始知省局情形仍是换汤不换药，所谓省党部、市党部，仍为共产党所盘踞"，"共产党重要分子如朱克靖等，均已先后返南昌"。③

因为朱培德的态度，遣送共产党人出境后不久，共产党人和国民党左派人士纷纷返赣，江西的工农运动再现生机，这为日后共产党人和革命军队云集江西，发动八一南昌起义，创造了较好的环境。在当时一些人的印象中，朱培德"在旧军人中是个比较老实的人，他所部第三军同我们比较接近"④。

6月下旬，朱德去九江转武汉，名义上是替朱培德收容黔军、滇军、扩大第五方面军的队伍，实际是向党中央汇报请示工作。

中共临时中央常务委员会于7月中旬决定，以武装暴动的形式反抗国民党的统治，一方面在湘、鄂、粤、赣四省发动秋收起义，一方面联合军阀部队中靠拢共产党的力量，发动起义，将部队开回广东，建立新的革命根据地。于是，李立

① 徐先兆：《青少年时代的方志敏同志》，《方志敏印象集》，江西人民出版社1989年版，第88页。
② 缪敏：《方志敏和彭湃》，《方志敏印象集》，江西人民出版社1989年版，第181页。
③ 龙叔笃：《江西最近情形报告书》（1927年6月29日），转引自蒋永敬：《鲍罗廷与武汉政权》，台北传记文学出版社1972年版。
④ 包惠僧：《包惠僧回忆录》，人民出版社1983年版，第349页。

三、谭平山、邓中夏、吴玉章、刘伯承、聂荣臻、高语罕、廖乾吾、恽代英、周恩来等中共重要领导人纷纷云集江西。朱德领命回南昌,准备发动南昌起义。途中他在九江与金汉鼎商谈,劝说金参加起义,金犹豫不决。

7月中旬,朱德回到南昌,"仍住原处"①,并继续担任第三军军官教育团团长。朱德将教育团第一、二营学员提前毕业,除少数回原单位外,绝大部分被派往赣江流域、鄱阳湖周围各县以及南浔铁路线上做农会和工会工作,担任农民自卫军或工人纠察队的干部。第三营留团继续学习②。

与此同时,孙席珍也受组织派遣,秘密回到南昌,准备参加南昌起义。他从武汉出境,坐船到九江,再转火车到南昌,就住在花园角二号的朱德家中。27日,周恩来到南昌,也住在朱德寓所。

7月下旬,张发奎的第二方面军因东征讨蒋也进入江西。张的部队中第十一军第二十四师叶挺部、暂编第二十军贺龙部、第四军第二十五师李汉魂部等,或为共产党掌握,或受共产党影响较大。

26日,准备参加起义的贺龙、叶挺部队相继开往南昌。郭沫若也随张发奎部来到九江,住在鄱阳湖烟水亭内。由武汉军校改编的第二方面军教导团也从武汉顺长江东下,随第二方面军东征,陈毅是教导团的党委书记,也随之来到九江。

这样,倾向革命的力量,从军队到地方,从兵士到领导干部,都已经齐聚江西。张发奎、朱培德等人已经觉察到朱德、叶挺、贺龙等人的联系密切,可能正在酝酿大事。

7月29日,汪精卫、孙科、张发奎、朱培德等在庐山召开会议,研究应付中共武装力量由武汉转来江西造成的新情况,会议决定:一、严令贺龙、叶挺限期将军队撤回九江;二、封闭九江市党部、九江书店、九江国民新闻报,并逮捕其负责人;三、第二方面军实行清共。

张发奎、朱培德要正式分共了。张发奎要求叶挺等高级军官退出军队或离开共产党,第三军移驻樟树,第九军移驻临川,程潜第六军分道向南昌集中,形

---

① 《萧克谈南昌起义》,南昌八一起义纪念馆编,《南昌起义》,中共党史资料出版社1987年版,第270页。

② 赵镕:《忆南昌军官教育团》,中国社会科学院现代革命史研究室编,《南昌起义资料》,人民出版社1979年版,第257页。

成对叶挺、贺龙部包围之势。

但这时,武装暴动已经准备就绪了,以周恩来为书记的前委决定起义于8月1日凌晨4时举行。

中共方面进行了精心准备,对南昌城内朱培德军的布防、兵力、装备了如指掌。朱培德率高级将领到庐山开会、避暑,第五方面军师长以上的军官无一在南昌,只留省府秘书长徐虚舟处理政务。南昌的军政要务统交给了朱德处理。

徐虚舟是个文人,不会处理军事,没有多少防范措施。据姜襄回忆,30日傍晚,徐虚舟至国民党左派姜济寰家告知:"据极可靠情报,共产党在这一两天就要搞武装暴动",请其"立即离开南昌为好"[①]。防守南昌的朱培德部兵力空虚,王均的第三军主力驻在吉安,在南昌仅有第二十三、第二十四两团;金汉鼎的第九军主力在东乡、进贤一带,在南昌仅有该部第七十九、第八十两团,另有第五方面军总指挥部警卫团和南昌卫戍司令部、省府卫队、部分宪兵武装。加上其他部队,总计兵力约五六千人。

参加南昌起义的中共兵力,有叶挺所部第十一军第二十四师、贺龙率领的第二十军全军、蔡廷锴的第十一师、朱德领导的第三军军官教育团留团的部分学兵,兵力总计约有3万人。

31日晚,朱德以宴请、打麻将为名,软禁了第三军第二十三、第二十四团团长。晚9时,因事泄有人告密,起义军前委决定起义提前2小时发动。8月1日零时一分发动了南昌起义。当地百姓也称这次起义为"七三一事变"。叶挺率第十一军第二十四师,贺龙率新编第二十军先后进入南昌。军官教育团有3个连参加了起义。清晨6时,经过5小时激战,朱培德部被悉数缴械,起义取得成功。孙席珍也在战斗的行列中。

南昌起义的消息传开了。

在庐山开会的汪精卫、朱培德、张发奎等人当即召集军事会议,议决由张发奎督率黄琪翔、朱晖日两军"进剿"。2日,武汉政府下令褫夺贺龙、叶挺军职,命张发奎督饬所部,赶紧"进剿",又命朱培德指挥第三军在赣南赣东"兜剿",命唐生智抽调湘、鄂驻军合力"围剿"[②]。

但朱培德、张发奎还是同情革命,他们的进剿雷声大、雨点小。朱培德宣称

① 《姜襄回忆录》,转引自《南昌起义研究》,上海人民出版社1982年版,第166页。
② 上海《新闻报》,1927年8月9日。

第四章 与郭沫若在北伐途次

自己"拟由湘赴萍乡",以便入赣督师,"围剿贺、叶"①。实际上,朱却一直盘桓武汉。直到 7 日,叶、贺起义军撤出南昌,张发奎才率部入城。朱培德的部队行动更慢。8 日,金汉鼎才"由浔率部向南浔路开拔"②,王钧在吉安按兵不动,直至 10 日才"自吉安抵省"③。

事实上,是南昌起义的部队在考虑了当前形势,自行撤离之后,朱培德、张发奎的部队才慢悠悠地直到南昌。朱培德干脆等到 11 日"市面安谧"后,才抵达南昌④。

这为起义军赢得了宝贵的时间。

另一方面,南昌起义的枪声一响,原国民党旧部中的革命力量都为之欢欣鼓舞,纷纷前来聚合。

8 月 3 日,郭沫若得到消息后,与张发奎商定解散政治部,与李一氓、阳翰笙等星夜赶往南昌。一行人紧赶慢赶,第二天傍晚到赣江边,大雨水涨,不见行船。正当郭沫若打算脱了衣服凫水过江时,贺龙派来的小船来接应了。水急雨急,与革命队伍会合的心情也急迫万分。到夜半时分,郭沫若抵达南昌,周恩来、贺龙各赠以军服和内衣。当晚,郭沫若才知道,起义部队第二天就要取道赣东过福建入潮梅,经海陆丰直取广州。

郭沫若错过了起义发动的第一枪。但在 8 月 5 日的誓师大会上,他已经目光炯炯、神采奕奕地坐在了主席台上,再次给在行伍之中的孙席珍以精神的鼓舞。他们一个台上,一个台下,匆匆一遇,又再次分别,踏上了革命征程。

陈毅干脆就没有赶上。4 日,南昌起义的消息传到第二方面军所在的九江。张发奎知道教导团里共产党员最多,就利用渡船分散之际,将教导团徒手集合,宣布"分共",也来了个"礼送"出境。陈毅当晚就召集教导团里的党员干部开了个紧急会议,决定身份已暴露的党员立即撤离,一是分散赶赴南昌,参加共产党自己的队伍;一是回家乡搞农民运动,准备武装起义;没有暴露身份的党员,组织新的党支部,隐蔽下来,坚持斗争。后来这批人随教导团到达广州,参加了广州起义。

---

① 汉口《民国日报》,1927 年 8 月 10 日。
② 上海《新闻报》,1927 年 8 月 12 日。
③ 汉口《民国日报》,1927 年 8 月 13 日。
④ 汉口《民国日报》,1927 年 8 月 13 日。

安排好教导团的工作后,陈毅连夜赶去南昌。到了南昌,才发现叶部已南下撤离,又向南追去,经过种种坎坷,8月10日陈毅终于追上了南昌起义军。周恩来分配陈毅担任叶挺十一军二十五师七十三团的团指导员(相当于党代表),周恩来说:"派你做的工作太小了,你不要嫌小。"陈毅真诚地说:"什么小?不小!当连指导员我也干,只要拿起武装我就干。"从此陈毅开始了他的革命军事征程。

除了南下广州的主力部队之外,也有一批同志转入地下,往北走,经九江芜湖,再沿长江去上海。

孙席珍奉命转入地下,与李桂生扮作假夫妻同行。

他们俩本是女师大风潮、"三一八"时的老战友,北伐时又在南昌重逢。孙席珍在总政任郭沫若秘书,李桂生在江西省政府做妇女部长。现在,南昌起义失败,中共江西省政府也解散,因为彼此熟悉,便一路同行。

不料转移路上,孙席珍得了疟疾一类的病。恰好,李桂生家是做医药这一行的,她便带着孙席珍去家中养病。李家妈妈见到二人,立时梳了头化了装,命人摇船送两位青年革命者到乡下亲戚家躲藏。南昌新建县有一个叫梅岑的小村子,李桂生的堂弟李国华就住在那里。李国华后为民盟成员。孙席珍与李桂生就隐居在他家。

居处十分僻静,出了村子不远,是一座翰林墓,阴森恐怖,更加少有人来。村子很安静,只有一个聋子外婆喜欢说笑,常常到孙李处谈天。匿居养病,使孙席珍失去了与党的联系,却又收获了爱情。与李桂生的假夫妻,养着养着,就变成了真夫妻,而乡间生活还成为他创作的素材。在30年代的孙席珍小说中,我们也偶能看到聋子外婆熟悉的身影(《聋子外婆》)。

半年后的夏天,革命激情始终在心中燃烧,孙席珍再也待不住了。刚想开口,同是革命者的李桂生就明白了。相对一笑,两人离开了幽静的乡下,坐着船经鄱阳湖来到上海,带着革命的憧憬积极寻找组织。为了将来更好地从事革命,孙席珍去了日本,准备在东京东亚预备学校补习日语后,再进早稻田大学研习国际政治。在日本只呆了两个月,经济来源不继,只得再回上海,开始了一段艰苦的卖文生涯。

如果说,"诗孩"时期孙席珍是从文学到革命的话,那么大革命失败后,流亡潜居上海期间的孙席珍则又经历了一次从革命到文学的精神之旅。而这一螺

旋式上升的过程，并不只是特例。从文学到革命，有周恩来、陈毅等人，他们也和孙席珍一样，先写小诗，后参加学生运动，最后走上职业革命家的道路。南昌起义一别，陈毅追上了部队，孙席珍选择了转入地下，走上了文学的道路。从革命到文学，几乎与孙席珍同时，文学前辈沈雁冰也在大革命失败后，流亡上海，开始了职业作家的道路。

北伐中，茅盾在武汉主编作为左派喉舌的汉口《民国日报》，孙席珍所在的部队则继续东进，留驻南昌。茅盾没有参加南昌起义，直接回了上海。大革命失败，茅盾一度流亡日本，孙席珍也同在江户，但并未有缘相见。孙席珍先行回国，到上海开始写作生涯。那时，茅盾的《幻灭》、《动摇》、《追求》早已发表，轰动整个文坛。编发茅盾小说的《小说月报》代理主编叶圣陶回忆起人们纷纷打听"茅盾"是谁的情形时说："徐志摩先生曾经问我，'《幻灭》是你的东西吧？'我摇摇头，'我哪里写得出这样的东西'？"①

同样经历过大革命真实洗礼的孙席珍从《幻灭》、《动摇》、《追求》三部曲里真切地体验到了创作者的内心。当时也有些人指摘"蚀"三部曲，认为它在创作方法上受了左拉、莫泊桑等中、长篇小说的影响，从主题思想上着眼，也不无可议之处和不足之处。孙席珍却认为，"三部曲"在立意、布局和创作构思上，也许还更多地受了屠格涅夫的"六大著作"（《罗亭》、《贵族之家》、《前夜》、《父与子》、《烟》和《处女地》）的启发。但无论如何，孙席珍把它视为中国现代文学史上反映错综曲折的现实社会生活斗争的空前作品。

从北方学生运动到北伐战争、南昌起义，孙席珍从一个单纯的学生成长为一个成熟的革命者。他经历过北方与段祺瑞执政府的公开对抗，曾经为北伐战争中的革命高潮而欢欣鼓舞，也体验过国共分裂的恶劣形势下坚持斗争的艰难，因而，茅盾小说中描写的从高潮到幻灭的革命者心路历程和革命进程的曲折动荡，让孙席珍极有共鸣。

茅盾曾经这样说过：

> 我是真实地去生活，经验了动乱中国的最复杂的人生的一幕，终于感得了幻灭的悲哀，人生的矛盾，在消沉的心情下，孤寂的生活中，

---

① 叶圣陶：《略谈雁冰兄的文学工作》，赵白生编，《肖像：中国名人画名家》，中央编译出版社1995年版，第235—236页。

而尚受生活执着的支配,想要以我的生命力的余烬从别方面在这迷乱灰色的人生内发一星微光,于是我就开始创作了。我不是为的要做小说,然后去经验人生。①

正是在同样的心境下,孙席珍开始了他第二阶段的文学创作与文学研究。孙席珍始终坚持,文学应当是有所为的。因而,即使是在这段不得不依靠卖文为生的艰难岁月里,他也从来没有写过庸俗或者无意义的东西。无论是文学创作还是文学研究,他都始终围绕着革命的主题,体现人生深广的忧愤。

那时有一家神州国光社,约孙席珍编写一部《辛克莱评传》。辛克莱作品进入中国是在大革命失败后,创造社一批作家开始倡导革命文学的时候。1928 年 2 月 1 日《北新》2 卷 7 期发表了一篇署名"悚凝"的《拜金主义》,是目前所见最早关于辛克莱的译介。这之前还有徐霞村的文章《The Jungle 及其作者》,摘译了《屠场》的一小段,发表在 1926 年 8 月 29、30 日《世界日报副刊》(刘半农主办)2 卷 28、29 号上。

辛克莱(Upton B. Sinclair,1878－1968)是美国的一位工团社会主义者,是美国现代文学史上三大暴露文学家之一。他著有多部抨击美国社会阴暗面的长篇小说,其中《屠场》(The Jungle,1906)是 20 世纪初美国揭露黑幕运动(Muckraking Movement)的主要作品,曾迫使罗斯福政府进行调查并通过了有关食品卫生的法案,起过积极影响。中国文坛因而将他塑造为社会不公的批判者,这一形象正切合 30 年代左翼文学的需要。一时间,文坛掀起了一股"辛克莱热"。

中国现代文学 30 年间文艺期刊共有 6 个美国文学专号,以作家命名的 3 个:辛克莱、爱伦坡、惠特曼。"辛克莱六十诞辰纪念特刊"于 1938 年 12 月 5 日《文艺》(上海)2 卷 4 期刊出,含评论和译文 2 篇。另外,《现代》5 卷 6 期"美国现代文学专号"的"导言"和多篇论文讲到辛克莱。评论与介绍方面还有:赵景深《辛克莱的波士顿出版》(《小说月报》第 12 卷第 2 号)、郁达夫《〈拜金艺术〉译者的话》(连载于 1928 年 4－8 月《北新半月刊》)、保尔《辛克莱小传》(收入《现代文艺杂论》,上海光华书局 1930 年 11 月版)、梁实秋《辛克莱的〈拜金艺术〉》(收入梁实秋《偏见集》,南京正中书局 1934 年 7 月版)等。

---

① 茅盾:《从牯岭到东京》,《茅盾论创作》,上海文艺出版社 1980 年版,第 29 页。

作品方面，从 1929 年到 1947 年，共有 19 部辛克莱的小说被译成中文，连同重译本共 41 种，连他的论文集《人生鉴》都由傅东华翻译过来了。

郭沫若译过《屠场》、《石炭王》、《煤油》等 7 种，其中，《石炭王》和《屠场》因为暴露罪恶的批判力量特别强烈，被列入 1934 年 2 月国民党当局查禁的 149 种图书中。《煤油》出版后不久，国民党当局即以该书"描写技巧甚为高妙，颇富煽动魔力，且所写主角，就是后来成为共产党的保罗"为由，饬令邮检所扣留该书①。

辛克莱的暴露文学有着强烈的社会批判力量，深受当时读者的喜爱。就在上述小说被查禁的 1934 年，北京图书馆同年借阅量最多的各国文学译本中，美国的 3 种全是辛克莱的作品：《波士顿》(Boston)、《士敏土》(疑为《屠场》[The Jungle]之误)、《煤油》(Oil!)，可谓禁而不止②。

神州国光社由画家黄宾虹创办，主要经营影印书画、字帖、金石、印谱等美术书籍。后经营不善，盘给参加过同盟会、经历过北伐战争的陈铭枢。除了继续出版销售美术书刊外，出版重点改为社会科学和文艺译著。有所为的陈铭枢，在无产阶级革命文学的热潮中，选中辛克莱这个话题，托付给有所为的孙席珍来写作。孙席珍领命后就找了一本佛洛德·戴尔的《辛克莱传》，从头至尾看了一遍，发现该书虽然具有一定质量，但辛氏又有几部新作问世，该书都未曾提及，所以就打算加以增益，改为编译。为了把评传写好，孙席珍查阅了大量的资料。

郁达夫也写过好几篇这方面的论文，他还翻译了辛克莱的重要论著《拜金艺术》，逐章在《北新》半月刊上发表。《拜金艺术》中有句名言："一切艺术皆宣传。"当时这句话大大地受到进步作家的重视和赞扬，鲁迅先生也表示欣赏，不过又补充道："但一切宣传并非都是艺术。"孙席珍自觉的革命意识，使他天然地赞同辛克莱的观点，而他在鲁迅影响下的文学观念与他自己的文学禀赋加在一起，又使他能够辩证地看待文学与宣传的关系。在其后孙席珍的文学创作中，也能看到他最早突破了"革命＋恋爱"的简单化模式，能深刻地反映社会革命现实，成为革命文学创作最早的标高。

---

① 见《上海革命大事记(1919.5—1937.7)》，上海书店出版社 1995 年版，第 272 页。

② 这是莱昂委托袁同礼作的调查报告显示的结果(Lyon,1934:63—64)，Wales(1936:335—355)在写作《现代中国文学运动》时引用了这一调查结果。

孙席珍听说郁达夫正在上海,便想去请教他。向赵景深打听了他的住址,赵景深又写了封信荐介。孙席珍就持函到嘉禾里郁氏的寓所去拜访郁达夫。

郁达夫见到孙席珍,热情地接待了他。孙席珍拿出赵景深的信,郁达夫看了说:"我们是老朋友,何必如此郑重其事,有劳赵君写信呢?"

孙席珍说:"相隔好几年了,我怕冒昧,承赵兄美意,所以带了个便笺来。"

"啊呀,我哪里会这样健忘呢?"郁达夫笑着说:"你也未免太拘泥了。"

孙席珍一边这样寒暄着,一边看郁达夫居处的字画。画是别人赠送给他的,对联则是郁达夫自己写的龚定庵诗句:"避席畏闻文字狱,著书都为稻粱谋。"陈设比起北京的旧寓来,要整洁得多了。

孙席珍暗想:看来郁达夫的生活有条理多了,新夫人很善于理家呀。然后就把书店约了写稿以及自己的打算一五一十地告诉了他。

郁达夫慢条斯理地说:"关于辛克莱的传记,我看到过的,要算戴尔的那本比较好。这书我自己没有,是从华汉(阳翰笙)君那里借来的。"

孙席珍插嘴说:"我已弄到一本了。"他接着说:"那就好。至于直译还是编译,既然如你所讲,我看编译也许更好些。他的许多名著,我想你已看过不少了吧?"

"凡是有中译的辛克莱的小说和论述,我差不多都已看过,连尚无中译的《鹅步》等杂著,我也看过几本。"孙席珍说。

"其实,像《人生鉴》和《鹅步》这类杂著,不看也没大关系,不过看了总比不看好,可以了解得更全面些。其他参考资料,成本的不多,不过英、美杂志上总不乏评论文章,你和赵景深君相熟,小说月报社的英文杂志都在他手头,不妨向他借阅。"他诲人不倦地继续说。

孙席珍告诉他:"单篇专论也并不多,借得到的我大致都已涉猎过。前几天偶在商务印书馆门市部见到一套纽约版的黄皮小丛书,包括一系列《现代世界作家画像》,可以拆开零售,每本十个美分,我买了好几本,其中有一本辛克莱,此书从评论上看虽并无重要参考价值,但不少细节描写却很具体动人,有些材料我也打算加以吸收。"

"什么花香?"他似乎愕了一下。

孙席珍知道他听错了"画像"二字的发音,便用家乡话重复了一遍。但他仍未听清:"又是什么瓦匠?"

孙席珍回答道:"不是花香,也不是瓦匠,是 portrait,也可以译作肖像画。"

郁达夫哈哈大笑:"切莫说我耳朵勿灵,你早说是肖像画,或者干脆把那个原字读出来,岂不省事很多吗?"然后一本正经地说:"这小册子我倒尚未见到,你用过后可借我一看。"

孙席珍答应道"好"。另又说了几句客气话,便起身告辞。

隔不了几天,仍然为了辛克莱的问题,孙席珍又一次去拜访郁达夫。这次因郁达夫另有客来,只略谈片刻,便辞出了。那本小册子一时忘记带去,孙席珍向他表示歉意,他说"不要紧,等你用完再说"。

后来评传写完,孙席珍把稿件交给书店,领了部分稿费,匆匆前往洛阳。在火车上才记起那小册子来,不知塞在网篮里呢,还是箱子里。后来转往故都北平,动荡的生活使孙席珍始终没有找到那本小书。直到孙席珍晚年,回忆起郁达夫来,还是为他诲人不倦的态度而感动,又为自己失信于前辈而内疚不已。

《辛克莱评传》出版于 1930 年 6 月。这时,孙席珍已经去洛阳教书了。此前,孙席珍翻译了《东印度故事》,部分章节在《文学周报》上发表,是"文学小丛书"的一种,由上海亚细亚书局 1928 年 9 月初版,书前有赵景深写的序。《东印度故事》尽管只是一个通俗文学读物,但孙席珍更关注它在讲述人类发展历史中贯彻的压迫与反抗的因素。这与他一贯的文学主张相通。

孙席珍还编译了《莫泊桑生活》、《雪莱生活》,属于徐蔚南主编的"生活丛书"中的两种,由上海世界书局 1929 年 11 月初版。1929 年 11 月,上海联合书店还出版了邹弘道编译的《高尔基评传》,邹弘道正是孙席珍的笔名。笔者所见,邹弘道这个笔名,孙席珍就用过这一次。大概是高尔基的革命色彩太浓,为了避祸起见,不得已而为之吧。莫泊桑是优秀的短篇小说大家,鲁迅曾在课堂上向孙席珍等同学称道过他的《项链》、《羊脂球》、《菲菲小姐》,认为其思想内容达到了相当的高度。鲁迅还格外推崇《两个朋友》,盛赞这

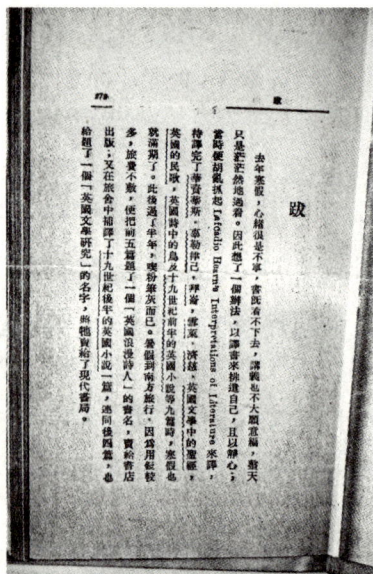

图 4 《英国文学研究·跋》书影

篇小说写出了平淡的生活中伟大而不灭的灵魂。孙席珍当时对莫泊桑留下了深刻的印象,还在与同学的讨论中认为鲁迅的《一件小事》与《两个朋友》非常相似。《莫泊桑生活》是以包一得(Ernest Boyd)的《莫泊桑传》为底本,加以节译而成。至于雪莱,作为积极浪漫主义诗人,鲁迅早在留日期间写作的《摩罗诗力说》中就十分推崇他的反抗精神。选择辛克莱、高尔基、莫泊桑、雪莱作为写作的对象,分明寄托了孙席珍的革命情结。

从1928年9月到1930年6月,两年不到的时间,孙席珍就编译了五本书,可谓精力惊人。除了翻译之外,孙席珍还对辛克莱、高尔基、莫泊桑等人做了深入而扎实的研究,考订年谱、编目著作等,几乎对每位传主都做了深入浅出的精当论述。

不仅如此,这段时间也是孙席珍文学创作最丰的年头。

第三节　战争小说家

亲身经历北伐的孙席珍,写出"战争三部曲":《战场上》(上海真善美书店,1929)、《战争中》(现代书局,1930)、《战后》(北新书局,1932)。他还有短篇小说《火和铁的世界》(《小说月报》第20卷第10期,1929年10月10日,1621—1630)、《从蛟桥到乐化》(《小说月报》第21卷第1期,1930年1月10日,第147—153页)、《慰劳》(1930,洛阳)以及写革命退潮时地方文职人员遭遇的一个短篇《余明》。

早年的《中国文学史》这样记载:"他亲历战场生活多年,故描写战争小说极为深刻。创作有《花环》、《到大连去》、《金鞭》、《女人的心》、《凤仙姑娘》、《战场上》、《战争中》、《战后》、《夜姣姣》等。"[①]

孙席珍描写战争的作品甫一问世,便在新文学阵营中引起强烈的反响和争论。当《战场上》的部分章节在《小说月报》上先后发表时(《火和铁的世界》为《战场上》的第六、第七两章,《从蛟桥到乐化》为《战场上》的第八章),郑振铎即予以介绍。后来印行单行本时,冯乃超、沈从文、黄伯绳、冯雪峰等都撰文评价。法国、丹麦、日本等国先后节译出版了《战场上》。法文的节译收在巴黎出版的

---

① 谭正璧:《中国文学史》,上海光明书局1935年版。

《现代中国小说集》内，被称誉为中国现代第一本战争小说，作者也被称为"战争小说家"。

当时，复旦大学的司君率先指出了《战场上》的认识价值，它"第一个"使读者"认识的是什么叫做战争"①；沈从文也指出："关于战争，作暴露的抗议，作者以外还无一人"②，肯定了小说的人道主义价值。

但持激进的无产阶级功利文艺观的左翼理论家瞿秋白、冯乃超却提出了批评的意见。他们尽管也能肯定作品真实地反映了士兵们"'为着不要打仗而反对军阀的'的态度"，而且点明了其原因正在于"军阀混战，一切种种的欺骗，出卖"③，赞扬作者用"有许多心血的文字记录"了"载在同时代人的心窝中，也遗留在感情的记录里面"的"十余年中国的国内战争——军阀战争"中的"巨大的民众牺牲——这惨澹的破坏的事实——这事实所酝酿的民众痛苦的感情"④，却同时也指出孙的小说在思想内容上没有真正把握住实质性的意义，主张应该提高到新的认识上写，即反映并区别战争的性质，让人民有所了解，用正义的战争去消灭非正义的战争。瞿秋白、冯乃超的评论还含蓄地暗示了应该去中央苏区，去描写那里根据地的自觉地拿起武器进行战争的人们。他们站在偏左的立场，批评了孙席珍战争小说混淆敌我，只持无分析的人道主义态度的偏差。

1932 年 5 月，冯雪峰（丹仁）在《民族革命战争的五月》一文中，旗帜鲜明地提出"应当把五四以来的文化革命的领导权完全确保在无产阶级的手里"，他把"民族的革命战争文学"视为反帝、"反对地主资产阶级"的文学。因此，他把孙席珍的《战场上》等战争小说视为"人道主义的战争文学"，将之和"民族主义的战争文学"，如吹捧剿杀"苏联红匪"的反动小说《陇海线上》、《国门之战》之类相提并论，提出应一并列入"（予）以无情的打击"的对象。

冯雪峰的这篇《民族革命战争的五月》与他当时发表的一系列论文的观点是一致的。他为左联起草的《中国无产阶级革命文学的新任务》，以及他在当时先后发表的《我们同志的死和走狗们的卑劣》、《关于革命的反帝大众文艺的工作》、《关于新的小说的诞生——评丁玲的〈水〉》等文章中，都在反复强调文学的

---

① 司君：《战场上》，《真美善》4 卷 3 期，1927 年 7 月 16 日。
② 沈从文：《论中国现代创作小说》，《文艺月刊》2 卷 4 期，1931 年 4 月 30 日。
③ 司马今（瞿秋白）：《新英雄》，《北斗》2 卷 2 期，1932 年 5 月 20 日。
④ 冯乃超：《读〈战场上〉》，《现代小说》3 卷 3 期，1929 年 12 月 15 日。

战斗性。《民族革命战争的五月》里有一句话:"要使文学上的革命战争激烈化"①,这在当时恐怕也是情非得已。当年亲手编发该文的《北斗》主编丁玲在晚年回忆道:"革命斗争最残酷最激烈的年代,我们思想感情上激烈一些。"②

这样一种激烈恐怕也是中国现代文学发展的必然选择。以孙席珍为主要代表的"人道主义的战争文学"确实与抵御外侮、讴歌英雄的主流战争文学传统完全不同。从五四文学革命强烈的责任意识开始,中国现代文学承担了过多的社会责任,执着于政治性、阶级性的主题,写战争也首先要寻找正义与非正义的道统立场,而忽略了作为战争基本元素的普通兵士的心理感受,忽略了战争对人性的毁灭性摧残,也即把对战争的人道主义反思全然放过了。

像孙席珍这样,从人道主义的立场看战争必然对战争得出否定性的结论。其实,更准确地说,"战争三部曲"乃是反战文学。孙席珍在大革命失败的心境下,揭露战争对人性的摧残,从而将矛头直指军阀混战的罪恶。他有意淡化小说的社会政治背景,淡化人物性格和故事情节,通过人物的身心体验和类似电影的特写镜头,渲染、凸现战争的非人道性及其导致的生灵涂炭,来表达对普通士兵命运的深切同情。以至左翼文学界对其人道主义倾向十分不满。

在 30 年代血与火的革命氛围中,战争三部曲的"非战"成了空谷足音,昙花一现。而笔者以为,真正伟大的战争文学,说到底,都应该是"非战"的。战争三部曲的局限恰恰在于:"诗孩"初涉写实,还带了太多的情感因素,"非战"也停留在感性的印象和自然主义的场面之中。主人公黄得标不过是镜头的自然摄录中介,未能深入到人性的内在刻画中。十分可惜的是,因"一·二八"的战火炸毁了北新书局位于闸北的印刷厂,《战后》全部被毁,未能面世,只有几本毛样本流传在编者手上。作者的手稿则在七七事变后,连同孙席珍的全部藏书一起,从北京托运至上海亚细亚书局的老板唐坚吾处保存。唐本是钱庄学徒,因与老板女儿恋爱,被岳父赶出家门。岳母拿了私房钱,让两人到上海自己奋斗。唐与孙因文结为知交,孙席珍有许多书稿,都是由亚细亚书局出版的。解放前孙席珍因时局动荡,四处漂流时,唐坚吾曾多次接济孙席珍。解放后,公私合营,唐坚吾的产业改为上海中国铅笔二厂,以股息为生。"文革"中,股息取消,唐被抄家,孙席珍又反过来接济唐坚吾。作家与出版家的这份相濡以沫着实可圈可

① 丹仁(冯雪峰):《民族革命战争的五月》,《北斗》2 卷 2 期,1932 年 5 月 20 日。
② 颜雄:《丁玲说〈北斗〉》,《新文学史料》2004 年第 3 期。

第四章 与郭沫若在北伐途次

点。但最为可惜的是,"文革"抄家中,《战后》的手稿亦未能幸免,《战后》终成广陵绝响。

我们的文学史叙述常常是一种遮蔽式的叙述。由于左翼文学的激烈倾向,对孙席珍的战争小说加以无情的批评。又由于左翼文学在后来的文学史叙述中成为文学的主流,这样,曾经一度被中外称道的"战争三部曲"渐渐被淹没在历史的尘埃中。实际上,孙席珍的确是当时公认的战争文学家。1931年11月23日的《文艺新闻》第37号中就专门有过相关报道:《中国的战争文学者说"唯一办法,只有当兵!"——顺便再报告他自己(中国战争文学者孙席珍致记者信)》。

历史真是充满了复杂性。尽管沈从文曾经站在文学性的角度肯定孙席珍的战争小说,也尽管瞿秋白、冯雪峰等从激进的无产阶级文艺观出发,对孙席珍的战争小说加以批评乃至贬斥,孙席珍却对沈从文不以为然,认为沈从文的文学是软绵绵的,放弃了对人生的表达,但他对瞿秋白等人的批评却相当重视。后来《战场上》再版重印时,孙席珍作了适当的修订,并把原来的题辞"纪念死在我旁边的弟兄们"改作:"'非战'的文字,很适宜作军阀们和野心家的'暮鼓晨钟'醒脑剂。"

这大概适足以说明孙席珍在"革命"与"文学"之间的矛盾状态。从文学到革命,孙席珍与一批小资产阶级青年一样,怀抱着单纯的理想,带着改造社会的伟愿,坚定不移地从事革命;从革命到文学,孙席珍亲身经历了血与火的考验,在生死存亡之间体察着下层兵士、百姓的苦难;又亲眼见到革命的幻灭,在敌我混杂的复杂形势下、在口号与主义的更迭中,褪去了笼罩在"革命"之外的美丽幻梦,代之以脚踏实地的革命实践。因而,在革命文学倡导的初期,孙席珍一下子就出手不凡,以反映生活的质感、以人道主义的深入反思,远胜那些形象图解政治概念或以"革命加恋爱"的公式虚构作品情节的所谓革命文学。

孙席珍因为坚持真正的文学性,不能讨好左翼占主流的文坛;因为坚持革命性,又不愿亦不屑向沈从文等京派文人靠拢。结果他成了两面不讨好的寂寞者。

"战争三部曲"的意义,首先在于转换视角立场,从底层士兵的视角出发,以一种近乎自然主义的表现方法正面描写战争、战场和士兵心理,如实写出了战争的残酷性。这种残酷性是令人震惊的,非亲身感受过而不能道出,而这也正是在传统的战争文学中始终缺席的内容。

从《三国演义》起，我们的战争文学传统始终都关注着在战争中进行卓越表演的帝王将相，写他们在战争中如何叱咤风云，如何建立丰功伟业，成为伟大的英雄。"战争三部曲"则把描写的主要对象对准了战争的最底层——士兵。他们是一些为填饱肚皮而被推上战场，走向死亡的普通士兵。他们没有光荣和梦想，没有主义和信念，有的只是不得不当兵吃粮的无奈，对战争厌恶逃避又无可逃避的悲哀和沮丧。小说中到处都是令人战栗、眩晕的血与火的交战场景：轰鸣的枪炮、弥漫的硝烟、横飞的血肉、残缺不全的肢体、垂死前的痛苦挣扎……小说极力铺写士兵们的痛苦、哀鸣、恐惧、颓唐……

> 黑夜中一切情形都辨不清楚，谁也无暇管谁，谁也不知道谁死了，谁受了伤，或者谁还活着；各自只能让钻心的枪炮声把三魂六魄幌得东飘西荡没有着处，各自只能扳动枪机无休止地向着辽远的黑暗中放枪。

> 这时各人的脸色定然是灰白的，四肢定然是拘挛着，而各人的左右也定然是七扭八歪地挺着死尸，东一摊西一摊地凝着血痕。但夜中作战不许点灯，因此无论哪个也懵懂地不能明白各自周围的环境，而他们也都不愿意去明白各自周围的环境，因为他们已经连照顾自己都来不及，他们知道他的周围到处无非都有死神的阴影，他们唯一的等待，也只是让死神一下子来摄取他们久已枯寂的灵魂……①

在死亡如此逼近的时刻，士兵们唯一的念头便是保全自己的生命：

> 炮声一发，而陡然将脑袋一低，枪声的并作，而竭力将身子一扯；到枪炮声混和杂作、奔腾澎湃的时候，便头也抬不起来了，身子也不能再动了，而自己和外界的一切，不论属于过去、现在或将来，都甚么也记不起了，都甚么也不觉得了……②

> 大家都在这惊风怒涛之下匍匐着，颤慄着，面目贴地，双手抱紧后脑，两膝也屈拢着不敢伸一下。谁都希望把自己的身体缩小，缩小到

---

① 孙席珍：《火和铁的世界》，《孙席珍小说选集》，香港南方书屋 1984 年版，第 213—214 页。
② 孙席珍：《火和铁的世界》，《孙席珍小说选集》，香港南方书屋 1984 年版，第 221 页。

不能再缩小了的小；谁都希望把自己掩藏在地洞底下，如果谁忽然能够在自己的身边发现一个地洞⋯⋯闭目侧耳，大家都以为自己已经死了，昏沉了，不能再动了⋯⋯①

这里有视觉、听觉、触觉、心理感觉等各种知觉真切细致的描摹。小说以自然主义的描写手法，重视环境的渲染和气氛的烘托。相似战争景象的反复出现，强化了战争的残酷性，凸显了战争的非人道。由于场面描写占据了"战争三部曲"的大部，人物、情节都被弱化，唯独战争场面的描写十分真切，并将战争的残酷性作了诗意的升华。作者写枪弹齐发：

七九步枪的急雨夹头夹脑地洒来，一颗又一颗的开花弹，又放荡地用着跳探戈舞的姿势向着他们这密集队伍示威。有时呼啸着像一只大鹏鸟般鼓着横劲儿飞来，在离他们正在奔赴的距离不远的地面轰然开裂，惊天动地的巨响发作之后，弹屑便带起各种大小不一的泥土和砂石不辨方向地乱窜，烟的圆柱也即刻袅袅地上升，在半空形成一朵银白色的睡莲。②

写战后一切被毁灭的荒凉：

重重叠叠的万山，在薄光里露出头角来了；但它那须发已经几乎尽被剃去，而高的矮的树木，也被截断了腰肢，枝干是垂折了，分裂了，有时还在枝桠间挂着血和肉和衣服的碎片，那些被大水牛所炸碎的东西。死尸触目即是：血肉模糊凝成散乱的一堆的，被截去了头颅手足的，大煤炭似的，烂田里的田鸡似的，四肢摊开如一大字形的，在山头山脚到处点缀着；他们的死况，正和那些破坏了的东西的惨状同样的可怜可悲。③

为了反反复复的几个山头阵地的争夺，为了区区三五里的战线，"却有许多有生命的人把他们的一切都断送了"④。一仗打完，全连只剩下不满 40 人，官长只剩下第一排排长，全营算起来都不超过 100 人！再一仗打完，"全营的弟兄，

① 孙席珍：《从蛟桥到乐化》，《孙席珍小说选集》，香港南方书屋 1984 年版，第 234 页。
② 孙席珍：《从蛟桥到乐化》，《孙席珍小说选集》，香港南方书屋 1984 年版，第 232—233 页。
③ 孙席珍：《火和铁的世界》，《孙席珍小说选集》，香港南方书屋 1984 年版，第 223—224 页。
④ 孙席珍：《战场上》，《孙席珍创作选集》，杭州大学出版社 1991 年版。

连受了伤还能勉强行走的黄得标和韦虎都算上,拢总只剩了五十多人;在黑暗中排成队伍,……半路上,偶尔的枪声,让全体都吃惊,知道是走火后,心还禁不住跳跃不已。仿佛经历了野蛮的黑暗世界,经历了十八层地狱,经历了千辛万苦的魔鬼的深渊一般。……要哭也没有眼泪,而只能以离开炮火和血肉所交织成的战场,已经是很满足了……"[1]

"只要自己没有死,便算是真的打胜了!"黄得标嘲弄似的回答。在军号的得胜鸣奏中,每个人都这样默默地想着。[2]

曹操的《蒿里行》里有过"白骨露于野,千里无鸡鸣"的句子,但他在高度概括中将累累白骨轻轻带过。"战争三部曲"则深入到底层士兵的内心,写一个个鲜活的生命离去,从而揭橥出战争对人类生命的无情摧残。当然,由于小说没有着力于人物描写,个性化的程度较低,只能停留在对逝去生命的徒然慨叹中。这一定程度上制约了人道主义批判的力度。

> 说"一切都是命里注定的"戴金发,没有了,说"不光荣也要你们光荣的了"的熊十一,也没有了,凶猛的连长,勇敢的第二排排长,胆怯似的第三排排长,都没有了;第四连里,现在实际还剩了一十九个人。弟兄们百战拼命,救了"国",救了"民",却没有救自己的命。黄得标卧在病院里伤心地想着。同样躺在病院里的韦虎,决计不吃粮,但不吃粮做什么去呢?[3]

《战争中》写士兵们对战争的恐惧和逃避,写人物求生不得、求死反生的荒谬性。已经打过七八次大战的黄得标,每从死神手中逃脱一次就增加了一分对战争的恐惧。为了逃避打仗,他渴望生病,竟"偷偷地跑到河边,舀起两勺水来,一口气喝下去,又在铁叶的水瓶里,装回去了一瓶。他不知道虎列拉的症候有如此厉害,心里只以为,生病诚然是苦痛,但总比到火线上去送死要好些罢;生了病,可以留养在后方了,他很自庆幸着得计"。对战争的极度恐惧竟扭曲了一个人的正常思维,但"虎列拉"偏偏不愿亲近黄得标,他不得不再次走上战场。

在战场上,最怕死的黄得标,总是冲锋在前。因为他明白,只有冲锋把敌人

---

①　孙席珍:《从蛟桥到乐化》,《孙席珍小说选集》,香港南方书屋1984年版,第244页

②　孙席珍:《火和铁的世界》,《孙席珍小说选集》,香港南方书屋1984年版,第230页。

③　孙席珍:《战场上》,《孙席珍创作选集》,杭州大学出版社1991年版,第265页。

歼灭才有或可不死的希望。士兵们的求生本能,比那些豪言壮语包裹起来的"英雄行为"更真实、更具震撼力。

> 只能勇敢,才可以希望万一的不死,这是他们的信条;因为他们知道奔跑得快的人,闪避子弹的能力也要比较大些。——在这种危急的状况中,每一个弟兄,早已甚么也不记得了,他们只是在生和死之间挣扎着,只有甘心在不自觉之中做一副机器去杀人或者被杀……一去来之中,甚么也照旧,无非死了几个人。①

在底层士兵那里,苍白的"主义"或"信念"没有任何意义,只有求生惧死的生命本能,以及从这一生命本能出发的对战争杀戮性的强烈批判。

《战争中》的结尾也仍然回到死灭的循环。已经在战乱中脱离队伍的黄得标,为生计所迫不得不重新找到队伍,再次当兵。而仅仅是每月发饷时多得半块大洋,就已经使他忘记了"以前经过的一切恐怖和危险,他自得意着"。于是黄得标又开始了灰色而无望的人生循环:

图 5 《战场上》书影

> 于是这幕剧既又重复开始,便很难望其即刻收场:……无法推拒,无力抵抗,似一群可怜的山兔,直似一群没有母亲的彷徨无主的羔羊。②

从战争的残酷性,进而写到人被战争拨弄而不能自主的盲目性,小说揭示了战争荒诞无意义的本质,构成了世界反战文学的重要一极。

作为战争三部曲前两部始终贯穿的人物黄得标,其身份是底层士兵。作者采用全知全能的视角,不免把自身对战争的深刻思考借助黄得标传达了出来。作者有着与底层士兵同生共死的真实体验,作者的思考同样建立在求生本能的

---

① 孙席珍:《从蛟桥到乐化》,《孙席珍小说选集》,香港南方书屋 1984 年版,第 238 页。
② 孙席珍:《火和铁的世界》,《孙席珍小说选集》,香港南方书屋 1984 年版,第 220 页。

基础上。同时，作者又是宣传主义与信仰的政工人员。作者的双重身份使得小说对战争的反思同时联结了启蒙者的思考与底层兵士的挣扎，显得十分真实。

如黄得标看到北洋军阀部队中的士兵投降了北伐军，禁不住发出这样的感慨：

> 过去报效，又背叛，又跟敌人在一起，又把自己的人当敌人，……是为了什么呢？
>
> 这完全是为了要活命的缘故。为了要活命，才来拼命；拼了命以后，又想苟延着活命，于是又来和原先是敌人的人在一起，而去和原先是自己的人拼，敌人和自己，在他们原都是一样，不过因为各人当时报效的不同而有分别罢了；为了要活命，所以便来替毫无关系的人拼命；这命拼来又拼去，终于也弄得混不清，但归根还是为了这条命……因果循环。[①]

并从这报效与背叛的游戏中彻底驱逐了战争的意义：

> 黄得标并不知道转来转去，打来打去，到底是为了什么呢？当兵的人一想到这些事情上去，分明是自寻烦恼，不愿细细推求，一去推求，苦恼之外更是苦恼。……只知道他们可以不管开到哪里，打到哪里，也可以不管，被打的是哪个，为什么要去打他；只要肯拼命，便可以活命，不幸把命拼掉了，万事全休，否则逃了命，又要求活命，便应当再去拼命……[②]

在人命如草芥的战争面前，运动在战场上的士兵如同毫无目的、毫无意志的"杀人"机器：

> 他们散在黄沙地上，横擎着枪支的他们的影子，移动着，渺小得直如芥菜子一般。……不管三七二十一地乱放，只是把这种弹粒大把地撒过去便算了事。可是，他们也居然看见很多的小小的黑影在他们胡乱放去所汇成的稠密的阵雨之下倒地乱滚。
>
> 绝无思索地开枪，聊以塞责似的开枪，至多把这认为是一种娱

---

① 孙席珍：《战争中》，《孙席珍创作选集》，杭州大学出版社1991年版，第370页。
② 孙席珍：《战争中》，《孙席珍创作选集》，杭州大学出版社1991年版，第371页。

乐——两方面互相竞争着,谁发得多,谁便能压倒对方……

士兵们儿戏似地无目的地射击着,许多生命,便在这"儿戏"和"无目的"之中永远丧失了。"如果有人这时还能宁静地悬想一下,那么,他定然即刻会联想到许多不相识的促狭孩子,躲在壁角里抛掷那烧得通红的煤球以取乐的情形。这原是一种无目的的儿戏,但战争也不过是那么一回事;许多生命白白地送在无目的的儿戏之中。他们至死也不能明白自己到底是为了什么……"①

这里,小说彻底放逐了战争所谓的正义与非正义的种种社会意义、历史意义,直指其"杀人"的本质。战争是"无目的"的游戏,士兵有如"瞽者","只是服从,前进和开枪"②。这一深刻体悟,与《永别了,武器》的人性批判、《好兵帅克》的嘲讽和《第二十二条军规》的黑色幽默相类,传达出20世纪现代人对战争的怀疑、幻灭和否定,从而走向现代主义的虚无和荒诞。

孙席珍毕竟是站在中国的本土立场,他显然不可能做到彻底的人道主义,以及彻底的意义放逐。在"战争三部曲"里,人道主义立场当然是占了主要篇幅。但在字里行间,以革命者作自我期许的孙席珍还是显露出站在革命立场的社会批判性来。有时,这种批判性甚至显得有些突兀。小说一面写士兵们战后只顾着庆幸自己的生存,一方面又不由自主地流露出革命宣传的痕迹:"现实世界的凄惨面目,是怎样地使人痛心呀!……这种转眼便是死期的时节,还有甚么可看,还有甚么可说?后死者流不出的眼泪,比起先烈们的血来,也许要更为多些,更为红些……"③

图6 《战争中》书影

他把生命的毁灭同时追究到阶级的分化对立上来:《战场上》的官长们有马有轿,弟兄们只有两条腿,不必动腿的官长们才会那样凶神恶煞地催促行军,以获取保障他们荣华富贵的胜利。

---

① 孙席珍:《火和铁的世界》,《孙席珍小说选集》,香港南方书屋1984年版,第221页。
② 孙席珍:《战场上》,《孙席珍创作选集》,杭州大学出版社1991年版,第210页。
③ 孙席珍:《火和铁的世界》,《孙席珍小说选集》,香港南方书屋1984年版,第223—224页。

同样因为打胜了喝酒,意义也大不相同,小说对此大加嘲讽:

> 听说打下南昌,团长们功在党国,喝酒庆贺是所以表示爱护党国的至诚,因为他们本身的功名富贵和党国的存亡有密切的关系;而黄得标等的喝酒,则不过为了要满足饕餮的欲望,为了要杀杀喉咙里的谗涎,充其量也只能说是在喝着为自己得庆更生的更生酒,……因为他们至今还不明白打了胜仗以后于他们究竟有多少好处,除外可以不用再行军跋涉地劳苦,不用再上火线去拼命以外。

《慰劳》里的吴得胜等伤兵有的拄着拐棍,有的断了胳膊的惨相,与慰劳大会上个个穿着皮氅,大喊着"打倒军阀,打倒帝国主义!"的口号,接受着群众狂潮似的掌声的军官们形成了鲜明的对比。装模作样地站在那里接受慰劳的一连兵士"不准穿棉外套,每人只穿着一套破烂不堪的制服,又都负着两百发子弹,可是正因为如此,反而使个个人都显出瑟缩和疲倦的模样。……这便是来受慰劳的'全体将士'。在这慰劳中所得的,是冷和饿"。

当伤兵们强行要求挤进新舞台观看慰劳文艺演出时,竟被扣上"滋事"的罪名,被当场击毙,就地"正法"。作者以极其冷峻的笔调叙述了一个辛辣讽刺的故事:那些真正用血肉之躯在枪林弹雨中拼命的战士其实被剥夺了受慰劳的权利。只有慰劳大会上的小贩们趁此机会做生意,并不去悬想新舞台里面的世界。他们很聪明地知道,这门里门外,不必说,显然是两个世界!

《战争中》里的刘克胜英勇善战,只因为打到了家乡,思念亲人,又请不出假来,只好私自探亲,便被当作逃兵枪毙。这个战场上唯一真正的勇敢者没有死在战场,却死在了官长们的冷漠与无情下,他曾经的功绩被消抹得了无痕迹。

"战争三部曲"把批判的矛头指向官兵对立的旧军阀恶习,对普通士兵受奴役、被压迫的命运抱以深切的同情。作者之所以否定战争,不仅在批判战争对底层兵士生命的无情剥夺,同时也在批判篡夺革命胜利果实的国民党蒋介石新军阀。自己曾经抱着理想和热情,为之冲锋陷阵的北伐战争成果变成了军阀们独享的慰劳大会,普通民众与曾经为此出生入死的底层士兵都被排斥在庆功的筵席之外。革命曾经许诺的理想社会依然是乌有之乡。联系作者在大革命失败之后的愤懑、迷惘,就不难理解作者为什么会对此表现出如此强烈的失望、悲哀和愤慨的情绪。

短篇小说《余明》写一个在革命高潮中参加革命政府工作的文职人员余明,

在革命退潮之际,不顾体弱多病,决定随宣传队撤退。结果病倒后与宣传队失散,随团部找到宣传队后,又在战乱中与部队失去联系。最后,孤零零一人的他不得不在村人指点下坐上去 S 市的海轮,但在 S 市又遭遇了无边的冷漠:

> 地面辽阔的 S 市,一出去,只看见眼睛的海,鼻孔的海,头发的海,却总找不着一个相识的人。将近二十天的逗留中,虽也找到过三位:但一位说他不彻底,一位说他投机,还有一位根本把他看成危险人物,在马路上邂逅着的时候,连话都不敢对他多说,便匆匆告别走了。①

余明在上海的生活难以为继,又再次踏上回乡的江轮,但家人却始终没有看见他的归来;又有人在特种法庭上见过他被审讯的身影,但也只是一次,余明就这样永远消失在各种可能性之中……

这几乎可以看做孙席珍的自叙,也是"战争三部曲"批判军阀统治的续篇。"战争三部曲"在左翼文学控制上海文坛的 30 年代,遭到批判和冷落,连曾经盛赞他为"诗孩"的鲁迅也因种种原因疏远了他。孙席珍不得不离开上海另寻出路,本来想去冯玉祥部队,后因中原大战未能成行,就转至河南洛阳第四师范教书。但即使是在平静的校园里,孙席珍也从未放下革命,暗中从事进步运动。不少学生都是在他的影响下,第一次接触到马克思列宁主义,最后走上革命道路的。在孙席珍任教过的洛阳第四师范的学生中,有发动"晋西事变",率十几万决死纵队脱离阎锡山,归属八路军的韩钧;又有坚持狱中斗争,最后被国民党反动派杀害在蚌埠工委书记任上的烈士张复礼。正是这位烈士张复礼,在得知身为国民党特务的校长杜华若即将加害孙席珍后,连夜护送其离校,转往开封,再前往北平。

---

① 孙席珍:《余明》,《孙席珍创作选集》,杭州大学出版社 1991 年版,第 277 页。

第五章　北方左联与特别党员小组

第一节　北方左联

大道漫漫。孙席珍将何去何从？

就在这四顾茫茫的时候,孙席珍意外地得到了早已与鲁迅闹翻的周作人的邀请。周作人先是鼎力推荐孙席珍到北大任教。时任北大校长的胡适早闻孙席珍的"革命"大名。何况孙席珍在校期间,就以学生代表的身份反对过胡适的保守主义。学潮时,孙席珍还当面质询过胡适。因为当年的旧怨,胡适不同意孙席珍到北大任教。周作人因此都恼了,说自己身为文科山长,连聘请教师的自由都没有。没奈何,周作人又把孙席珍推荐到北师大、北平大学女子文理学院、中国大学等高校,孙席珍由此开始了他辗转任教的大学生涯。于是,北伐军中的孙席珍上校,突然变成了安静的学者。这似乎是他一生从容进退的缩影。

著名女作家谢冰莹当时是孙席珍的学生,她在《孙席珍》一文中做了充满深情的详尽回忆:

> 民国十九年到二十年之间,孙席珍先生在女师大以讲师的身份教
> 我们的西洋文学史……他的讲义编得最清楚、最详细,讲起书来,有时
> 非常幽默,我很喜欢上他的课,对学生没有丝毫架子……席珍老师的
> 文学造诣是很深的,他是个苦学成名的作家。他的短篇小说写得很
> 好,颇有莫泊桑的作风。对社会,对人生,有时讽刺,有时嘲笑,有时痛

哭流涕,因为他自己是个最重感情的人,所以在小说里面,描写感情与理智冲突的地方,特别生动而深刻。他是一个做事很负责,写作很勤勉的作家。当他在女师大教书的时候,不过二十四五岁,而他已经是著述等身了。例如:《辛克莱评传》、《莫泊桑的生活》、《雪莱生活》、《英国文学研究》、《东印度故事》、《近代文艺思潮》等著作,都是二十岁左右写成的。……他从小便爱好文学,对于写作非常认真,一个字也不肯马虎,他的原稿写得很清楚,从来不写草稿。他曾在战地上生活过一个时期,所以在战争三部曲里,描写战争的残酷,淋漓尽致,颇有雷马克的作风。他常常鼓励我们写作,他说:"一个富于热情的人,最好把生命寄托在文学上,因为它会给你许多想象不到的安慰和鼓励的。"想不到这几句话我如今常常借来鼓励我的学生了。

从这段回忆中我们看出,年轻的孙席珍不是一个困守讲坛的冬烘学者,他对文学的深刻体悟、对学术严肃认真的态度,以及对革命的极大激情相当程度上感染了不同的学生。谢冰莹、杨刚、余修等人都在他的影响下先后从事进步文艺工作,走上了革命的道路。尽管"大先生"的疏远使孙席珍离开了不免有着宗派关门主义的上海左联,也尽管"二先生"帮助他走向安静的校园执教生活,可偏偏孙席珍是个不安分的人。当鲁迅在上海领导左翼文学运动时,孙席珍在北京不约而同地发起了北方左联。

关于北方左联,史料记载十分模糊,当事人的回忆也多有出入。名称上至少有三种:北方左翼作家联盟(简称北方左联)、中国左翼作家联盟北平分盟和北平左翼作家联盟(简称北平左联)。成立时间、成立会的内容也各有说法。

据李俊民(李守章)回忆,1930 年暑假,他因涉"左嫌"被辞退工作,失业回家,后经台静农介绍,到一所中学教书。他到北平时,潘漠华已先到达,与台静农碰头,准备在北平发起并筹组"中国左翼作家联盟北方分盟",简称"北方左联"。第一次筹备会议在台静农家中召开,台静农主持会议。会上决定,当时在北平高教界的革命教授如吴承仕、范文澜、魏建功,包括台静农都不公开出面。以潘漠华为首,刘尊棋、孙席珍、谢冰莹和李俊民从事具体筹备工作。同年 10月,"北方左联"在北京大学红楼举行成立大会,莅会者 100 多人,段雪笙被推举为执行委员会主任。

刘尊棋、刘景明、陈北鸥等都认为,1930 年 9 月 18 日是"北方左联"成立的日子。那天,在北大法学院(原中华民国国会,今新华社旧址)举行成立大会,到会的有100多人。由段雪笙主持,张璋代表上海"左联"讲话,通过了北平分盟执委和候补执委的名单。杨纤如没有提供确切日期,但详细回忆了这次大会的情形。

陈沂则提供了另一个版本,他参加了1931年春在北平中华门楼上召开的北方左联代表大会,参加者有潘漠华、杨冰(杨刚,燕京大学学生)、刘尊棋等人。会议在聚餐的掩护下进行,讨论了盟章,选举了执委会。潘漠华、杨冰、刘尊棋、冯毅之当选执委,陈沂候补执委。他也提到,在北平大学法学院礼堂作报告时,为了号召学生,由张璋用了殷夫的名字去讲话。

图7 20世纪30年代初的孙席珍

1931年加入的李正文回忆称之为北平"左联",刘尊棋则回忆称为中国左联北平分盟。陆万美1932年加入,也称之为北平左联。1933年3月,北方左联、剧联、社联、教联等北平各左翼文化团体联合起来,成立了北平文化总联盟,简称北平文总。

另外一些后期加入北方左联的如陈落、高承志等人则回忆,"一二·九"运动后,北平"文总"和"左联"在北平市委直接领导下重新组织并恢复工作。陈落当时担任党团书记,刘春也在1936年2月加入北方左联,随后又加入中国左翼文化总同盟。刘春没有编入支部和小组,由陈落直接联系。

这与孙席珍的回忆均有所出入。据孙席珍回忆,大约在1930年秋冬之交,10月底或11月初,潘漠华和台静农到寓所来找他。

他们在孙席珍简朴的宿舍落座后,便谈起了北方文坛的现状。

潘漠华说:"现在北方文坛冷寂,急需鼓动一下,把空气搞得热烈一些。"

"北平文坛一向人自为战,力量分散,我们希望能够联合起来,成立一个组织,共同战斗。"一旁的台静农随即补充道。

孙席珍认为他们讲得很有道理,也极表赞成,但不知要成立一个什么样的

组织？潘漠华爽快地说："中国左联已经在上海成立了，我们来个北方左联，你看如何？"潘漠华接着又告诉孙席珍，"此事李俊民、李霁野也很赞同，都愿成为发起人"。

孙席珍说："那就再好不过了。"

隔了两天，潘漠华单独又来找孙席珍，兴奋地告诉他："大家热情很高，已有十几个人愿意参加发起。"孙席珍听了也很高兴。

潘漠华接着又说："他们的意见，想推举你当主席。"孙席珍不免一惊，问："你说'他们'，'他们'是谁？"他说："是好些人的意见，中央北方局文委也同意的。"孙席珍连忙说："那可不行呵！我年纪轻，资望又浅，担当不起。还是另推一位好，比如你、静农、守章或霁野，都可以。"他说："组织上曾考虑过，但他们都无意。"潘又谦虚地表示："我的社会关系不如你，其他一时也没有适当的人。"孙席珍思索了一下说："既然这样，我看不如推几个常委，来个集体领导可好？"潘漠华略略踌躇之后说："好吧。"说完就匆匆告辞了。

一个星期日的上午，潘漠华又带了一名女学生杨刚来找孙席珍。杨刚是当时燕京大学学生会会长。这次，潘漠华传达了大家讨论的结果。他说："不设主席，设几个常委也好，但常委中要有一个书记，还打算由你担任。"没容孙席珍插话，潘漠华又说："你尽管答应下来，一些具体工作，可以请杨刚帮你一起做。"杨刚随即在一旁点点头。这时，孙席珍的学生谢冰莹也恰好来到孙家，她也是北方左联的发起人之一，一到就附和他们。

孙席珍不便再推辞，就约好由潘漠华去起草纲领和章程，再行协商决定。潘是北方左联的党团负责人。筹备时期，李守章是筹备处的秘书长，也做了大量工作，但不久他往山东去了，后来就不再设这个职务。

北方左联正式成立的确切日期，孙席珍认为在 1930 年年底以前或 1931 年初。据张大明、王保生的《30 年代左翼文艺大事记》认为，北方左联于 1930 年12 月 16 日成立。① 成立会上，通过了章程和工作纲领，推选了一些执委，并以潘漠华、台静农、刘尊棋、杨刚和孙席珍为常委，孙席珍兼任书记，其余分管组织、联络、宣传、总务等等，下设几个干事，分在各组。但实际工作时，往往互相帮助，谁的工作忙些，大家都帮着去做，分工并不怎样严格。

---

① 张大明、王保生：《30 年代左翼文艺大事记》，《左联回忆录》下册，中国社会科学出版社 1982 年版。

细析这些史料，大致可以看出，孙席珍说的成立大会与会者少，推选了执委与常委；而 9 月 18 日之说，则是在北大法学院礼堂举行，张璋假扮殷夫演讲，召集学生，来了上百人。回忆者都明确说到选举了执委，压根儿没有提到常委之说。

关于名称与组织领导的问题，孙席珍在回忆录中专门谈过这个问题。筹备时大家曾经讨论过几次：原来打算叫华北左联，有同志认为华北这个地域称谓及其概念比较陈旧，不赞成；又因联盟成员不仅限于北平，还包括天津、河北、山东、山西、察哈尔等省市，所以也不主张称为北平左联；也有同志建议称为中国左联北平分盟，但因并未与中国左联正式联系，征得它的同意，所以也不便冒失地自称为分盟。最后终于定下北方左联这一称谓。

孙席珍一再强调，北方左联虽然在组织系统上，并不直接隶属于中国左联，但也绝不是竭力别树一帜，独立于中国左联之外。由于当时北方（特别是北平）的情况，与上海不大一样，在工作和实际活动上，要求保留一定的灵活性和机动性，所以觉得还是不要采取分支机构的组织形式来得方便些。作为兄弟单位，北方左联始终以中国左联为老大哥，自认为小弟弟，无论斗争纲领、工作项目、活动方式等等，基本上都是向中国左联学习、看齐，步调也大致相同。他们坚持认为，左联只应有一家，并没有另立门户，开设第二、第三家的想法；中国无产阶级革命文学只有一个共同方向，无论从哪一点上来说，都应该统一起来，成为一体。所以，名义上虽未表明是分支机构，系统上也并无隶属关系，但实际上北方左联是中国左联的一个重要分部，在必要的关键时刻，并非各行其是，而是相互保持着一定的联系。

作为党的一个外围文化组织，北方左联受北方局文委的直接领导。它的总部设在北平，所以某些具体工作，北平市委有时也就近对其做过一些指示，但并不是经常性的。

刚成立时，北平只有三个直属小组，后来发展为支部。在天津设支部，在保定、太原、济南等地设临时小组，成立时共有盟员 30 多人。孙席珍还谈到，1933—1934 年间，北平党组织遭受严重破坏。为了重建支部，加强领导，曾经成立了北平左联，后来仍然恢复了原先的组织机制。这大概是北平左联说的由来。除北平外，天津有个常设性的支部。其他北方城市，如保定、济南、太原、张家口等，都曾有过临时小组的设置。

持北平左联说的，大多回忆到 9 月 18 日戏剧性的假殷夫集会，且归北平市委领导。比较几种说法的成员、大会内容，孙席珍主张的成立会应该是属于北方左联高层领导的成立会，如潘漠华、台静农、刘尊棋、杨刚，除执委外，还有 9 位未提到的常委，孙席珍担任常委书记。而 9 月 18 日的集会，多以青年学生为主，以戏剧化的方式安排左联成立，应是宣告鼓动的成分更多些。杨纤如回忆执委名单并未宣读，想是因为仅是宣告而已。至于陈沂说 1931 年春借聚餐成立北平左联，应该只是一次代表大会而已。王志之也曾回忆他在 1932 年春，参加了在清华大学一间教室里以"上课"形式举行的左联代表大会，会上讨论了"苏联的文艺政策"。

之所以出现两个成立大会、两批人和不同的叫法，是由北方的特殊形势造成的。如孙席珍、范文澜、台静农、李霁野等先生，都有较大社会知名度，不能公开发表宣言，直接参加活动。

青年成员的回忆也表明，北方左联更接近党的地下组织。小组联系，互不问名，组织极为严密。李俊民回忆，北方左联作为党的一个外围组织，公开活动也是困难的。因而地下组织的形式也极为严密，类同于党组织。郝冠英回忆"北方左联"的领导人，有张哲之、潘漠华、张璋、谢冰莹、梁斌、段雪笙、陈璧如等。"左联"的组织生活很严密，和党、团一样，组织纪律性强，均无横向的关系。再加上不断受到破坏，有过好几次重建组织机构的过程，名称也出现了变化。到了 1935 年、1936 年，由于形势更加紧张，又改为由北平市委领导。据筹组北平"文总"和"左联"的陈落回忆，1936 年 1 月，"左联"、"文总"组织处于地下状态，相互间的联系都是秘密的，叫做"接头"，和党内的联系几乎没有两样。高承志也是在 1936 年春，在地下党的指派下担任北平文总的党团成员兼驻该文总机关，与陈落一起工作。当时北平左联不能公开活动，已无健全的领导机构。

由此可见，北方左联实际分成由青年知识分子（当时大多数是学生）主持的执委会和由进步文人（大多为知名教授）代表的常委会两部分，常常互不知情。如范文澜就曾参加左联，但由于他当时在反动派统治地区所担任的职务，不便公开，所以仅有少数左联的负责同志知道。执委会成员负责沟通上下的工作。孙席珍出任常委书记，大部分做的都是隐蔽的地下工作，起到幕后主持与支持的作用。很多时候，孙席珍还是以公开的教授身份出面。孙席珍主要由两位著名的青年女作家负责联系。一是杨刚，斯诺的得意门生，孙席珍就是由杨刚而结识斯诺。另一位是孙在北师大时的学生,写女兵《从军日记》的谢冰莹。

当时的平津处于阎锡山的统治下;阎、冯正发动中原大战,联合反蒋。军阀整日混战不已,你死我活,自顾不暇,抽不出手来镇压革命活动。他们的军警宪侦探(此时复兴社即蓝衣社尚未出世,特务概念及其名称是在1931年以后才有的)只会抓小偷盗匪,从中敲诈钱财,办政治案还没经验。所以,当时除上海租界内可以游行示威之外,只有北平还有条件行动。

北平本就有学生运动的老传统。据杨纤如回忆介绍,当时学生有"丘九"之称,因为敢于造反、猛冲猛打的学生天不怕地不怕。但这也导致了北方左联的一些"左"倾冒进行为被反动派猖狂镇压,造成了很大的损失。杨纤如还分别一一回忆了北方左联的九个执委段雪笙、潘训、谢冰莹、张璋(鼎和)、梁冰、刘尊棋、郑吟涛、张郁棠、杨子戒。[①]

"九一八"事变后,北平的敌情更为复杂:国民党反动派不仅设立有军委行营,还设置了一个河北省党部和平、津两个市党部,行营下面有军统特务,党部下面有中统特务。另一方面有日本法西斯常驻在平、津的特务机关,还有明的和暗的南北两派大小汉奸。1933年蒋孝先率军统特务宪兵第三团到北平后,大量逮捕共产党人及其外围群众,极为凶恶残暴。以土肥原贤二为头子的日本法西斯特务,更是杀人不眨眼的魔鬼。

孙席珍回忆,当时大家夹在这些虎狼中间,四面受敌,一言一动,处处遭受监视、限制。教师有时在教室里讲课,既有国民党的鹰犬来窥视、刺探,或者干脆坐下来记录;也有日本谍报人员,以留学生的身份,公然穿堂入室,进来听讲。这些家伙还常常在下课休息时将教师围拢,故意提些莫名其妙的难题,偶一不慎,当天回家后就可能"失踪"。他们往往互相配合,有时又分道扬镳,令人难以捉摸。在这样的环境中,斗争是十分诡谲,十分艰苦的。

在这样纷纭复杂的环境中从事斗争,尤其需要讲究斗争的策略。孙席珍在大革命时期就有过敌我交杂的斗争经历,有丰富的对敌经验。

首先是注意保护自身的安全。孙席珍从未以北方左联的名义,公开对外活动过。有些读书会曾请他去座谈或做报告,也是以学校教师的名义出面。这样做,是遵照组织上的意思,目的是为了掩护身份,不致暴露。至于内部事务,都

---

① 杨纤如:《北方左翼作家联盟杂忆》,《左联回忆录》下册,中国社会科学出版社1982年版,第524页。

已有人分担,比较重要点的,一般由潘漠华牵头。除此之外,杨刚和谢冰莹是孙家的常客。此外还有两个用代号的青年,也不时来找孙席珍反映一些小组的情况。

1931年3月初,左联五烈士被杀害后,"北方左联"在北大法学院举行隆重的追悼。孙席珍与潘漠华都参加了,到会的有八九百人。刘景明当时受共青团支部委派,担任纠察。礼堂里挤满了人,窗台上趴满了人,走廊里布满了革命群众和纠察人员。由于事先安排周详,群众的威慑力使侦探不敢动手捕人。追悼会结束,孙席珍等人都安全离开了会场。

刘景明还回忆了中国大学请"左联"的孙席珍做文学演讲的情形。1931年3月下旬,孙席珍的演讲在中国大学礼堂举行,到会的有六七百人。演讲的题目是"现代写实主义文学"。孙席珍没有公开提出"无产阶级革命文学"或"社会主义现实文学",只强调写社会生活的真实,揭露社会生活的黑暗面。"左联"和地下组织,每次对举行群众集会,都有周密的布置。一方面贴出海报,号召大家去听公开演讲,另一方面对主讲人妥为保护。孙席珍的演讲会也不例外。当时有几个穿黑大褂的便衣侦探监视会场活动,北方左联便安排了进步学生在孙席珍的周围保护。演讲完毕,孙席珍由中国大学的学生簇拥着离开会场。霎时间,传单满场飞,便衣侦探瞪眼看着,无可奈何![1] 程应在《"一二·九"文学回忆》中也提到在燕京大学穆楼(现在北京大学外文系)举行过一次座谈会,参加的除了燕京、清华的学生之外,还有从校外请来的高滔、王余杞和孙席珍。高滔、王余杞当时是小说家,孙席珍则是研究文学理论的。座谈会总的论题是"当前文艺界主要问题",涉及作品公式化和什么是国防文学,还对沈从文发表的《反对差不多》一文,进行了热烈的讨论与批判。在外围青年学生那里,孙席珍只是一个倾向革命的大学教师,始终没有公开过身份。

在内部组织上,左联一方面确保核心组织的安全机密性,另一方面则以多样化的形式,松散进行活动,尽量不引起敌人的注意。北方左联开始时盟员不过二三十人。东城小组在沙滩北大附近;西城小组在沟沿,邻近中国大学;南城没有小组,北师大在新华门外,离西城较近,就附入西城小组;海甸小组在燕京校内。正式盟员虽不多,但各校均设有读书会(或文学研究社等),由盟员组织

---

① 刘景明:《"北平左联"活动回忆片断》,《"左联"纪念集1930—1990》,百家出版社1990年版,第184页。

领导,总人数可能超过 100 人。除了上述各校外,清华大学、辅仁大学、中法大学、民国大学、大同大学、汇文中学和贝满女中等,也曾有过读书会一类的组织。盟员小组会不定期,次数并不太多;读书会目的重在政治宣传,也介绍阅读一些苏联文艺理论和作品,方便时传递一些印刷品(大多是油印的),活动比较经常些。

石啸冲回忆:塘沽协定签订后的北平,政治形势严峻,北方左联的活动几乎完全转入地下。盟友严格遵守组织生活制度,编为若干小组,每组由 3 人或 4 人组成,较大的组也不得超过 7 人,都各自分散地进行活动。开会的地址临时通知,由联系人负责。个人的住址,基本上是保密的,不轻易告诉他人。各小组也不发生横向的联系,遇事须通过"左联"执委会分别通知。不过即使是这样严密的防范,也难免发生不测。①

其次是利用敌人内部的矛盾。孙席珍认识到,他们也并非铁板一块,相互之间也是矛盾重重。具体地说,大之是国民党和汉奸之间有矛盾,国民党和日本法西斯也有矛盾;小之则是军委行营和党部有矛盾,军统和中统又有矛盾;汉奸里边又分旧军阀出身的北派汉奸和由亲日派文人出身的南派汉奸,他们要在主子面前各显神通,彼此之间也有矛盾。他们经常勾心斗角,争权夺利,互相攻讦,互相倾轧,通过一些御用报纸和被收买的大小报刊,每天吵闹不休。

这些舞文弄墨的无聊家伙,一贯对革命人士滥施攻击,造谣诬蔑,无所不用其极。在这一点上,他们是一致的。但人们已厌听此类无耻的谰言,而每当他们彼此互相指摘、詈骂的时候,却往往争相观看,为的是可以从侧面测知某些于无意中泄漏出来的"天机"。当此之际,他们相互间的矛盾就趋于尖锐化,相对地就不大能够集中力量来对付革命力量,使革命活动暂时较少受阻。

最后是团结广大的群众力量。社会上还有一些潜势力,有时也给左联的活动提供某些有利条件。比如冯玉祥,1933 年 5 月,在中国共产党的帮助和推动下,与方振武、吉鸿昌等在张家口组织察哈尔民众抗日同盟军,被推举为总司令,指挥所部将日军驱逐出察哈尔省(今分属河北、内蒙古)。左联盟员联系了要求抗日的青年赴张家口参加同盟军,潘漠华做领导工作。8 月,冯玉祥在蒋派重兵威逼下辞职,隐居泰山。当时他虽已释了兵权,隐居泰山,但对西北国民军

---

① 石啸冲:《忆"北平左联"》,《"左联"纪念集 1930—1990》,百家出版社 1990 年版,第 205 页。

旧部还有相当的影响；他同情革命，主动来跟左联方面联系，并以邀请讲学为名，约了北方文总和所属社联、教联的某些同志上山。孙席珍原本在北伐军做的就是政治工作，当即应邀，还与中国大学的文学院院长兼国学系主任吴承仕一同前往"讲学"。吴承仕讲国学，孙席珍讲国际形势。冯玉祥的作为使得当时在北方掌握军政实权的冯玉祥旧部宋哲元、秦德纯等人，在对付左派势力时不得不有所顾虑。连北方左联的机关刊物《文学杂志》，也是由西北军军阀出资的西北书局发行的。

另外，在国民党党部里，也有个别比较开明的人士，如许孝元等，他们在一定程度上也对左联表示同情，比如编印刊物等，暗中也开放绿灯，给予一些支持、照顾。许孝元曾主办过一所大同中学，那里有好几位师生是北方左联的盟员，他虽心知肚明，却从未公然限制他们的活动。

第二节　北平五讲

1932年11月中旬，鲁迅到了北平，探望母病。在北大、辅仁、女子文理学院接连讲了三次话，逐渐传开，报纸上也发了新闻，大家终于都晓得了。

当时就有一些同志来反映，要求北方左联敦请鲁迅作一次大报告，使广大青年都能一睹他的风采，亲聆他的教导。前面三次，北大是马幼渔（裕藻）、辅仁是沈兼士、女院是范文澜，他们都代表学校当局，而且校内讲演，听众有限，"闲人莫入"。当时要在反动特务统治之下向广大群众做公开讲演，安全保障就很难有把握，孙席珍等左联领导人一时犹豫不决。

但青年学生的热情很高，北师大的王志之先去向系主任钱玄同打听鲁迅的住处。钱玄同开始还和蔼可亲，不料，等王志之说明来意，钱的脸色一下变得很阴沉，盯着王志之，最后怒气冲冲地说："我不知道一个什么姓鲁的！"

学生们最终还是打听到鲁迅住在宫门口西三条。于是，11月25日，由王志之、潘炳皋、张松如等三人以北师大学生代表的名义向他当面要求，鲁迅为了不辜负青年们的热望，毅然答应在隔天之后见面。

第二天，还是王志之他们自行组织，在琉璃厂本校及石驸马大街文学院贴出了通知，并做了一些必要的准备。11月27日早上9点，学生们租定一部汽车去接鲁迅。车子刚开进学校大门，就被同学们包围起来了。本打算到教员休息室去休息会儿,不料,钱玄同拒绝接待,把休息室、准备室、办公室、教室都上了锁。大家发出一阵怒骂,有人想起来,喊道:"到学生自治会。"一到学生自治会,大家就开始围住鲁迅,提了无数的问题。

教室既已上锁,大家决定到风雨操场举行这次讲演会。午后,大家一齐奔去,把风雨操场挤得水泄不通。事先仅以"文学研究社"的名义贴了一张通知,一下竟来了上千人。风雨操场容纳不下,临时改为露天讲演。天气很冷,风相当大。鲁迅穿着一件青灰布袍,站在作为临时讲台的一张方桌上,迎着风,从容自如地讲了个把钟头。这是"北平五讲"中讲得最长的一次,讲题是《再论"第三种人"》,主要内容是针对"第三种人"的批判,也对所谓"民族主义文学"进行了无情的鞭挞。

鲁迅讲演完了,群众都还是不愿离开。一阵阵的掌声中,大家都在喊:"再添一点!"于是又讲了五分钟。又有教联的同志要求来合影。一些特务也在大操场的里里外外进行监视,气氛相当紧张。王志之等为安全起见,组成了临时纠察队护送鲁迅出校门登车。当天下午,台静农已经替鲁迅买好了回上海的火车票,鲁迅对送他的王志之开玩笑说:"有人担心鲁迅卷土重来,现在,他们可以放心了,我又卷土重去了!"

在北师大听这次演讲的,有很多是从外面闻风而来,其中就有中国大学的学生,他们也要求鲁迅再给他们讲一次。第二天上午,鲁迅如约前往。1932年11月28日,鲁迅到西单二龙坑前中国大学的礼堂作了演讲。这次演讲是以"时代读书会"的名义,学校当局也未加干涉,讲题为《文学与武力》。不过二十分钟后,特务们侦知了,在场上探头探脑,来回徘徊。那些日子,在反动派的小报上,已经散布了许多恶毒的诽谤。鲁迅又当众把昨天说过的话严肃地宣布了:"有人说我这次到北平,是来抢饭碗的,是'卷土重来';但是请放心,我马上要'卷土重去'了。"话说得既一语双关,又充满了辛辣的讽刺力量,场上顿时充满了笑声,弄得那些特务也仓皇失措。事先,当时担任北方文总党团书记的陈沂曾奉省委、市委的指示去阜成门大街鲁迅的住处看他,向他汇报北方左翼文化团体的活动,又曾要求鲁迅做一点动员工作,解救被捕同志。于是在演讲结束后,鲁迅又号召发动了一下群众,广大群众群情激昂,从二龙坑出发,经西单冲到国民党市党部,要求释放被捕同志。同时,保卫鲁迅的同志,已经把先生安全送回阜成门内的家。由于准备工作做得充分,反动派被打了个措手不及,只得答应群

众要求。斗争取得了胜利。

北方左联在团结、动员一切力量上做了很大努力。它在组织系统上，受北方局的领导，同时和上海的中国左联以及东京的以质文社为代表的左翼文艺团体也加强联系。北方左联原非分会，负责人向来通过民主协商和选举方式产生，并不由上级指派。东京方面，首先回国来的是欧阳凡海，接着有魏猛克、陈北鸥等。他们一到北平，都参加了北方左联的工作。北方左联这边，则请东渡的盟员陈梅雨（梅益）就近同他们经常联系，他在那里也加入了质文社。此外有不少原在北平的青年作家，如金肇野、时玳、魏伯、余修、柳林等，他们对北方左联的工作，都尽了很大的努力。刘白羽、宋之的也曾参加过北方左联的活动，显示了优秀的创作才能。

读书会也是左联的外围组织，参加的人也比较多。有的学生就是先从读书会开始，再正式入盟，参加革命的。段英提到，她曾多次受命去秘密贴标语。"晚上选择黑暗的街道，二人一组出去张贴标语和散发传单。黑暗中不慎碰着铜环，只得拔腿就飞跑。"还有更激进的飞行集会，段英在 1930 至 1931 年，在北京至少参加过 2—3 次，一次在东安市场，一次在东单。事前讨论好地点，带着印好的标语、传单，同志们混入群众中，听暗号，散发传单、标语，一齐高呼革命口号。侦探或警察一到，就飞快散开或伪装在店铺里购买东西。但也有少数跑得慢的同学不幸被捕。[①]

这些左的激进行为同样也是源自北方的形势。从"九一八"到"何梅协定"，再到"防共特区自治政府"，蒋介石的卖国行径与日本侵略者的步步紧逼，使北平学生的爱国救亡运动一浪高过一浪。他们南下示威，又到国民政府门前抗议，一直发展到"一二·九"运动。孙席珍虽并不直接参与这些活动，但对 1933 年左联遭受重大挫折与沉重打击的事感到十分痛心，久久不能释怀。

1933 年 3、4 月间，二十九军吉鸿昌部队，在我党领导和冯玉祥的支持下，组织了抗日同盟军，在古北口、喜峰口一带，进行了坚决英勇的抵抗。潘漠华等几位同志，曾亲往慰劳和宣传。因事机不密，走漏了风声，出发时虽然毫不声张，但还是被特务盯上了。到西直门站下车后，特务们凶相毕露地绑走了好几个人。

---

① 段英：《我和"左联"关系的片断回忆》，《"左联"纪念集 1930—1990》，百家出版社 1990 年版，第 172 页。

1933 年 4 月 23 日,公葬李大钊。李大钊于 1927 年殉难后,灵柩一直寄放在宣武门外的妙光阁寺。这一年,党通过北大师生和他的生前好友,为他发起公葬。鲁迅、李四光等都捐献了殡葬费用。公祭那天,北方文总、左联、社联、剧联的成员都来了。从下斜街出发,经过彰仪门大街向东由菜市口转到宣武门大街,一路上群众不断自觉加入,竟浩浩荡荡有两三千人了。蒋孝先所率宪兵三团又恨又怕,开始镇压群众。党团员、盟员、广大革命群众都高喊"李大钊烈士精神不死"、"打倒国民党"、"日本帝国主义滚出中国去"等口号。走到西四时,宪兵三团大打出手,逮捕、伤亡几百人。受轻伤的盟员和同学们,四人一排紧挽着手臂,抬着烈士的灵柩,高喊着口号,唱着国际歌,终于顺利地将李大钊灵柩安葬在万安公墓了。这次游行示威使文总和左联遭受了相当大的损失。

同年 8、9 月间,北方文总接到内部通报,说以巴比塞为首的国际反帝反战大会代表团即将来北平。北方文总发起欢迎会,号召各个联盟动员尽可能多的人前往车站迎接。8 月 4 日,在北平艺术学院召开的"欢迎巴比塞反战调查团北上"的筹备会上,由于内奸徐突微的出卖,与会代表方殷、臧云远等 19 人全部被捕。接着代表团到达时,又被抓去了好些人。那天列车到达前门车站,大家前去欢迎,才知巴比塞因故并没有来,来的是法国著名诗人伐扬·古久烈和英国的马莱爵士。但其时特务们早在车站附近设下埋伏,好几位青年学生被特务盯上,随即被捕。

这一年,与孙席珍联系密切的左联领导人也有好几个被捕。一起发起左联的台静农、刘尊棋和社联的负责人范文澜先后被捕。洪灵菲刚从南方北上,在李大钊侄女家被抓去,随即遭秘密杀害。潘漠华年底调任天津市委任宣传部长,不久被捕,最后瘐死狱中。

像这样不断遭到特务的破坏,北方左联的组织机构曾经数次改组,负责人员也屡有更动。每次风声一紧,北平进步文化界人士都不得不临时转移隐蔽,以免株连。孙席珍也曾几度避往通州等地,因此有些活动就不免脱节。

第三节 《文史》文"祸"

北方左联成立后,为了编印刊物,着实费了不少周折。

先与出版商接洽,他们怕担风险,不愿接受,北方左联便决定凑点钱自费印

行。集稿编写后，跑印刷所，看校样，这些都没啥困难，成问题的是怎样发行。几家正式书店，甚至连经售代销都推辞，北方左联只好拿到各校传达室和东安市场、西单商场、青云阁等书报摊上去寄卖，条件相当苛刻，卖出后对折结账。有一次，有个摊上被特务抄没了若干本，摊贩不肯承担损失，而且连前账都赖掉不还。从此，一些书报摊都怕惹麻烦，个别讲交情的继续代卖，却搞得很神秘，往往面上只摆一本，其余的放在邻近售卖什物的摊子里，卖掉一本再去拿出一本来。《北方文艺》出了三期就出不下去了。《北方文艺》是十六开本，薄薄的，每期印一千本，每本不过五六十页。

这时有个盟员张露薇说北平开了一家书店，愿意承担印刷、发行之责，但广告收益要归书店。北方左联于是决定编刊《文学导报》，也是十六开本，页数稍多些。但张态度暧昧，水平很低，又喜欢自作主张，因此他所选登的文章常有错误，报道也欠翔实（例如说鲁迅曾于"三一八"的晚上去找国民党的某中委商讨"善后"云云，纯属无稽之谈）。大家对他很有意见。这时书店老板因刊物销路不旺，又拉不到多少广告，认为没啥出息，想要毁约。于是在出了三四期后，还来不及加以改进，《文学导报》就停办了。

《文学导报》停刊后，北方左联接着改出《文学季刊》，又改《文学杂志》，各出过三四期。《文学杂志》是北方左联的机关刊物，1933年4月15日创刊。参加编辑工作的，有王志之、谷万川、陆万美等。鲁迅曾给《文学季刊》写过稿，就是收在《且介亭杂文》里的那篇《看图识字》，署名唐俟，发表在第3期上。北宁铁路局任职的王余杞还在天津编过一个刊物《当代文学》。

同年5月15日，北方文总的机关刊物《北方文化》创刊。6月份有好几份刊物创刊，北平左联机关刊物《文艺月报》由潘漠华、陈北鸥等编辑，北方文总的另一机关刊物《科学新闻》由方殷、端木蕻良、臧云远等编辑。《科学新闻》之前，端木蕻良与冯厚生等在1932年办过《四万万报》。冯被捕后，就取了一个色彩较少的名字《科学新闻》。北方文总还有《北方文化》。

小型刊物形式多样，有四开报纸型的，十六开薄本的，三十二开小册子型的，历年出过不少。像李正文在沙滩街头支部，与刘达仁等合编过《国际》，一出版即被查封。还有一些青年学生社团也办了相应的小型刊物，如冰流社的《冰流》、泡沫社的《泡沫》、忘川文艺社的《忘川》、榴火文艺社的《榴火文艺》、石啸冲的《东北旬刊》等。往往此出彼停，坚持战斗。

此外，还有共青团"左联"所办的唯一的儿童刊物《好孩子》、《晨报》的妇女副刊《异军》。

这些刊物形式多样，灵活机动。有的与孙席珍有联系，有的则是学生自发组织，但孙席珍也都一直关心。刊物是宣传的重要阵地，孙席珍始终十分关注左联刊物的情况。过于激进的，他不能公开出面，但也会暗中支持。像《文艺月报》就是联系了北平师范大学的教授，由立达书局发行的。另外，他还想办法用中国大学的名义，办了一份综合性的大型刊物《文史》，成为北方左联的重要刊物之一。

当时，孙席珍在中国大学任教。他一面利用公开的教授身份，影响进步学生；一面利用他在教育界的关系，在教授中联合思想进步、倾向革命的人士，争取到不少积极的力量。中国大学文学院长、国文系主任吴承仕就是老教授中走向革命的突出代表。吴承仕是光绪二十八年壬寅科举人，朝考第一。他也是章太炎四大弟子之一、著名经学家，与黄侃齐名，被称为南黄（侃）北吴（承仕）。鲁迅任教育部佥事时，吴承仕也在司法部任佥事。

吴承仕思想倾向革命，在大学里讲授"三物名物"和"经典释文序录"之类，结果受到两所国立大学的解聘。中国大学是一所私立大学，反动派的控制相对松了许多。中国大学名义上的校长是国民党官僚王正廷，但这位老外交家远在南京，难得光临学校一次。校政交给一个姓祁的总务长。祁总务长最大的兴趣，是坐着一辆黑色小轿车逛前门"八大胡同"。因此，吴承仕能够较自由地办学。中国大学聚集了较多的进步教师，如历史系的李达、陈豹隐，政治系的黄松龄、刘侃元，历史系的吕振羽，国学系的曹靖华等。

在这样宽松的环境下，吴承仕又进一步受到青年学生的影响，大刀阔斧地改革课程，聘任青年才俊，使教学与时代结合得更为紧密。1929年，张致祥考入中国大学，要求增设"近代文艺思潮"，介绍世界文学的发展态势。

到了1934年，中国大学国文系的面貌一新：陈伯达讲授周秦诸子、齐燕铭讲授中国通史、曹靖华讲授新俄文学选。而学生要求的"近代文艺思潮"课程就是由孙席珍开设，讲课的讲义更成为第一部系统介绍现代主义文学思潮的著作。

当年在他影响下参加革命，解放后任山东省副省长的余修是这样回忆孙席珍为他们讲授《近代文艺思潮》的：

把十月革命后的苏联文学,作为文艺思潮的一个部分,向听讲的青年进行有声有色的介绍。至今我还记得课堂上,他那青年讲师的风采。他蓄长发,着西装,浓眉下一副深度的近视眼镜,普通话里还杂有绍兴乡音,娓娓动听的谈吐,宣讲他那崭新的内容,当时吸引了多少新文学的爱好者。①

一次,吴承仕找孙席珍商谈,说要办个杂志,希望孙能够出面找些人来合作。在为左联刊物发愁的孙席珍正中下怀。他立刻行动起来,动员了北方左联好几个成员,共同帮助吴把刊物办好了。1934年4月,《文史》创刊,创刊号就是由孙席珍和齐燕铭共同编好的。

《文史》是兼收文史两方面稿件的综合性杂志,以中国大学国学系为基础,面向全国发行。执笔者多为史学和政治经济学界名家,如吕振羽、侯外庐、黄松龄、李达,也刊登一些小说和散文。出版后,寄赠鲁迅、茅盾、郭沫若、郁达夫各一本,并由盟员王志之写信给鲁迅,请他提意见,并希望他转致茅盾撰稿。孙席珍另外写信请郭沫若、郁达夫撰稿。鲁迅看后认为:"里面的作者,杂乱得很,但大约也只能如此。"(《书信集》636)可是他后来还是寄了稿了,就是收在《且介亭杂文》里的那篇《儒术》,署名唐俟,茅盾的稿也由他转来。孙席珍等吸取鲁迅的意见,逐渐加以改进。但这样一来,原先有些外面的作者就不再寄稿,越改进越成为"清一色"了。

孙席珍也注意向茅盾等文学前辈请教。有次谢冰莹南下,见到茅盾,茅盾向谢冰莹询问北方左联及孙席珍的情况。正好第二年暑假,孙席珍就去了上海,到开明书店拜会茅盾。虽然孙席珍与茅盾在新文学初期、大革命时期都彼此听说过对方的名字,但这却是他们俩第一次相见。茅盾态度十分谦和,平易可亲,虽系初见,如对故人。孙席珍在文学前辈面前,非常诚恳地请教,说起北方条件较差,骨干力量薄弱,各种活动未能充分展开,不无冷落之感。孙席珍说,《文史》目前仅在青年知识分子中有一定基础,主要着眼在扶植新生力量,所以很希望上海的战友们能伸出支援的手,尤其希望老前辈经常给予指导。茅盾听了频频颔首,说道:大家走的同一道路,朝着同一方向,不必客气,今后希望多

---

① 余修:《遗教风范,长留人间》,《吴承仕同志诞生百周年纪念文集》,北京师范大学出版社1984年版。

多联系。后来茅盾为《文史》等刊物提供过稿件，起了很大的鼓励和推动作用。

曾经在北平、上海有过交往的郁达夫，也是孙席珍经常请教的对象。孙席珍曾和他通过几封信，大致是为了北方左翼文艺刊物请他写稿的事，他回信答应写，但都未寄稿来。最后一封信是关于吴检斋（承仕）先生主办的《文史》请他写稿。郁达夫回信说："数次故拂雅嘱，这次承检斋公之命，无论如何，当写一篇寄上。"后来郁达夫果然寄了篇小品散文来，登在《文史》或《盍旦》上了。

1934年8月中旬，郁达夫与其夫人北上。孙席珍接到王余杞电话告知后，当即表示要去看他，但后来还是郁达夫来看望了孙席珍。郁达夫的《故都日记》里边有两条提到孙席珍：一条是"8月18日，晨八时起床，往访白经天（鹏飞）、陈惺农（即陈启修，笔名陈豹隐、陈勺水）、孙席珍等"。一条是"8月24日，孙席珍君请吃中饭"。《故都日记》写得十分简略，而且是跳跃式的。当时郁达夫和许多人接触，还有相关的事，往往笼统一笔带过，有的甚或失记。事实上，这次郁达夫北上，孙席珍和王余杞、澎岛（许寿彭）、紫阳（臧恺之）等都曾轮流请客作陪，间或陪同出游、听戏，平均每人与郁达夫相见，都不少于七八次。比如孟超在《野草》上一篇纪念吴先生的文章里提到，吴请达夫在忠信堂吃饭，陪客都是席珍兄代邀的，孟超本人和上述几位都在座，可是日记上却完全漏掉了。

孙席珍专门请郁达夫在西长安街芳湖春吃饭。那是家很有特色的酒菜馆，除了厨师以外，从经理到服务员，都是女性。席间还有魏猛克、白薇、欧阳凡海等作陪。

郁达夫北上，已经在移家杭州以后。顺便谈起家乡情况，他说："西湖已经糟蹋得不成样子，党人官气十足，耀武扬威。我是去隐居的，哪知那边附庸风雅之人很多，俗不可耐，挡又挡不住，推又推不出，令人十分淘气。"其时座上有位同志提到鲁迅劝阻他移家杭州的诗，他只勉强一笑，不即答话，气氛就有些尴尬。

孙席珍连忙插嘴道："如今郁公伉俪来到这风沙北国，才不多天，已给余杞编的《当代文学》写了一篇《故都的秋》，前天去北戴河，东望榆关，道路梗阻，遥想黑水白山之间，关外义士，正在浴血奋战，此来大足以行吟了。"于是郁面有霁色道："我这次北上，又多了几笔文债，孙君如此索稿，真可谓善于辞令也。"彼此相与大笑，话题也就转到别的方面去了。

《文史》以国学系学报的名义出刊，却运用马克思主义唯物史观和研究方

法,读者面又辐射全国,影响很大,引起了当局的注目与敌视。南京方面多次命令北平市政府查封,吴承仕以学术讨论并未涉及政治为理由,拒绝停刊。出到第四期,正准备把双月刊改为月刊,把大三十二开本改为十六开本时,被 CC 派头子陈立夫一纸手谕扼杀。

那是因为《文史》第 4 期上登了一篇孙席珍的小说《没落》。小说揭露了被国民党收买的白俄分子在我国进行特务活动的罪行。当时,孙席珍结识了美国记者斯诺,斯诺特别欣赏孙席珍的小说《阿娥》,把它视为鲁迅以外最优秀的小说之一。他翻译完《阿娥》后,准备把《没落》翻译了也送登美国的《亚细亚》杂志。国民党反动派特别害怕革命文学向世界传播,得知此事后,马上施展了反革命伎俩,没收了还没售完的《文史》第四期,又勒令停刊,还立刻逮捕孙席珍入狱。

1934 年 11 月 28 日的上午,天气寒冷,孙席珍正坐在西单报子街小洋楼二楼的书房里看书。近中午时分来了两个陌生的客人,一着西服,一着长袍。两人面色冷漠,只说是省党部的,检查了一通书籍和信件后,拿床单包好书,说请他跟着走一趟,接下来当然就是被捕。孙席珍回忆说,牢房是十几人一间,有政治犯,也有不是的。同牢的有一位手脚都锁上铁链,据说能飞檐走壁,号称大盗燕子李三。当笔者搜检到"文革"间这份孙先生的回忆资料时,不禁哑然失笑。他以文学方式,笑谈革命,机智与从容,可见一斑。

后来,由北平大学校长徐诵明、女子文理学院院长许寿裳、中国大学国文系主任吴承仕三人联名保释,孙席珍在两个多月后的 1935 年 1 月 11 日,得以出狱。

出狱后,孙席珍风度依旧。这年的暑假,孙席珍东渡日本,与以"质文社"为代表的东京"左联"进行了一些联系。当时东京"左联"刚创刊了《杂文》不久,从第四期起《杂文》改为《质文》。东京"左联"也派了欧阳凡海,在中国大学学生王西彦的带领下去见孙席珍,彼此加强了很多联系。东京"左联"的刊物从《杂文》到《质文》,都在左联的帮助下在中国发行。

从日本回来后,孙席珍想恢复《文史》,跟大家商量后决定改办一个半月刊,名曰《盍旦》。盍者,何不也,质言之就是:天为何还不亮?盍旦又是一种"夜鸣求旦之鸟",刊物主要发表短篇政论性杂文,高举抗日救亡旗帜,针砭时弊,评论国事。跟《文史》一样,它是一个同人刊物,并非由北方左联主办,但约定由北方左联大力支持,协作是相当紧密的。宣武门外的鸿春楼是北平有名的饭馆。每到周日,常有几位身份不俗的客人。孙席珍与吴承仕、齐燕铭、张致祥等分头赶来,先来的径直上三楼雅座,叫一壶好茶,一边看书一边等人。等人都到齐,更加热闹起来,好像在字纸上划来划去,又说又笑,一团高兴。小伙计们不知他们在看什么、说什么,只知道这是北平高级教授们的聚会。就连后来北平作家协会的成立,也是假借聚餐在鸿春楼进行的。《文史》由齐燕铭主编,《盍旦》由张致祥主编,每期集稿开会,大家有时聚在鸿春楼,有时也直接在张致祥家和吴承仕家碰头。

《盍旦》于 1935 年 9 月创刊,先后共出了六七期,终刊的日期大概是在"一二·九"运动爆发和六教授被解聘事件的前夕。

第四节　两个口号

1935 年,"一二·九"运动在北方局的直接领导下展开,北方左联成员也一致积极参加。从此,北方左联基本上不再单独作战,而是与其他进步革命团体如民族解放先锋队、学生救国会、各界救国会等一起投入抗日救亡运动。"一二·九"运动后不久,孙席珍在陈伯达的介绍下,恢复组织关系,与吴承仕、齐燕铭、张致祥、曹靖华成立了一个特别党员小组,归属北方局。所谓"特别党员",是因为都是社会名人,身份特殊,为安全起见,不方便参加党的活动,与地方党组织没有直接联系,由陈伯达单线联系。陈伯达公务繁忙,还把儿子寄养在孙席珍家中。一家人同这个孩子亲亲热热,都管他叫"小老虎",丝毫看不出是外人。

"特别党员"小组为安全起见,除了小组成员内部活动之外,与党的其他组织机构不发生联系。据孙席珍的说法,小组长就是陈伯达。但也有人认为张致祥是小组长①,还有干脆认为孙席珍是小组长的②。可见"特别党员"小组,主要是为了工作,领导机构本身也比较含糊。当时清华大学的学生高承志以党代表的身份,每两周参加他们的左联小组会。参加的人除了吴承仕、孙席珍、齐燕铭、曹靖华、管舒予(张致祥)之外,还有和他们密切联系的杨刚。开会地点常在

---

① 《吴承仕同志诞生百周年纪念文集·序》,北京师范大学出版社 1984 年版。
② 叶永烈:《陈伯达传》,作家出版社 1993 年版。

宣武门内油房胡同十号吴承仕家。①

1936 年春,中国左翼作家联盟解散,文总及其所属的各左翼文艺、文化团体亦相继解散。上海文艺界组成抗日民族统一战线,即将成立中国文艺家协会。北方左联该怎么办？大家众说纷纭。一种意见认为,扩大文艺界统一战线是必要的,但左联应该继续存在,从中起核心作用,以免领导权旁落。另一种意见认为,左联存在与否只是一个形式问题,在文艺界统一战线中,无产阶级作家当然应该起领导作用和核心作用,革命群众肯定会支持我们的。倘若仍然保留左联的组织机构,可能会引起外界作家的顾虑,怀疑左翼作家想操纵阵线,利用他们来达到自己的企图。

孙席珍向陈伯达请示,陈向北方局文委反映,得到口头指示说:中国左联已完成历史任务,自动解散,另行扩大组织。北方左联应与中国左联同一步调,同样办理。

6 月,北方左联自动结束,但不对外宣布,同时另行筹组北平作家协会。因为没有正式宣布,有的盟员直到 1937 年还以北方左联的名义活动。北方左联解散,北平作家协会成立之前的这段时间,孙席珍等人并没有停止左翼文学活动,其中最重要的就是“两个口号”的论争。

1935 年 12 月 21 日,周立波在《每周文学》第 15 期发表《关于国防文学》,正式提出“国防文学”口号。1936 年 6 月 1 日,胡风在《文学丛报》第 3 期发表了《人民大众向文学要求什么?》,文中阐述了由鲁迅、冯雪峰等商定提出的“民族革命战争的大众文学”的口号。由此开始了“两个口号”的论争。北方左联的青年学生们对鲁迅怀有最虔诚的尊敬,在重要理论问题上,总是赞同鲁迅的观点,但在讨论中大多数人又都赞成“国防文学”这个比较简明通俗的口号。于是,大家不免感到很困惑,造成了一些混乱的局面。某些别有用心的人就从中挑拨,说北方左联与上海周扬、夏衍等南北呼应,是有意向鲁迅挑衅。这些家伙挑起矛盾,制造混乱,破坏团结,破坏抗日民族统一战线,破坏救亡运动,以达到他们不可告人的目的。

为了统一认识,维护左翼运动的领导权,孙席珍行动了。

恰在这时,周扬力邀孙席珍代表北方左联对“两个口号”的论争谈一些看

---

① 高承志:《浅谈“北平左联”一二事》,《“左联”纪念集 1930—1990》,百家出版社 1990 年版,第 217 页。

法。一向对政治、文学论争特别敏感的孙席珍立刻向陈伯达请示。陈伯达带来北方局的意见,同意先召开座谈会讨论一下。

于是,由孙席珍主持,6月到7月间,在北平灯市口借了一所会堂召开了两次大型座谈会。每次出席者都有百余人之多,负责记录的是余修。后来又在西郊燕京大学骑河楼清华同学会也讨论过一次,出席的人也很多,报纸上还发了消息。

经过讨论,还是以赞成国防文学的为多。观点如下:首先,它是根据新的政治形势提出的,切中客观的需要。在国际反法西斯统一战线形成的大背景下,中国共产党于1935年发表了《八一宣言》,号召全国军民一致抗日救亡,号召组织国防政府,召开国防会议。这个国防,当然不是指国民党的国防,而是指人民的国防,大众的国防。当时平、津处在国防前线,日薄榆关,日本侵略者虎视眈眈,人们迫切要求加强国防,枪口一致对外,把敌人赶出去,这是形势所决定的。

毛泽东同志在一次讲话中,就曾提到国防教育的重要性。大家也认为,既然号召组织国防政府、召开国防会议,又提倡国防教育,为什么不可以有国防文学、国防戏剧、国防音乐……呢?国防文学这个口号,在当时的北方,受到广大群众的拥护,并不是没有来由的。

其次,"国防文学"是一个"组织的口号",有助于建立文艺界"抗日救亡"的联合战线,使所有不愿当奴隶的文学家们统一在同一目标之下。国防文学不但应该是作家关系间的标帜,也应该是作品原则上的标帜,否则就等否定了文学的战斗性及其特殊任务,否认了文学本身是一种特殊的武器。所以,在民族自救与国防运动中,必须更广泛地运用它,使文艺上的创作活动与国防运动更密切地联系起来。

最后,"国防文学"已被广大群众所理解接受,成为一个全国性的普遍的"文学中心潮流"。同时大家认为,"两个口号"也可以并存,"民族革命战争的大众文学"完全可以成为"国防文学"的辅助性口号,来动员一切文艺家们到更正确的立场上来。孙席珍还指出,这口号必须包含两个概念:一个民族革命的概念和一个进步的现实主义的概念,表示在目的上是为民族革命而努力着,在方法上是采取了进步的现实主义方法,这样才能把握住新的世界观。

这样说,和当时出现的"并存论",如茅盾所谓这两个口号乃是"非对立的而为相辅的"的说法有点相似而又稍有不同。

座谈会并无正式的结论。孙席珍把座谈会上的意见概括起来,以丁非的笔名写了一篇《关于国防文学的论争》,于 1936 年 9 月 10 日发表在周扬主编的《文学界》(一卷四号)上。一般认为,这篇文章代表北方左联的意见,尽管座谈会上也有少数同志对此持保留态度。座谈会统一了认识,澄清了谣言,也就粉碎了少数别有用心的人试图制造分裂局面的企图。

但座谈会关于领导权问题并没有加以强调。可能在绝大多人看来,国防文学既然就是抗日救亡的民族民主革命文学,当然应以左翼为核心,这是毋庸置疑的。但经过后来的曲折斗争,孙席珍认识到,这在当时其实是一个重大的缺憾。

随着抗战爆发,国事蜩螗,孙席珍转向了战时宣传活动,这便成为他领导的最后一次文学活动。

1936 年 6 月 18 日和 10 月 19 日,高尔基和鲁迅分别逝世。北方左翼文化界举行了隆重的追悼会。孙席珍为追悼会做了大量的组织工作。高尔基追悼会在 7、8 月间,在西直门内东北大学一间大教室举行,曹靖华作了关于高尔基生平和著作的报告,有人朗诵了高尔基的作品《海燕之歌》,史沫特莱也作了讲演。孙席珍则即席创作《悼高尔基》一首,再次显现了他罕见的才华和革命的激情。追悼鲁迅纪念大会在海淀燕京大学举行,大约是在 12 月间,曹靖华也讲了话。

从北方左联到北平作协的筹办,从《文史》到《盍旦》,孙席珍都躬身力行。然而,微妙的是,在这些北方左翼文化运动中,每遇要与鲁迅联系的事宜,孙席珍都不再出面,改由他人联系。如《文史》向鲁迅、郭沫若、郁达夫邀稿,孙席珍直接写信给郭、郁,却叫另一个青年学生王志之写信给鲁迅;1932 年鲁迅北上省亲,又由王志之邀其做"北平五讲"中最大的一场讲座:论第三种人;省亲期间,鲁迅与北方故人会面、互访、欢宴,乃至结识青年学生,却偏偏不见当年他亲自命名的"诗孩"孙席珍,甚至连北平五讲最后一讲就在孙席珍所任教的中国大学,二人都不曾相会。27 日由左联出面联系的北师大演讲结束后,孙席珍来访,鲁迅仍然不见。此后,鲁迅日记中未曾再提及孙席珍。北平作协成立前,孙席珍与曹靖华商量,特约鲁迅、郭沫若、茅盾等为大会名誉主席团,又邀鲁迅作书面发言,还是由曹写信联系。鲁迅并不立即答应,而是回信说:"大会要几句话,俟见毛兄(指茅盾)时一商再说。"(《书信集》1195)

当年在上海连吃闭门羹后，孙席珍仍然为鲁迅寄信、寄书。在北方左翼活动中，孙也始终将鲁迅视为导师与旗帜，但世事暌隔，竟不能冰释前嫌，实在是孙席珍心头一大隐痛。1935 年 7 月，斯诺为编选《活的中国》，邀孙席珍到家中做客。席间，两人谈起孙席珍一直崇敬的鲁迅先生。斯诺将鲁迅比为伏尔泰，孙席珍力争鲁迅当比伏尔泰更伟大，高尔基庶可比之。斯诺乃大笑，说，谁也不比，鲁迅就是中国的鲁迅。可以想见，在孙席珍心中，失去鲁迅的指引扶持，该有多么遗憾。

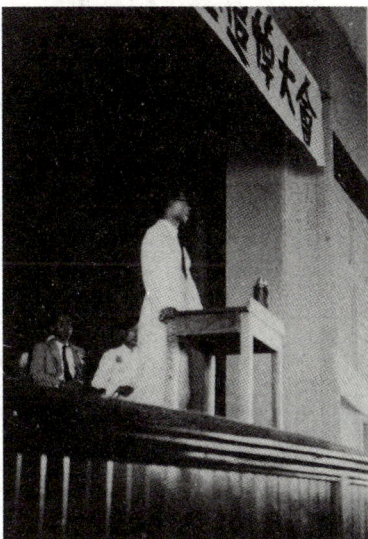

图 8　1936 年 6 月，孙席珍在北平主持高尔基追悼大会

然而，悲哀并无助于工作。孙席珍一面因失去鲁迅这样的导师而悲痛，一面加紧了北平作家协会的筹备工作。为了纠正宗派主义倾向，力图扩大阵线，除要求北方左联的成员一致参加外，孙席珍曾广泛发出邀请，征求会员，结果争取到杨丙辰、白薇、高滔等好几位老作家以及从日本回国的质文社成员陶然等多人参加。在北平的文艺工作者也绝大多数都加入了，只有鸳鸯派张恨水、新月派沈从文等个别人士依然站在阵线外面，周作人也谢绝参加。

高尔基追悼会之后、鲁迅追悼会之前，1936 年 11 月 22 日，北平作家协会成立。

成立大会设在西单的鸿春楼菜馆，由吴承仕先生出面掩护，以聚餐的方式进行。到会者七八十人，大部分是青年文艺工作者。

五开间的大屋，很整齐地摆着五张圆桌。每个桌旁都围着几个人兴致勃勃地互相谈论着。进来的人签名，看宣言、会员名单、简章草案。张致祥拿着本子和笔来收每人两块法币的餐费和会费，便有好些人挤过来，看收据上的姓氏，想借这个机会认识认识。

孙席珍拿了一叠白纸片，每人分给一张，又给每人一枝别针，让各自写上名字，佩在胸前。这样，果然没有人再在别人的背后指指点点了。

宣布开会后，会场立刻寂静起来。这时，连一个嗑瓜子的声音，也像一响巨雷。

张致祥报告发起意义及筹备经过：暑假中，由杨丙辰、孙曹高、澎岛、王余杞等发起，组织北平作家协会筹备会。后来，因好多人离开了北平，以致拖延了这么些时候，到今天才开成立大会。

接着推选主席团。每提出一个名字，总有挺大的回应："附议！赞成！"

主席团人选：孙席珍、王余杞、高滔、曹靖华、谭丕谟。

主席团就位后，马上开了个紧急会议，叽咕了一阵，孙席珍就站起来，迎着大家探问的目光，很响亮地说："主席团推王余杞先生担任总主席，指定鲁方明、王名衡、王西彦、张枬四位为大会记录。"随后，总主席宣读了中国文艺家协会的贺电。张致祥建议，特为鲁迅静默三分钟志哀。大会讨论简章、讨论宣言，特别在宣言中提出"反对宗派主义"：在民族的生死关头，每个不愿做奴隶的人都献身救亡运动的时候，作为文化工作者是不能袖手旁观的，要站在国防的最前线，不分派别地赶快组织起来。

又讨论提案，为援助绥远抗敌战士，大家决定参加北平市各界绥远抗敌后援会，并以协会名义通电全国，一致援绥，立刻发动全国抗敌战争，立刻印刷告前方将士书及抗敌小册子等。

大会进行了选举，由主席唱名，一个一个地介绍。孙席珍与曹靖华得票最多，最后选出了孙席珍和曹靖华、杨丙辰、高滔、李何林、张致祥、王余杞、澎岛、谭丕谟等11人为执委，杨刚等为候补执委。该组织仍实行常委制，常委5人处理日常事务，由孙席珍负责书记工作。

这是一次北平革命文艺界和进步教授的大集会。北方各报，除了国民党的《华北日报》，其他的如《世界日报》、《晨报》、《大公报》、《益世报》都或详或简地作了报导。《北平新报》更是用显著的位置刊登了这一消息，还附上了全部执委的名单。《北平新报》因有左联的工作人员，几乎成了左联与作协的宣传阵地。北平作协成立后，还在《北平新报》上编印了一种《文学周刊》，约出过十来期；协会原想出版一个《北方文艺》，曹靖华、孙席珍、齐燕铭、管彤等在吴承仕家里开过会，研究出版计划，但因故未果。协会还组织了剧团，到街头演出，进行抗日救亡宣传。

抗战爆发后，孙席珍再次从文学走向革命。"二战"爆发前，西班牙内战时，孙席珍曾主动请缨参加第三国际组织的国际纵队。结果不等他走上国际战场，国内就已枪林弹雨，特别党员小组的成员一时风流云散。吴承仕因年迈，家中拖累又多,只好留在北平,但他情系抗战,心中不免矛盾,在一封给齐燕铭的书信中这样写道:"拟将家中藏书,待价而沽,以供衣食,恐一时未必即有售主耳。仲谋、孟德(曹靖华)、孙璋三人分在三处,史生、枬妹(张楠)亦有所闻。"①忧虑之情,溢于言表。吴承仕后来因不肯与日本侵略者合作被迫害致死。

孙席珍、张致祥等人撤到天津,油印报纸,继续抗日救亡的宣传工作。孙随后又到济南,一时聚集在济南的华北各校师生,不下万人,抗日救亡活动开展得如火如荼。当时最受欢迎的就是街头剧《放下你的鞭子》,其中的女主角正是后来的电影演员张瑞芳。张瑞芳当时是附中的学生,高中没念完,就进了北平国立艺专西画系。她的姐姐是孙席珍在中国大学教书时的学生张枬。抗战爆发,姐妹俩一起辍学离家,跟着宣传队南下。张家姐妹的父亲张基是蒋介石在保定北洋陆军速成武备学堂时的校友,北伐战争时任第一集团军中将炮兵总指挥,后因派系斗争自杀。杨沫则是曹靖华的学生,她的妹妹就是后来的电影演员白杨。因人数太多,组织安排困难,最后决定由齐燕铭、孙席珍分头负责到泰安、济宁等地分设据点。

国事蜩螗,北方局继续撤离,陈伯达、张致祥等人去了延安。而孙席珍则沿津浦线南下,拟去王明主持的长江局报到。他随身携带两口皮箱,一只装着日常行李,另一只则是组织上交给的六把枪和子弹。车行至山东泰安,几个鬼头鬼脑的人有事没事总在他身边转来转去,孙席珍闻到了危险的气息。他当机立断,弃了行李箱,带着装枪的皮箱,趁没有人看见,迅速打开车窗,跳下了火车。在飞速疾驰的火车上跳下的结果是——整口牙齿全部掉光。

但孙席珍忍住剧痛,挣扎踉跄着找到装枪的皮箱,辗转到河南郑州才去治疗。医生们打开他的口腔一看,都吓了一跳,埋怨他怎么现在才来。孙席珍脸色苍白,一句话也说不出来。由于出血过多,他差点得了败血症。从此,一口假牙就成了他惊险跳车的永远纪念品。

治病也延误了行程。等孙席珍从郑州南下到达武汉时,长江局已经撤到重庆。分出的东南局,由项英领导,驻地南昌。该往何处去? 孙席珍再次面临了选择。

正踌躇间,接到许德珩的邀请,孙席珍便辗转来到南昌,向东南局报到,又开始了一段敌我夹杂的革命生涯。

①　吴承仕:《与齐燕铭书》(10 月 27 日),《吴承仕文录》,北京师范大学出版社 1984 年版,第 260 页。

第六章 "活的中国"与新写实小说

第一节 入选《活的中国》

1936 年 6 月,由美国杰出记者、作家,《西行漫记》的作者埃德加·斯诺编选的《活的中国·现代中国短篇小说选》在伦敦乔治·哈勒普书店出版。这是第一本在欧洲出版的中国现代进步的短篇小说集,不久即有丹麦等国转译。如 1946 年丹麦塔宁和阿佩尔斯出版社出版由罗伯特·亚当森译为丹麦文的《当代中国短篇小说集》和 1948 年东京目黑书店出版鱼坂善雄编辑的日文《鲁迅短篇集》就是这样的转译本。

斯诺一生出过 11 本书。第 1 本是《远东前线》,第 2 本是《活的中国》。《活的中国》"把中国文学中抗争和同情的现代精神"向英语国家介绍,使中国新文学中的优秀短篇小说及其作者走向了世界。作者用了近 5 年时间,呕心沥血,费了极大的精力完成。书成后,斯诺说,"请读者们相信,我宁愿自己写 3 本书,也不愿再煞费苦心搞这么一个集子"。

这本书入选的作者除当代久负盛名的鲁迅、茅盾、巴金、沈从文、萧乾、郁达夫、张天翼、老舍、郭沫若、张资平、王统照、沙汀等人外,青年作家中,南方的选了柔石的《奴隶的母亲》,北方的选了孙席珍的《阿娥》。斯诺在该书"前言"中特地提到《阿娥》。

1934 年的一天,孙席珍与杨刚正在北平西单北面路西的一家三开间的咖啡店里喝咖啡,忽然走进一个高高个子的外国人来。杨刚当即向孙席珍介绍,这就是关心中国进步文化的埃德加·斯诺。斯诺当时作为美、英几家报纸的记者,前往东北对日本侵华情况进行广泛的实地调查并作报道,这是他当时主要的工作。编选《活的中国》,向世界人民介绍中国进步文学,则是斯诺以极大的热情在工作之余挤时间来搞的。

杨刚实际上是北方左翼作家联盟的常务秘书。杨刚原名杨缤,是国际问题专家杨潮(笔名羊枣)的妹妹,当时在燕京大学读书。她在发起北方左联的过程中,由潘漠华介绍给孙席珍,以后就负起联络孙席珍的重任。她有时直接到孙席珍在西单报子胡同的家里,有时就和孙席珍约在咖啡店聚会。她同时也是斯诺的得意学生,时常向斯诺介绍我国左翼文学家的情况。

这是孙席珍与斯诺交往的开始。

这年秋天,杨刚告诉孙席珍,斯诺正在选择一些现代中国的小说,准备编成集子出版。斯诺选择作家和作品,都征求过鲁迅先生的意见。他选了鲁迅的好几篇小说,以及其他几位著名作家的作品。青年作家中,斯诺选了孙席珍的《阿娥》。

孙席珍连忙对杨刚说,自己对《阿娥》并不满意,认为还是发表在《小说月报》上,以北伐战争为题材的《火和铁的世界》、《从蛟桥到乐化》两篇短篇比较好些,孙要杨刚转告斯诺,请他在这两篇中选择。斯诺听后,仍坚持要译《阿娥》,因为从他个人来说,他确实很喜欢。而且斯诺认为,《阿娥》描写中国农村的姑娘,比战争题材的小说更能引起一般外国读者的兴趣。

1935 年 5 月 19 日,斯诺写信给孙席珍,说:"我想告诉你,我已经校订了你的一篇题作《阿娥》的小说的译文,我打算在美国发表。如蒙允许,这将在一家美国杂志(《亚细亚》)上采用。以后将收入我正在计划刊行的现代中国短篇小说选集(按即后来的《活的中国》)。为了使这篇小说更容易为美国读者所了解和发生兴趣,有必要把你的原作多少铺叙一下,有的地方加以压缩。我想你看到刊出的译文的时候将不会反对这些改动,因为这些改动作得颇为慎重,一点也不破坏这篇小说的前后一贯和中心主题。"信中还说:"如果你能提供你所写的其他小说,我将非常感激。你能安排一次和我会面吗?"

孙席珍当即应其所请,给斯诺寄去了照片,提供了传记资料。原来,斯诺对于选择和翻译中国短篇小说十分慎重,工作也做得极细致。出于对原作者的尊

重,他还征集每一个作者的照片和小传,准备收入选集。后来因为照片收集不齐,除了鲁迅的,以外只好割爱,而传记则每人都刊出了。

7月20日,斯诺刚从东北采访归来第二天,立即给孙席珍复信:"我写了上信一两天之后就去了东北,昨天才回来。……深切感谢你送给我的照片,供给传记资料,并惠书授权我向美国介绍你的更多的作品。我确实极其喜欢《阿娥》,我想除了鲁迅的作品以外,比任何其他中国小说更令我喜欢。我希望它不久就可发表。"信中又再次邀请孙席珍见面:"可是我想知道,之后你能来舍间吃一餐饭吗?我的中文很差,可是我想你的英文比较好,好歹我们总能对付。"

7月22号下午12点半左右,孙席珍应约到斯诺家里吃饭,在座的只有斯诺夫妇二人。他们边吃边谈,一直谈了三四个钟头,谈得很融洽愉快。斯诺问孙席珍是否熟悉鲁迅。孙席珍说在北大听过鲁迅一年多的中国小说史课程,后来还去拜访过鲁迅。斯诺认为,五四运动是中国的启蒙运动,所以鲁迅可与伏尔泰相比。(斯诺的这个观点到后来也没有改变。鲁迅逝世后,他在燕京大学出版的《纪念中国文化巨人鲁迅》专刊上发表追悼文章,题目就是"中国的伏尔泰——一个异邦人的赞辞"。)

两人还谈到上海和北方的青年作家。孙席珍向斯诺推荐了台静农的小说集《地之子》和李守章(俊民)的小说集《跋涉的人们》,建议他可在这些集子中选择一些,介绍给外国读者。

斯诺拿出魏猛克为他英译的《阿Q正传》画的五幅插图,让孙席珍欣赏,并征求对画的意见。这些画是斯诺通过鲁迅请魏画的。孙席珍谦虚地说:"我对绘画是外行,但从一个中国人的眼光看来,插图是不失原意地表达了《阿Q正传》的精神的。"

斯诺在"作者小传"中介绍"孙席珍是中国最有才华的年轻作家之一","他最著名的是他的三部曲《战场上》、《战争中》和《战后》","这位出色的作家不满30岁就完成了《高尔基评传》、《辛克莱评传》、《雪莱生活》,一部《英国文学研究》,翻译了一部《西印度故事》,还写过一本西方文学教材,编过一部反战文学"。

除了编者斯诺写的序言,斯诺夫人用尼姆·威尔士的笔名所著论文《现代中国文学运动》及相关参考书目表作为附录外,《活的中国》一共分为两大部分。第一部分为鲁迅短篇作品,收有《药》、《一件小事》、《孔乙己》、《祝福》、《风筝》、

《论"他妈的!"》和《离婚》等 7 个短篇小说。被冠以"其他中国作家的小说"的第二部分,计收入 14 位作家的 17 部作品。它们是(按目录顺序):柔石的遗作《为奴隶的母亲》、茅盾的《自杀》和《泥泞》、丁玲的《水》和《消息》、巴金的《狗》、沈从文的《柏子》、孙席珍的《阿娥》、田军(萧军)的《在"大连号"轮船上》和《第三枝枪》、林语堂的《狗肉将军》、萧乾的《皈依》、郁达夫的《紫藤与茑萝》、张天翼的《移行》、郭沫若的《十字架》、失名(杨刚)的《一部遗失了的日记片断》,以及沙汀的《法律外的航线》等。

对《活的中国》的出版,斯诺说过:"作为艺术,这本小说集可能没有什么意义,但是它是中国文学中抗争和同情的现代精神日益增长的重要表征。"当时孙席珍刚刚 30 岁,他的作品在一个异邦知名作家的眼里就已经有了相当的地位。

通过和北方左联孙席珍等人的交往,斯诺和他的夫人海伦·福斯特直接接触到了中国左翼文学运动的实践。他们经常把左联的活动、斗争和受迫害的种种情况,向全世界报道,还翻译了左联的作品给欧美读者,在美国《亚细亚》、《时代》杂志上发表。斯诺夫妇有时也来参加北方左联一些半公开的集会,把各国先进文学团体的斗争经验介绍过来。美国的《新群众》杂志也乐于采登左联盟员的稿件。

斯诺夫人尼姆·威尔士(即海伦·福斯特的笔名)在《现代中国文学运动》(《活的中国》附录)一文中,高度赞扬左翼文艺运动:

> 1931 年和 1932 年,左翼运动在知识界和学生界的影响达到了高峰。国民党忽然意识到它的巨大力量及影响,就认真镇压起来……
>
> 在这种恐怖统治下,为慎重起见,左翼又转入了新写实行动,其特征是客观地、带有分析地描述生活和社会情况,很少作露骨的宣传,但明确地表示出需要革命。所以评论家都认为,这是迄今在现代中国文学上出现的最有前途的发展……

文中在列举了鲁迅、茅盾、郭沫若、郁达夫、巴金、柔石、沙汀、冰心等诸家之后说,此外还有其他具有代表性的作家,如孙席珍、失名女士和萧乾。这失名女士就是杨刚,她要求斯诺不要发表她的真实姓名。而所谓代表性,意思这几个人代表当时的北方。萧乾协助斯诺做了不少工作,但他并非北方左联的成员,是一个中间偏左的作家。

1935 年冬或 1936 年早春,在中山公园"来今雨轩"茶室里,举行了北平文化

界进步人士的一次茶话会,参加的有北方左联、社联、剧联的一些人,以及法国哈瓦斯通讯社和苏联塔斯社的记者。斯诺和史沫特莱也出席了。斯诺向孙席珍介绍史沫特莱,这是孙席珍第一次见到史沫特莱。通过与斯诺的交往,孙席珍争取到苏联塔斯社、法国哈瓦斯通讯社、美国《新群众》杂志等国际反法西斯进步力量的声援与帮助。

孙席珍以"诗孩"初登文坛,获得盛名。等到孙席珍投身革命,突然笔锋一转,伤感的抒情不见,一变而为粗犷沉重的写实小说。虽然孙席珍是以写诗出名,但最后以写实小说达到了他文学创作的最高成就。"诗孩"与"活的中国"适足以概括孙席珍创作的两大阶段。甚至可以说,从"诗孩"到"活的中国"的创作转向,从吟咏一己之情到描摹现实人生的转变,几乎可以通用于绝大多数现代作家,如冰心、王统照、许地山等,不可胜数。又或者,从感伤的抒情到冷峻的写实,也正是 20 年代新文学转为激越革命,并以质朴的写实克服了小资产阶级罗曼蒂克的狂热革命,这大概是中国现代优秀作家创作的必由之路。

然而,在北方残酷的白色统治之下,加上左翼文艺运动有时犯的"左"倾幼稚错误,导致了巨大的损失,使斗争形势更加复杂。一些青年作家感到不解,甚至打了退堂鼓。

与孙席珍联系的杨刚与谢冰莹都存在这样的情况。

谢冰莹在大革命时期是武汉中央军事政治学校女生队的学生。平息夏斗寅叛乱时,随军出发新堤,写了不少日记,发表在武汉《中央日报》副刊上,单行本题作《从军日记》。这部作品在左翼文化界影响很大。1928－1929 年间,谢冰莹与丈夫符浩等受组织派遣从上海到天津,成立过一个名为"华北无产阶级文化同盟"的组织,办有机关刊物《前夜》,前后出了几期。不久符浩被捕,《前夜》被禁,谢冰莹改名谢彬到北平进了女师大,成为孙席珍的学生。

因为符浩被捕入狱,谢冰莹把孩子小号兵寄养在孙席珍家,她自己也成了孙席珍家的常客,一来就很起劲地同孙席珍、杨刚讨论左联的工作。但这样不过一年光景,有一天她突然把孩子送到武昌符浩的母亲那里,自己悄然南下,并从此不再参与左联的任何活动。在福建龙岩,谢冰莹任蔡廷锴十九路军总指挥部办公厅的宣传科长。抗战时期,谢参加湖南劳动妇女战地服务团,从事艰苦的救护伤兵的工作,后与化学家贾伊箴结婚,去了台湾,又赴美国旧金山定居。谢冰莹晚年,当年的战友向她询及北方左联的概况时,她竟矢口否认参加过左联。

谢冰莹的突然转变，与党内争斗有关。杨纤如回忆："记得党内通知我们，说谢冰莹、张郁棠都是筹备分子，对他们采取隔离措施。""1931年初，谢冰莹参加了非常委员会领导下的北平新市委筹备处，以筹备处分子开除出党。"①

这次打击使她对党派、对革命文学有了不同的看法。

1931年4月，谢冰莹趁《从军日记》再版机会，写了《关于〈从军日记〉的自我批判》，阐述了自己的观点："为了左翼的问题，闹得天花乱坠。报纸杂志上只看到一些我打倒你，你打倒我的内战文字，而没有看到他们放弃成见共同为国家为民族前途努力的文章，我悲哀，我痛苦，我只有低下头来悄悄地叹息，我始终没有加入过他们的阵线，没有被任何人利用过写过一个字的帮闲文章。"②

谢冰莹遇到的事，在地下斗争十分困难的北平，其实很平常。由于敌人的猖狂进攻，党的地下组织，左联、文总的机构经常遭到破坏，不断重组。1936年的北平，甚至还一度有两个"文总"、两个"左联"。当然，再加上一些宗派主义的因素造成一些挫折，很容易使自己的同志产生了误解。一心革命的谢冰莹，不能忍受这样的误解，从此消沉，不问政治。

杨刚也对当时地下党的教条主义作风很不满。1933年左联"左"倾，忽视文艺运动的特殊性，把左联混同于党的革命组织。每逢"五一"一类节日，必定要举行几个人，多也不过十几个人的所谓飞行集会，游行示威，到街上去张贴共产党标语，进行街头演讲。这种活动，效果不大，适足以暴露自己，造成牺牲。杨刚认为这些行动毫无意义，很不能理解。她身体又弱，体力不支，党内某些人就批评她消极怠工。杨刚觉得委屈，决心要退党，她曾向北方文总的党团书记高承志诉说过内心的苦闷。高其实是杨刚的学弟，根本没法解决这样复杂的问题。杨刚思想上的疙瘩没法解开，终于退了党。但她并没有颓废消极，而是与萧乾一道，积极与孙席珍等左联领导人联系，应斯诺的要求协助他编译中国现代短篇小说选《活的中国》。直到1939年，杨刚才重新入党。

谢冰莹、杨刚当时都是青年学生，以极大的热情投身革命，又是在形势极其恶劣的北方，不免遭遇挫折。孙席珍却早在大革命时期的南昌，就领教过革命

---

① 杨纤如：《北方左翼作家联盟杂忆》，《左联回忆录》下册，中国社会科学出版社1982年版，第527页。

② 谢冰莹：《从军日记》，上海光明书局1932年版。

『活的中国』与新写实小说　第六章

与反革命之间错综复杂的情势。他深知敌后斗争需要讲求策略,更要坚持以笔为旗的战斗。他不参加公开而无益的"左"倾行动,写作上也克服了片面的"理想"、"激情"等幼稚革命观念,坚持冷峻的写实主义和委婉辛辣的讽刺笔法,这样既保护了自身的安全,保存了革命力量,又能以文学反映生活的本质,起到更好的战斗作用。

第二节　新乡土小说

孙席珍的新乡土小说创作,是在大革命失败后,流亡上海时期开始的。从1928 年一直到 1936 年间,孙席珍转向中国乡土,关注现实人生,写出"活的中国"。

北方左联的成员,绝大多数是各大学的学生,作家和有名望的文人很少。谢冰莹写过《女兵日记》、潘漠华翻译过名著《沙宁》,已经算是名人。而孙席珍在来北平之前,就有多部创作集出版:

图 9　《孙席珍小说选集》书影

《花环》(小说、散文合集)1928 年 9 月初版,上海亚细亚书局;1930 年 2 月再版

《到大连去》(短篇小说集)1928 年 11 月,上海春潮书局

《凤仙姑娘》(中篇小说)1928 年 12 月初版,上海现代书局;1932 年 11 月再版

《金鞭》(短篇小说集)1929 年 1 月初版,上海真美善书店

《女人的心》(短篇小说集)1929 年 6 月初版,上海真美善书店

《战场上》(中篇小说)1929 年 2 月初版,上海真美善书店

《夜姣姣》(短篇小说集)1930 年,厦门世界文艺社

《战争中》(中篇小说)1930 年 4 月初版,上海现代书局;1938 年 10 月再版,上海文化励进社

《战后》(中篇小说),上海北新书局

　　杨义的《中国现代小说史》的北方左联作家一节里,只列了孙席珍、谢冰莹两位。其实,谢在1931年便离开了北京,因此代表着北方左联创作实绩的,唯有孙席珍。《顺先生》、《聋子外婆》神秘的诗的意味,《律师》看穿世态炎凉,《六老堂》庸人的悲哀,《凤仙姑娘》的革命荒谬剧,《到大连去》的性心理冲突……到《阿娥》之描写乡村宗法制社会中女性悲剧,孙席珍的新乡土小说已成圆融成熟的短篇佳构。斯诺在给他的小传中这样高度评价:

　　　　孙席珍的作品大多以辛辣的讽刺、尖刻的挖苦著称,有时显示出中国小说中罕见的感情的内涵。他十分熟悉乡村生活,他以这方面的题材写出的作品尤其受到称赞。在后期的作品中,他对社会的意识深化了,他的戏剧性的现实主义感日益变得显著,他的作品感人,推动人,给人以力量——这是中国文学作品大多缺少的一种素质。

　　"乡土小说",是鲁迅1928年在《中国新文学大系 · 小说二集导言》中用来指称20年代初、中期,一批寓居北京、上海的作家,以自己熟悉的故乡风土人情为题材,旨在揭示宗法制乡镇生活的愚昧、落后,并借以抒发自己乡愁的小说。这批作家有冯文炳(废名)、王鲁彦、台静农、彭家煌、许杰、许钦文等。乡土小说事实上是新文学早期除鲁迅而外,第一个文学成就较高的创作流派。乡土小说的创作者大都来自农村,却又从农村中出走,在大都市经受西方现代文明的洗礼,又以现代的眼光回望乡土,写那些被污辱被损害的下层人民,写乡土社会的封闭、麻木,对于挣扎在生活最底层的农村妇女的命运给予特别的关注。

　　五四文学革命以后,借鉴西方现代文学观念与人文主义思想,小说呈现出与传统完全不同的面貌,实现了小说叙事的革命,但这也带来了现代小说创作的诸多弊端。问题小说借文学演绎思想,过分直白;创造社小说过度西化,对小说的情节、结构要素不认真经营。直到乡土小说的出现,才真正把"为人生"落到实处,用中国现实为现代文学提供了丰厚的养料,为小说的民族化、现代化作出了最早的贡献。

　　上世纪20年代,在许钦文等人开始以《鼻涕阿二》等乡土小说创作,赢得鲁迅的赞许,收获新文学的第一批实绩时,孙席珍还是个未满二十的少年。人生少年总好诗,他天性使然,偏好浪漫抒情,成为"诗孩"。但期间文友切磋,向鲁

迅、许钦文等学习，是必然的。待到孙席珍北伐归来，已成长为一个坚定的革命者、一个博学的学者、一个参悟世事的睿智者。孙席珍此时的文学创作一洗"诗孩"时期的稚嫩感伤、"京华才子"时期的浪漫抒情，他奉献给文坛的，一面是战争小说的拓荒之作，一面则是新乡土小说的短篇佳构。

如果说20年代的"乡土小说"源自现代文明对宗法农村的冲击，那么，孙席珍的新乡土小说则从社会经济、政治的层面切入，深切体察人性的明灭幽深，将阶级立场与人性立场融为一炉，抵达了更高层次的生活本质。在艺术上，孙席珍将莫泊桑的精巧构思、中国传统美学的留白诗意、现实主义文学的冷峻描摹与辛辣讽刺融为一炉。

他的作品关注被抛出正常轨道的城乡各色畸零人的命运，写出了大革命后中国复杂的社会阶级关系、城乡凋敝困苦的经济状态，以及人们在依然如此的压迫、欺凌下的种种无奈与循环，揭穿了世态凉薄的命运和人性本相。善良、厚道的世传老中医顺先生在城镇经济萧条的困境中，恪守陈规、不通竞争新术，常常"痴痴地在河埠头立着"，在自我的欺骗中试图延续蓝油石狮子的家传辉煌，怀着对"运气"和"预兆"的迷信，走上必然破产死亡的道路，连垂死的挣扎都没有（《顺先生》）；聋子外婆善良、正直、勤劳能干，却被缠磨在困窘和由困窘带来的恶劣世风中，不为环境和亲人所容，只有前来避居的青年知识分子才能理解她"天下多少龌龊事，真是看不下去。倒是聋了耳朵，少惹许多闲气"的自嘲式牢骚里，带着多少对"卑污"现实的抗争与无奈（《聋子外婆》）；呆天生辛劳一辈子积蓄了几百元钱，只求能好好对一门亲事，却始终挣扎在淘气孩子的捉狭闹剧和冷漠成人的冷嘲热讽中，他微小的生活希望被击得粉碎……（《呆天生》）

新乡土小说还以冷静的笔调，暗含讥讽地写出从"五四"至大革命前后"活的中国"社会里愚昧麻木的灵魂和以恶制恶的市侩恶习。四八头脑既像鲁迅笔下七斤的麻木无知，又和孔乙己一样被封建功名所毒害，他沉醉在过去的辉煌旧梦中，无谓地慨叹着枪毙不如杀头好看。京城里复辟的消息传来，蠢蠢欲动的他又因失去了辫子而犯愁害病。总算以假辫子解决了问题后，就欣欣然不时听到隐隐约约的恭喜声。只是这黄金色的梦终究在杳无消息中破灭，而他则又恢复了"提了鸟笼上茶馆去下棋，回来喝酒"的"诗趣"生活（《四八头脑》）。戚志冲是个善良本分的学生，却在新式教育的师生派系争斗中摸不着头脑，被逐出校门，粉碎了戚老先生的幻梦，这如同张天翼笔下的《包氏父子》。只是，戚志冲远比小包软弱善良,戚老先生也比老包更为保守。这说明所谓的新教育也已经成为人事倾轧中浪费生命价值的渊薮(《家教》)。被破产了的农村生活飞轮抛到城市中来的香水姑娘在物质的满足中习惯了青楼生活,她那病态的心灵中所剩的唯一希望就是能与一般妇女一样穿上裙子,免得被人奚落,争得表面的"清白"。可是,大革命的"成功"给她带来的却是戴着徽章的新贵和一如既往不许穿裙的歧视(《香水姑娘》)。胡先生急切地劝说尚沉浸在知识分子的启蒙大梦里的青年不要在"饿鬼队"里混。不管高低贵贱,无论如何要在"饿鬼国"抢得一碗饭吃。他认定只有做律师才是好出路,因为"饿鬼国里,你抢我夺,狗咬打架一类的事是天天有的,……用得着的便是律师"(《律师》)。每部小说都写得极其冷静,但分明又是炽烈的控诉,孙席珍已经把外冷内热的现实主义精神汇入一个个人生小故事的叙写中。

《羔羊》、《凤仙姑娘》、《平姑娘》、《余明》等篇则反映了大革命从高潮到失败的历史动荡中的种种革命惨剧。司书颜漱瑾被空虚无聊的官长不断差遣,有做不完的苦役。但再温驯软弱的羔羊也会发出勇敢的抗争,她从善良的人性出发同情革命,并在革命低潮时出人意外地毅然站了出来,为革命者收拾遗体,即使为此付出生命的代价也在所不惜(《羔羊》)。善良、淳厚的工会委员凤仙姑娘并未真正懂得革命,在早已沦为工贼的流氓无赖徐三的诱骗下、拣茶女工别有用心的怂恿下,挺身而出,争取工人利益,结果却遭到恋人徐三的双重背叛,腹背受敌,被背叛革命的革命"当局"通缉,不得不出走上海,惨死在雷电之下。小说真实再现了劳资双方斗争的紧张局势,写出了劳资矛盾、工人内部的矛盾、小镇各式人际关系的复杂纠葛。善良懵懂的凤仙姑娘,终于在多重矛盾的合力围剿下走向死路(《凤仙姑娘》)。平姑娘为革命的真理所动容,其革命工作的勇敢与热心像香闻十里的夜姣姣般热烈开放。革命陷入低谷后,为人猥琐的未婚夫趁势夹攻,终于使这朵热烈的花朵半路夭折,被军警连夜押去后不知所终……(《平姑娘》)这些作品,一面愤慨于军阀篡夺革命成果,一面深入中国乡村、城镇人情世故的内里,为大革命失败总结了一部现实人生的经验教训书。无论是人物塑造,还是政治与乡土氛围的刻画,这些作品都显示出高度的现实主义概括和强烈的生活质感。

孙席珍在《到大连去》、《失却的丈夫》、《洞箫》、《哀愁夫人》等小说中则进一步将性的压抑觉醒与社会批判主题结合了起来。小狗子的娘寄居在外甥女家,

对家中唯一的男子——外甥女婿产生了隐秘而混乱的欲望。失业带来的经济困窘又使这个奇异的家庭雪上加霜（《到大连去》）。这个明显受到施蛰存新感觉派小说影响的性压抑故事，因为带上了社会的内涵而显得更为厚重。福奎嫂（《失却的丈夫》）因性欲得不到满足，时而愤怒、时而温驯，最终在彻底失望之后以偷人寻求安慰，但当得知福奎也姘上了开豆腐店的阿巧时，却怒不可遏。小说描写了底层百姓在生活所迫下已经灵魂麻木，男女两性在不平等的性关系上无法沟通的状态，表面上是鸡飞狗跳的现实，内里却是农村淳朴人性的沦丧与美好善良爱情的灰飞烟灭。福奎嫂虽没有凌叔华《绣枕》中细腻宛曲的心理，却有着《金锁记》曹七巧所没有的刻薄式勇敢。

这类作品中的翘楚正是斯诺盛赞的《阿娥》。精神麻木而又青春旺发的农村姑娘阿娥一次又一次地追求着朦胧的"幸福"，得到的却是一次次的欺骗、污辱和摧残。她把"女人是应当到处吃亏一点的"当成理所应当，毫无反抗、甚至略带感激地接受了礼教的"赦免"——驱逐。到了大公馆做女佣之后，她因物质丰足而欣然自得，像祥林嫂一般在东家做稳了奴隶。但青春的欲望使"垂死的生命…复苏"，她把阔少爷的游戏玩弄当成"一加一等于二"的爱情，再次遭遇了想做奴隶而不得的悲剧命运。但是，她从这两次挫折中悟出的"做人的大道理"，却是"要争气的大道理"，用"是欺骗，是隐瞒，是说谎"的手段去"抵制人们的冷酷可怕，报复他们一切自私的行为"。受害者甘心以"毒"自救，以恶抗恶。小说向我们揭示：传统宗法社会中善良淳朴的人性早已荡然无存，封建礼教的旧毒依然盘踞在愚昧麻木的灵魂中，半殖民地里势利争斗的市侩新毒已经再次摧残了质朴纯洁的灵魂。

《阿娥》清醒的现实主义写法当然不符合"左"味很浓的"革命文学"理论家们所要求的农村阶级斗争的典型模式。但这篇小说却为埃德加·斯诺激赏，从域外文学的视角肯定了其对性压迫、经济压迫的双重揭示，如实呈现了30年代中国社会经济关系和道德伦理观念的新变化。从这一意义上说，孙席珍的新乡土小说是旧乡土小说的续篇，并在反映社会现实的深度和广度上又向前推进了一大步。

孙席珍的新乡土小说，创作风格独特。他发起北方左联，从事左翼文化运动，但在文学创作上，却从未入过任何流派，不搞宗派主义，不依傍他人，进行艺术上的独立探索。他的小说，结构上打破了传统小说"从头道来"的陈旧手法，代之以片断的连缀，人生断片的横向展示，开放式的情节更贴近生活的实态，于几乎无事间揭示出更为本质的悲剧。其写人物、写环境、叙情节都用笔简练传神。小说常常借助一个隐含的知识分子视角，用细腻的描绘刻画百样人生。在小说人物所理解的因果报应、命运循环与隐含作者的历史必然性认识之间产生了丰富的意义，避免了革命文学通见的意识形态传达浅表化的毛病，从而具有神秘而宿命的诗意：顺先生不知何时搬了家，亦不知所终（《顺先生》）；韩先生在亲友的关切下还是自杀了，而最亲近的朋友也只是自杀事件的局外人，自杀的原因永远无解了（《局外人》）；呆天生的雄心未死，大家却连取笑他的兴致都已失去（《呆天生》）；四八头脑大概还沉浸在他的黄金梦里（《四八头脑》）……孙席珍的新乡土小说，把现代小说文体革新与乡土民族意识的现代化融合在一起，完成了同时代一些"左"倾"典型论"作家未曾完成的文学探索。

北方左联时期的作品，总是更自觉地服务于现实斗争。孙席珍写于1934年的名篇《没落》，通过白俄亡命者伊凡诺夫妄想破坏中国革命，倒转历史车轮，终于为革命者击毙的故事，揭示了无产阶级革命必胜，一切反动派必然"没落"的历史真理。《没落》击中了国民党反动派的要害，让他们慌乱不已，发表该作品的《文史》因此被查封。

代《文史》而起的《蓫旦》2—4期连续发表了孙席珍三篇取材于日本的小说《街头艺术家》、《浮世绘》和《樱之寮》，合称《东瀛的故事》。作品洞穿了日本帝国主义色厉内荏的本质，揭露了它国内的腐朽与危机：《街头艺术家》写艺术堕落为商品，"时代新丧了天才，天才又自暴自弃"；《浮世绘》从公交车上小心翼翼点着薄薄的薪水的中年男子和为生机所迫到红灯区陪客的女学生一瞬的生活细节中看出了日本国内经济"不景气，失业，谋事难，生活难"，到处充满"低气压氛围"；《樱之寮》则写一个名叫八重子的日本使女在满洲屯垦团的现实教育下，抛弃了歧视、仇视中国的偏见，站在善良、和平的共通人性的基础上，企盼日中两国人民能够友好相处。孙席珍去东京不过短短两个月的暑假，却能在浮光掠影中将笔触深入侵略者国内的经济、意识形态及人民的心灵，揭示出"终有一天，全世界的人们会互相携起手来，共同去摧毁那些不合理的东西"的历史规律，给予广大读者以抗战必胜的信心，成为巧避文网的战斗檄文。

写于同年的《去年的今日》则是孙席珍本人被捕的实录。小说以轻蔑揶揄的笔调实写作者本人与国民党反动派的机智斗争，使他们在自相矛盾中理屈词

穷,丑态百出。

　　这一时期,孙席珍还偶有诗作发表:入狱期间描写铁窗生涯的《狱中》;1936 年春夏间,孙席珍主动请缨参加国际纵队,支援西班牙内战,创作了《阿比尼西亚》、《向前跳跃》;还有描写打破沉闷的北平氛围的《旧城和新城》、《唁辞》等作品。这些激昂奋进的战斗诗歌早就脱离"诗孩"时期的浅吟低唱,化为中国诗歌会式的革命号角。

　　后来在抗战征途中,文学已经不足以摹写"活的中国",孙席珍转而写作政论、时评、宣传文章与杂文。在南昌政治讲习院期间,他曾结集出版过《论国际现势》、《国际问题讲

图 10　《孙席珍创作选集》书影

话》、《外交常识》等。其他散见于各类报纸、出版物的,尚有上百篇之数。他还写了大量鼓舞人心的政治诗,加起来也有百万言之多。上述鼓动宣传的作品因为斗争需要,大多数都用笔名。有的笔名只用过一两回,连孙席珍自己都回想不起来了,因而今天大多都已散佚。

第三节　江西政治讲习院

　　1938 年 3 月,孙席珍在许德珩介绍下,又来到南昌。十多年后重返南昌,南昌起义时的慷慨激昂不仅没有随着时间的流逝而消淡,斗争策略反倒在多年的敌我斗争中变得更加成熟理智了。当年在中山舰事件中为朱培德所逐的熊式辉,正把持着江西军政大权。熊式辉是"政学系"人物,靠张群等的推荐,站稳了江西这块地盘。他为博取政治声誉,决定开办一所政治讲习院,既可以收容大批学生,以免"滋事",又可以从中延揽有用人才,为自己效劳。除孙席珍外,应邀前来的还有许德珩、王造时、罗隆基、彭文应、雷洁琼、夏征农等。一时间,南昌云集了一批文化名流,有何士德、夏征农、程懋筠(音乐家,国民党党歌的作者)……以及当地的头面名流,像许德瑷、程宗宣(江西民众教育馆长)……

　　当地原有的两个青年组织——巡回教育宣传团、青年服务团。这两个组织

原本就有些鱼龙混杂，共产党员也有，CC分子也有，因流离失所、无家可归而来投奔的也有。这样一来，组织就很松懈，自由散漫，其中满怀报国热情的积极分子也因为没有得力的领导而茫然失措。进步文化人士的到来使他们找到了主心骨。孙席珍等人居住的洪都招待所一时间门庭若市，此去彼来，络绎不绝。南昌城里也渐渐活跃起来。洗马池一带，随时可见群众围成圈儿听讲演、听歌曲、看演剧，到处贴着红红绿绿的传单，救亡歌声深入到小街僻巷、市郊农村，连老奶奶们都能颤颤地随口哼几句"九一八"的悲歌了。

这就让国民党的先生们越看越不顺眼了，他们在报纸上散布些无耻的谰言，指桑骂槐地攻击抗日进步活动。这给孙席珍他们带来了许多束缚和限制。在与党组织联系时，一方面由于孙席珍在特别党员小组时都是单线联系，并没有与地方党组织接上头；另一方面，南昌特殊的形势也让人不得不行事谨慎。新四军南昌办事处在与进步文化人士接触时也非常注意策略。办事处的主任是黄诚，他并不直接出面，请客的请柬都由项英、陈毅、曾山三人署名。陈毅、黄诚与孙席珍早在"五卅"、"三一八"时代就一同搞过学生爱国运动。老友相逢，虽曾奋斗在不同的战线上，如今又殊途同归，共同为抗战而继续革命。陈毅、黄诚他们借着旧相识的关系来做掩护，活动起来也就方便些。他们都曾到孙席珍家中相叙，孙席珍由此又结识了项英、曾山两位，但鉴于南昌的复杂形势，并没有过多正式的联系。

不久，熊式辉又请来一位非同寻常的人物——"太子"蒋经国。蒋经国刚从苏联回国，似乎十分进步，蒋介石大为恼火，将其软禁在老家闭门思过。熊式辉创办政治讲习院，急于向蒋邀功，便约请"太子"来主持院务。在老蒋那里，此事正好是个磨炼儿子的好机会，于是欣然同意。

蒋经国初到南昌，先担任保安处副处长（处长廖仕翘）。他在列宁格勒的确学过军事，不能说是门外汉。但这个副处长是个闲职，他只能到处闲逛，交结朋友，观察形势。

副处长是个空头，实权掌握在熊斌（熊式辉的侄儿）手里。熊式辉见蒋经国已到，特地向蒋介石申请让经国兼任"江西省政治讲习院"总队长，总揽院务。

于是，宣传了半天的"江西省政治讲习院"终于正式开张了，蒋经国也正式出现在孙席珍面前。本来，聚集在南昌的文化界名流中，要数孙席珍最为年少，不料蒋经国穿着一身灰制服，目光炯炯，精神抖擞，看起来至少要比孙席珍还要

年轻三四岁。"院长"熊式辉发言宣布道:"本院经过诸位鼎力筹备,现在一切均已就绪,共襄盛举。"然后一一宣布政治院的人员组织机构。其中,孙席珍主讲国际政治。熊又特地强调,政治讲习院是战时培训机构,不同于正规大学,大家一律不称教授,有些还要指导学员讨论等,故加称导师。学员须受军事训练,按照军队编制,蒋经国为军训总队长,并以副训导主任名义协同许鹏飞做好训导工作。这些安排,都出乎众人的意料之外。没想到熊式辉既巧妙地把蒋经国安置进来,借重了"太子"的名头,又一定程度上架空了蒋经国,对他有所戒备。

当时的抗日形势是,国民政府撤到武汉,济南、太原相继失陷。李宗仁指挥台儿庄战役,获得大捷。大家抗战的信心都被调动起来了,一时间群情振奋。文化界人士经过商量讨论,决定仿效上海文化界救亡协会的办法,筹备成立南昌市文化界救亡协会,地点就在江西省民众教育馆的礼堂。

大约是 4 月间,天气晴和。一大早就有许多年轻人,三五成群,兴冲冲向民众教育馆走来。场地已经布置就绪,四面贴满了标语,红红绿绿的,颇有一番新气象。各个团体的青年人,进步文化人士,写的、扎的、糊的、唱的,还有演的……正在紧张地准备的时候,万万想不到国民党的江西省党部来了个通知:大会要延期,具体时间等候批准。

这时,会场门前已有十来个身材高大、眼藏凶光的人不声不响地巡逻徘徊,都穿着便服,表示他们并非警宪。省党部调查统计室派来了一批众人皆知的打手,他们交头接耳、努着嘴、抛眼色,一副准备大打出手的样子。看来,这个会开起来是困难了。

负责筹备的夏征农等人,对省党部的通知嗤之以鼻:爱国救亡本是每个人的职责,用不着批准! 但如何对付这些打手呢? 这个会,蒋经国作为主席团成员,本应当出席,但他却迟迟没有来。

孙席珍来到会场时,发现整个会场几乎都坐满了,后面还不断有人涌来。后来的找来找去找不到位子,就到后座的椅子背后站着。

会场上气氛很紧张。大会正常开始了,许德珩致开幕词后,开始讨论会章。正要举手表决时,场上的会众之间突然发生争执,声音越来越高,顿时一片呵斥谩骂声,有的甚至扭打起来了。担任执行主席的孙席珍站在讲桌边高声喊:"遵守会场秩序! 请各位不要吵闹!"

台下还是越闹越凶。墨水瓶、砖瓦、石块纷纷向台上掷来。孙席珍只好退到省党部常委刘家树身边。大家紧急磋商了几句,孙席珍冒着锋镝走向台前,宣布休会。这时,有六七个青年跑上台来,保护着孙席珍他们准备撤离。

正在大会进行不下去的时候,两个人气喘吁吁跑来。其中一个穿着军装的,正是蒋经国。

原来,江西青年服务团第一大队队长薛汕(雷宁)发现情形不妙,就匆匆去找蒋经国了。家中、保安处传达室、办公室都找了一圈,都推说不知道。薛汕正失望地往回走的时候,不知从哪儿钻出来,听到一个喊声:

"雷宁同志,站住,等着我!"

一回头,蒋经国从保安处走了出来。一眼可以看出,蒋经国是撇开别的事,匆忙赶来的。蒋经国的手上还拿着东西,连额角上都有些汗珠,来不及抹去。这一回,他破例穿起军装,去了身上的斜皮带,只有腰间的风纪带,仿佛是不愿意当官而这么做的。还没有等薛汕开口,蒋经国自己就说了出来:

"文化界救亡协会成立大会,我一定去。这边的会,没完没了,怎么说也不能奉陪了。"

听他这么一说,薛汕便不再多说。两人这就一路小跑,穿过了大街小巷。到了会场门口时,一大堆人拥塞着,不让进,不让出。

有人认出蒋经国来,不敢阻挡,腾个空让他进去了。这时台上纷纷攘攘,拥着一个穿中山装的说个不休,台下有人趁乱叫嚷着:

"中央规定民众组织就是抗敌后援会,没打什么救亡协会,不合法,不许开!"

"这个会没有批准!"

"你们几个人代表不了文化界!"

这是省党部派来阻挠开会的打手,混迹在群众中间,伪造民意。但是到会的群众,没有退让,也站起来,在台下与他们辩论开了:

"抗日救国,人人有份!"

"全国战争一开始,地不分南北,人不分男女,都要组织动员起来!"

这些话,是国民党"总裁"蒋介石说过的,用来反驳所谓"不合法"的指责真是最好不过了。

蒋经国跳上台,他插到夏征农、孙席珍与那个前来阻止开会的人中间。蒋经国上前拍着胸大声说:"照常开会,我负责一切,别管。"可是,台下已经不成秩

序，爱国群众和打手们已经扭打起来了。

蒋经国气愤地站在台前，手指着前头：

"哪个到会场来捣乱？给我出去！"

那些人一抬头，见是蒋经国，不能不安分些，停下来不知该怎么办才好……

蒋经国又清晰而坚定地说："我是保安处副处长，捣乱的听着，出去！"

反动分子惮于蒋经国的身份，磨蹭了半天，最后一个个贼眉鼠眼，偷偷地退了出去。

蒋经国放下手，摸一摸下巴颏，从容不迫地说：

"这是一个抗日的文化界团结御侮的大会，开！"

这下，会场上一下子爆发出连续不断的鼓掌声。台上马上安排开会的事宜。会场里，早就练习好的大合唱《祖国文化进行曲》（由孙席珍作词，何士德谱曲），在指挥下众口一调地唱了开来：

"祖国快要沦亡，起来，快把文化武装，

要争取，民族的解放！文化人，也该起来，

踏上抗敌的战场……"

何士德后来由孙席珍介绍给陈毅，为新四军军歌作曲。而这首《祖国文化进行曲》，在抗战文化界传唱甚广。

蒋经国见局面已经控制住，才松了口气，脱了军帽，腰上的风纪带也解了，然后把双手伸开，十分轻快而活泼地冲着夏征农、孙席珍等人说着：

"时间不早了，开会吧！"

因了这首《祖国文化进行曲》和这场大会，蒋经国取得了进步文化人的信任。蒋经国主动接近文化人士，其中最亲密的就有孙席珍。

孙席珍年纪最轻，与蒋经国的年龄最接近，又和他有宁绍帮的乡谊。同声相求，同气相应，蒋经国与孙席珍有更多谈不完的话。说来也巧，孙席珍住在王阳明路，蒋经国住在一伟路，孙家的后门正对着蒋经国家的前门。两家之间就隔了一条马路，抬脚散散步就到了。蒋经国常常设宴请客，还带着苏联妻子四处串门，家里也总是大门敞开，灯火通明。青年人三五一群，自由地散聚在蒋家客厅、书房等处，或辩论、或演说、或研讨，显得十分热闹。孙席珍当然是座上常客。酒过三巡，互来互往，大家又一起顺便来到孙席珍家里继续谈天。宋美龄后来的秘书左诵芬，也是当年簇拥在孙席珍身旁的进步青年，他正是在孙席珍家里第一次结识了蒋经国。

一次宴会，蒋经国向孙席珍提出，应该把爱国青年组织起来，集中力量。孙席珍顿时警惕起来，便开始渐渐疏远了他。此后，蒋经国离开政治讲习院前，还特别找过孙席珍，请他做青年组织的发起人，但孙婉拒了。果然，这个蒋经国心心念念的青年组织便是后来的三青团。

孙席珍临终前几个月写的回忆录之一《洪都杂忆》与薛汕的《和蒋经国相处的日子》相比，他以一种划清界限的警惕叙述往事，不提与蒋经国的日常交往，甚至连蒋经国镇守的那次大会的情形都与薛汕的回忆有很大的出入。孙席珍只讲到反动派捣乱，大会被迫停止，他与许德珩等人在青年们保护下离开会场。然后，就开始分析南昌革命斗争的复杂形势，介绍大会被阻之后，熊氏一无所获，又酝酿成立了一个所谓的"江西省各界抗敌后援会"，敷衍了事。至于蒋经国力排干扰，使大会顺利进行的事，则只字未提。

但从另外的资料中，我们得知，孙席珍事先已经知道大会有人捣乱了。当时担任国民党新闻检查处处长的李赞华，是李桂生的弟弟。孙席珍从北平撤退下来，四处奔波，忙于抗战宣传工作，李桂生便带着女儿孙伟先行来到南昌，就住在李赞华家。孙席珍来南昌后，在熊式辉安排正式住处之前，也暂住李赞华家。而李赞华正是这次大会的策划人，个中内幕，孙席珍早就知晓。

那么薛汕去请蒋经国，以排除干扰，保证大会的召开应是题中之意。而且从孙席珍回忆录的蛛丝马迹里，可以想象得出当年他与蒋经国的亲密程度。文章虽然用一种批判的口吻讲述，但还是留下了蒋经国经常宴请孙席珍等文化界人士，请孙席珍做三青团的发起人，又请孙到新赣南作国际形势报告的历史事实。回忆录一直都口气谨慎，但到文章的最后，孙席珍突然发了一通诗人气十足的感慨：

> 日月双奔，海天相隔，缅怀远人，谅必健旺如常，公务之余，触景生情，偶或也有乡邦庐墓之思吧。生当明时，大业垂成，慧眼英断，仅在一念之间。

也许这骈整的诗句里，寄寓了更多的故人相知情谊和深深的惋惜。

孙席珍在回忆录里也如实写到，蒋经国担任政治讲习院军训总队长，其实并不需要事事躬亲，军训自有大队、中队负责。但他还是常常住在学院，与学生打成一片。即使有几天回家，第二天早上也必定与学生一同早餐、一同训练，工

第六章　『活的中国』与新写实小说

作十分认真负责。

蒋经国曾经拿了一包稿件给孙席珍看。那是蒋经国留学苏联期间写的日记。蒋在苏联呆了13年,在苏联参加了共产党。"四一二"反革命政变,他曾公开谴责其父,声明脱离父子关系。蒋经国在苏联时,在农庄干活,到工厂从学徒当起,做到技工、技师,还编过报纸,又娶了个苏联女工做妻子。那是蒋经国最革命的时候,让蒋介石十分头疼。留苏13年,他每年选了一篇,共十三篇,打算印成单行本留作纪念。蒋经国诚心向孙席珍求教,请他对日记发表些意见。孙席珍认真看了一遍,但出于戒备的心理,并没有具体提意见,只是说了两句客气话,就还给了蒋经国。

暑假开始,政治讲习院的第一期学员已经毕业了。其时,南昌战局紧张,各机关团体纷纷迁至吉安,蒋经国也到吉安另任他职。因为政治讲习院的毕业生都已分配到各县当地方行政干部,教师也分别赴各县视察辅导,孙席珍被指定派往赣东。

熊式辉支持的那个江西省各界抗敌后援会在吉安宣告成立。这是国民党官方的正式组织,资金充足,实力雄厚,规模也最大,下面许多县都成立了分会。各方面都把它视为一块肥肉,却没想到落在了左派手中。后援会主任委员许德珩一直是左派民主人士,是孙席珍的老领导了。总干事、秘书乃至下面的干事中,都有不少共产党员或爱国进步青年。但它的二把手是省党部常委刘家树,他也笼络了一帮党羽从中捣乱,斗争就不免尖锐激烈。

孙席珍也在后援会担任委员,但没有实际的工作责任。政治讲习院派孙席珍往赣东视察毕业学员,抗敌后援会就给了他一个督导专员的名分,让他顺便也在赣东推动工作,还派了一个干事做助手。抗敌后援会的工作重点在上饶、弋阳两县。上饶是赣东地区的大县,是专区所在地;弋阳则是方志敏的故乡。工作的主要内容是推动抗日救亡的宣传,如歌咏、演剧、出墙报、办文化补习班和识字班、利用防空的机会进行口头宣传等。孙席珍是搞宣传的能手。他一去,抗日宣传的氛围顿时浓厚,各项活动都纷纷开展起来。孙席珍在上饶一呆就是一个多月,工作搞得轰轰烈烈。但弋阳县长张某十分反动,对民主进步势力防范极严,工作没法展开,孙只得离开。

到秋冬之交,江西战局稳定,各机关团体迁回南昌,孙席珍也回到南昌。蒋经国这时已经离开政治讲习院,到吉安担任新兵督练处处长去了。第二年2

月,南昌沦陷,政治讲习院迁往梅林,招收第二期学员,孙席珍继续教授国际政治。李桂生的堂兄李国华失业在家,孙席珍也把他介绍到政治讲习院担任编审室主任。蒋经国则被调往赣南,担任江西第四区的行政专员,一心一意建设他的新赣南独立王国了。

随着形势的发展,政治讲习院解散,南昌的进步文化人纷纷离开。孙席珍因为家庭负担重,为谋生计,只得混迹挂个闲差。但皖南事变后,熊式辉派书记长刘已达不断来要求孙席珍加入国民党。南昌呆不下去了。

饶是无处安身,没有生计,也得走了。

对这段历史,公开发表的资料大多语焉不详。笔者翻阅孙先生的相关资料发现:早期材料都是三言两语带过,但随着时间的推移,似乎每一年孙先生都必须反复交代两次脱党的原因。这交代越来越详细,到最后1952年8月25日的一份材料已经长达30页之多。这让没有经历过这段历史的人心悸,当年越来越紧张的政治气氛似乎就透过发黄的纸页扑面而来。

图 11　20 世纪 40 年代,孙席珍(左一)与友人在一起

就在这份最长的材料中,孙席珍第一次详细地写了这几年的行止生涯。先至福建,福建省主席刘建绪拟给参议之席,拒之;至长汀,厦门大学校长有意留之,察地形无路可逃,谢之;至广西,进步人士多已至香港、广州,路远囊涩,止之。孙席珍只得又回到江西。

1943 年 9 月,流离中的孙席珍路过长汀。瞿秋白是在 1935 年 6 月 18 日于

福建长汀县西门外英勇就义的。正当革命又遇低谷,组织无处找寻之际,孙席珍想起这位革命道路上的引路人,曾经红着脸低声教唱《国际歌》的先烈,便毅然决定去他的荒茔祭奠一番。入秋的凉风吹来有些寒意,孙席珍踏着坚实的步伐,出西门,沿着郊野前进。走着走着,远远看去,一座灰苍色的凉亭在望,这难道就是当年秋白慷慨就义的地方吗?

孙席珍走近一家农户,一位老农正在门口晒晾秋收的玉米。孙席珍抱着一线希望向前打听,说:"在七八年前,这里曾枪杀了一位先生,年纪轻轻的,戴着眼镜。他埋在哪里?你是这地方的人,想来总该知道的。"

老农听了,愣了一下,便放下活计,站起身来,将泥污的手在身上拍了两下,说:"先生,你跟我来。"

两人默默走着,然而彼此的心境却是相通的。

从阡陌渐渐走上一片坟地,只见荒草萋萋,落叶满地。

老农说:"到了,这就是。"

孙席珍顿感一阵苍凉,一屁股坐下,面对着这片坟地,凝视着,难道这就是秋白的埋骨之处吗?一代风流人物,牺牲后竟是如此的冷落寂寥。触景生情,一幕幕往事浮现在眼前。当年秋白教唱的《二七纪念歌》,"我们踏着你们的血迹而前进,继你们的志,以慰你们",仿佛又在耳际回响。

"先生,你是谁?"

孙席珍答非所问地回答:"他是我的老师。"

"这先生也许还是我亲手埋葬的呢!"

孙席珍不禁愕然了一下,觉得真不虚此行。两人的话头便拉开了。

老农告诉孙席珍,这里是埋葬穷人的乱坟堆,军队里死了什么人,也埋葬在这里。他说:"当年我在附近地里干活,忽然听到枪声,抬头一看,远处有军队打扮的人在走动,其中一个朝我这边跑来,命令我去。只见一个人扑倒在地,年纪很轻,脑袋上一个洞,血还在流着。他们命令我帮同塞在一个棺木里,几个人抬着,送到这里,叫我用锄挖开这块土地,埋了……"

老农说得平淡极了。

老农的话让孙席珍想起当时记者的报道:

> 瞿秋白临刑时神态自若,缓步从容走出了大门。他坦然的正其衣履,到中山公园凉亭前拍照。他来到公园,"全国为之寂静,鸟雀停息

呻吟。信步至亭前，已见菲菜四碟，美酒一瓮，彼独坐其上，自斟自饮，谈笑自若，神色无异"，酒半言道"人之公余，为小快乐，夜间安眠，为大快乐，辞世长逝，为真快乐"。

随后，缓步走出中山公园，手持香烟，是神色不变，沿途用俄语唱《国际歌》《红军歌》，到达两华里外的罗汉岭刑场之后，选择一处坟墓堆上，盘足而坐，微笑地说"此地很好"，并要求刽子手正面开枪，坦然就义。

孙席珍肃然起立，不由自主地用法文以低沉的音调，将秋白所教的《国际歌》哼了起来："英特纳雄耐尔，就一定要实现。"

日色西斜，孙席珍向坟堆看了最后一眼，心里说："安息吧，死难的同志，总有一天，我们将择地改葬并公祭你的。"他向老农道别，然后迎着如血的夕阳余晖，一步步往回走去。

解放后，秋白的遗骸移葬在八宝山烈士公墓，他的故乡常州，还建筑了一座纪念堂。

从祭奠瞿秋白埋骨之处归来，孙席珍无路可去，组织关系既已脱离，日常生计更无着落，妻女又杳无音讯。但有一点，他心里非常清楚，那就是人生再艰难，亦绝不能背叛革命。他这样写道：

> 两度扑空，一事无成。那时离群漂泊，孤寂不堪，因此对于革命的前途，渐渐觉得黯淡起来，甚至抗战必胜的信念也有些减退，大有"长夜漫漫何时旦"的感想。……一向来，每当接触到这一问题的时候，我的内心是十分矛盾的。我觉得过去自己很光荣，但也很不幸；很骄傲，但也很苦痛。我十分珍惜自己这一段斗争历史，因此回想起来，常有些自鸣得意的样子，这使我至今还背着进步包袱，但一想我终于不能继续保有这种光荣，就很懊丧……做了党的不肖儿子，成为一个革命的游离者，悠悠忽忽……加入过党岂不比没有加入过更不如？[1]

其间，"信念减退"云云，当然是特殊语境下不得不狠批自己的话语。然而，透过字里行间，恐怕也多少真实地保留了孙先生当时无路可走的悲凉心态。

---

[1] 引自孙席珍于"文化大革命"时写的交代材料。

图 12　20 世纪 40 年代,孙席珍(中)与友人在一起

接下来的日子,他寄居江西乡间李赞华家。幸亏当年的一个老友刘震洲正在经商,打算开办庐山营造厂,便拉他合作。孙席珍当然并没有资本入股,大约人家也只是看中他的名望。营造厂只办了一年左右,造了个简陋的机场,就歇业了,也不知是否盈利,然而,刘震洲还是分了点黄金给孙席珍。就是靠着这点黄金,孙席珍在乡间贩卖些油盐糖,辗转在赣西、湘东之地,直到 1945 年 6 月生病才休业。其间又一个乡绅老先生,办了个私立艺风美术专科学校,孙席珍曾一度受邀教授文学。但学校不久停办,孙席珍又失业。以孙席珍的名望资历,教书尤可说,但也不得其终,竟至做了乡间货郎,寒暑无歇,艰辛备尝。北伐军中的上校,战斗扛抢的肩膀扛起了油盐;北平城中的名教授,写作之笔记起了商贩账簿。

去延安,无法奉养亲老;去重庆,以他北伐、南昌起义中的痛苦经验,是断断不愿再与蒋介石合作的。与组织的脱离使孙席珍痛苦异常,报国无门更使他灰心。可他坚拒刘建绪,惜身自爱;不敢留在厦大,怕落入敌手。于是,干脆绝迹政坛,避于乡间,既保持了革命气节,又机警自爱,不与浊世同流合污。君子之心,"造次必于是,颠沛必于是",是之谓也!

就这样,孙席珍销声匿迹了好久。当时在从香港辗转到桂林的胡愈之还提起过,说:"孙先生是一个很活跃的人,只要活着,就一定会出现在社会的舞台上。这一连几年都没有消息,必是不在人世了。"这话传到唐坚吾那里,也以为孙席珍已经不在人世,就把孙席珍寄放的藏书都处理了。他们哪里料到,孙席珍会穷困潦倒成这般地步,竟当起了乡间的小货郎!这大概与抗战时朱自清在西南联大,穿赶车人的衣物而毫不介意,庶几近之了。一大批坚守气节的知识分子,都曾在抗战中经历常人难以想象的艰难困苦。

熬过艰难的抗战岁月,孙席珍才复出,在联合国救济总署担任翻译。联总解散后,孙席珍先后在河南大学、上海中华工商专科学校、南京大学、浙江大学、浙江师范学院、杭州大学任教,从事翻译、教育和研究工作。

图 13　1949 年,孙席珍(左五)等师生在上海中华工商专科学校门口

在与孙席珍之子孙小昭的访谈中,他充满深情地回忆起幼时父亲以一本张恨水的《水浒人物赞》跟他谈古论今。这是一本薄薄的小册子,从社会世俗的众生相出发点评水浒,和易中天品三国的味道差不多。但与张恨水不同,孙席珍总是从水浒英雄那里生发开去,借古讽今,其间穿插着自己早年的革命经历,参加北伐、南昌起义、北平狱中、"一二·九"、特别党员小组、跳车脱险……既有"一挥千纸,龙蛇犹湿"的少年意气,又有紧张激烈的敌后斗争。他说,父亲尤喜说北伐时连升六级的辉煌战绩,大有指点江山、叱咤风云的气魄。而皖南事变之后的这些艰难经历,小昭已无从记忆,只有失去组织联系一语概之。

想来孙先生难以忘怀的,还是早年的从军行。抗战时的颠沛流离、二度脱党已成隐痛,不愿提及,不堪回首。新中国成立后,当年去了延安的战友曾一度邀先生重回政界。建国甫定,正是论功行赏之时。当年陈伯达已是政治局的高官,齐燕铭成为周恩来的秘书,张致祥还指挥了开国大典……孙先生其时,故人相邀,曾有两次机会去北京工作。然而,他思虑再三,觉得自己离开直接的革命

工作日久，不再适宜从政，毅然决定将绚烂归于平静，以教书终老，就像当年北伐结束之后一样，他选择了从战场退下，回到大学的讲坛。

当年在南昌一同战斗的许德珩、雷洁琼等，先后创办九三学社、中国民主促进会，也曾力邀孙席珍参与组建。如果孙席珍同意了，肯定会成为民主党派的元老，可孙先生想都没想就回绝了好友的盛意。在他看来，脱党不过是历史的误会，但因为脱党而改入别派，等于修改了他的终身信仰，是万万不可的。孙席珍在新中国成立后一直努力恢复党籍，只是历史风云变幻，这一耽误就是大半辈子。

经历过"文革"，垂暮之年，孙席珍再次提出恢复党籍的问题。当时许多人已经很难理解，在他们看来，入党无非是捞得某种政治资本，像他这样的老教授，还有什么必要入党？其实马列真理之于孙席珍，是人生之根本信念，绝非捞取利益的工具。早年绚烂，晚岁平静，非大智慧难以做到。

1984 年 6 月，这时离孙席珍辞世仅剩半年，距离他第一次入党已相隔近一甲子，距离他第二次脱党也已经有 40 多个年头。在中组部副部长曾志（陶铸夫人）的亲自办理下，从中央下达到省里，孙席珍的党籍问题终于解决。老杭大中文系，举行了一个简朴而庄严的宣誓仪式，一个 1926 年入党的老党员，经历了半个多世纪的风雨后，重新站到了党旗下。仪式一毕，孙席珍显得特别高兴，逢人握手，半是激动半是喜悦，将别人的手握得生痛却丝毫不觉，还连称"同志"。他说，我一直把自己看成是党外的布尔什维克，在有生之年，能够回到同志的队伍，能不激动吗？

这久违了的同志称谓，带给孙席珍的，是半个世纪的革命回忆，是长久压抑的辛酸，是终身不悔的理想信念……

第七章 立身讲坛的文学教授

第一节 甘守清贫

经历过绚烂人生的孙席珍再度成为一个甘守清贫的大学教授。

笔者在向陈坚师访求孙席珍事迹之时,他寻出一张发黄破旧的香烟锡箔纸,背后用一张杭州大学的稿费领款单粘牢固定。这是他去医院探望孙先生所得。孙先生一见他来,就搁下手头的写作,问他最近在做什么。陈坚师答道,主要做现代戏剧的教学与研究。孙先生随手拿过一张香烟锡箔纸,在反面写下几个英法夹杂的外文术语:drama、theatre、play,边写边向他简明扼要地讲述"戏剧"概念的起源、演变及常用术语间的细微差异。一连讲了好久,仍然不知疲倦。陈坚师在回忆这段往事时,仍然激动于先生之诲人不倦,更惊叹于先生记忆力之惊人、思维之敏捷清晰。

的确,不同时代的学生都对孙席珍惊人的记忆力印象十分深刻。每次上课,他从不带厚厚的教案,只在香烟盒上写下寥寥数语,当作讲课提纲,然后便在课上滔滔不绝,且绝无差错。好几位当年他的学生,当然如今也均为宿儒耆老,都异口同声地说他上课风度翩翩,口才极好,又极生动幽默,讲起文坛的轶事掌故来如数家珍。结果在1958年教改时,这竟成为一大罪状,无知学生在狂热中对他大加批判,说他是只知道讲风流韵事的"爱情教授"。但在批判的雷声之下,也不时有温暖的雨点。很多时候,当孙席珍来到学生宿舍受批时,想不到

迎接他的却是一杯香茗,学生们说过一两句官面话后,就等着孙教授来给他们继续上生动有趣的外国文学课了。就这样,批判会成了"爱情教授"的小灶课堂。孙席珍无疑受到了更广大学生的拥戴与热爱。

他们谁也不知道,正是这位只用香烟纸做讲稿的"爱情教授",在解放前就已经开始了学术道路。从30年代起,孙席珍转向外国文学的教学与研究,几乎做了一个拓荒者的工作。孙席珍在大革命失败流亡日本期间,曾听闻英国文学的权威小泉八云的一段轶事:小泉对东京大学和早稻田大学的学生们说:"要听我的课,起码得具备两个条件:一要熟读《圣经》,二要精通希腊神话,否则就很难听懂我讲些什么。"孙席珍也曾翻译过小泉八云的《英国文学研究》(1932,商务印书馆)。

30年代,当孙席珍接到北平一些大学任教的聘书,得知即将担任的课程是西洋文学史时,不免想起小泉的这段话。《圣经》是孙席珍在教会中学时的每日必修课,希腊神话也略知梗概。也许,讲授西洋文学史并不难?

孙席珍转念一想:"这些大学聘我讲授西洋文学史,难道是叫我去做传道士和故事员的吗?"的确,要系统地教授文学史应当贯穿一条来龙去脉、源流发展的主线,更重要的是,要具备卓越的史见史识。孙席珍认为,文学作为意识形态的一部分,必然受政治和经济的制约,又反作用于政治和经济,与时代思潮的演进变迁息息相关。他在北京大学学习哲学期间,博览群书,对古今中外的思想了如指掌,还通读了不少世界名著。可是,要达到孙席珍给自己设定的这样一个"通古今之变"的文学史家标准,却还是远远不够。

孙席珍下决心从头来过。他通读了理查孙、詹姆生、德林克瓦特、弗里契的论著,为讲英国文学,又找来了森次巴立、泰纳和戈斯;讲法国,要读朗松、布伦退尔和法盖;讲德国,则看福格特、考赫和赫特纳;意大利,要找米尔斯基、柯根乃至克鲁泡特金……每个都是大部头,他只能逐章逐节地读,读一章讲一章,像小本商人一样现贩现卖。有时,他也借助日本的研究成果,像坪内逍遥、吉江乔松等人的论著。当时孙席珍还担任北方左联的常委兼书记,工作责任也不轻,有时还要写自己心爱的小说。孙席珍几乎是一个人当三个人用,工作、讲课与写作,齐头并进,每天都要弄到半夜,常常有焦头烂额之感。但孙席珍无比珍视这段做学问的生涯,将之视为学习的一个新阶段。他克服了重重困难,咬紧牙关,抓紧一切时间,大约三年之后,才觉得自己慢慢摸着了门路,找到了一些规律。他奉献的第一个学术成果就是《近代文艺思潮》，这是一本提纲式的小册子，却是中国第一部系统研究外国近代文学思潮的专著。整本书不到 10 万字，薄薄的一本，举要钩元，抉择有度，可以提纲挈领地把握近代以来的文学思潮发展进程。此后，孙席珍在每年的教学中，仍然不断补充。每次讲课之前，他都要把名家的代表作或成名作重温一遍，阅读传记，参考相关评论，才肯下自己的结论。这样每年不断深入，不断提高，孙席珍给这种方法起了个名字，叫"螺旋式上升"，并在后来将这种方法传授给受他指导的青年教师，皆颇见实效。

图 14 《孙席珍文论选集》书影

30 年代，《大公报》主编王芸生约孙席珍介绍现代文艺思潮，孙席珍便在他讲课的基础上，专门写了未来主义、表现主义、达达主义、意象主义等六篇论文。孙席珍论述这些现代主义思潮时，先考察各个思潮产生的社会时代背景、政治经济基础，然后通过历史脉络的梳理，正本清源，直击思潮现象的本质核心，既指出其产生的必然性和积极意义，又不失批判立场。如论未来主义，孙席珍指出，未来主义的动力主义，只是"一种抽象的哲学现象，因而他们所表现出的只是动力之主观反映或个人所体验的动力"，并进一步认为，"真正的艺术从来不是艺术家的幻想和依据这种幻想所制作出来的假象所组成的"[①]，因而，未来主义沉浸在空虚的幻想中，必将走向末路。他论述美国的意象主义诗歌，从近代世界文艺思潮发展的总体格局落笔，指出其以明确直接的表现、质朴无华的描写、个性的节奏和自由的诗形，构成了近代美国诗的基础，并批驳了一些对意象主义的不正确的非难。同时，他也指出意象主义"完全无视政治，冷淡现实，主张艺术应游离人生，以为在诗歌上不应把人生的意义联系起来，这无疑地更是他自绝生命的最大的创伤了"[②]。像孙席珍这样，早在 30 年代，就能自觉地从马克思主义文艺理论出发，从社会背景入手梳

① 孙席珍：《未来主义论》，《孙席珍文论选集》，浙江大学出版社 2002 年版，第 88—89 页。
② 孙席珍：《意象主义论》，《孙席珍文论选集》，浙江大学出版社 2002 年版，第 172 页。

第七章 立身讲坛的文学教授

理文艺思潮的发展脉络,可以说是开辟了一条研究西方文艺思潮的正确道路。而在此之前,就连茅盾也曾大力鼓吹过"新浪漫主义",将现代主义不加批判地视为文艺的发展方向。

新中国成立之初,外国文学的学科建设刚刚起步。在当时高等教育部长蒋南翔(曾是"一二·九"运动时的战友)的领导下,孙席珍同罗念生等人一同讨论商订外国文学的学科教材。他再次显现出一个全能学者广阔的理论视野,比照轻重主次,创制、确立了外国文学的课程方案体系,即自本科三年级起共习两年:两个学期教授西方文学,一学期讲授苏联与东欧文学,一学期讲授东方文学。这个方案体例后来推广到全国。可惜在人文基础课程全面萎缩的当时,此方案已经难以为继。且不独外国文学,中文系所有的基础文学课程,都不得不大幅削减课时,让位于所谓的种种实践课程。这已是闲话了。

孙席珍独立编写了大量的教材讲义,内容几乎包括了外国文学的全部领域。其中,《西欧文学史》三易其稿,曾拟公开发行,《日本文学史》、《印度文学史》、《东欧文学史》均属于填补空白的著作。这些教材数易其稿,虽仅由杭州大学内部印行(大学内部印行出版教材是民国时的旧例,一般都可视为专著研究成果),但交流于各院校,反响甚巨。只是"文革"抄家,这十余部本拟正式出版的文学史竟毁于一旦!

图15 《东欧文学史简编》书影

图16 《古希腊文学史》书影

孙席珍还受教育部委托翻译吉尔伯特·默雷的《古希腊文学史》。古希腊文学史被全世界公认为是最难写的文学史,中国暂时还没人有能力独立编写。后来此书由上海译文出版社出版,孙席珍与杭州大学外语系的两位教师一同翻译完成。

孙席珍研究外国文学,非常重视外语学习。与其他学科把外语视作工具不同,孙席珍认为外语对文学研究来说,本身就是目标和对象。他要求他指导的青年教师至少能够掌握、运用两到三门外语,才算过关。他还认为,政治、经济、哲学、社会学、历史、地理等社会科学都与文学研究密切相关。只有读得多了,基础打扎实了,学术研究的思路才宽。他反对浮光掠影式的研究,反对急功近利,不允许不懂装懂,要求勤探索、勤查考,查类书、找资料、对数据,力求严谨。

孙席珍的学术研究,几乎总是切中做学问的要害。与时下越写越厚的学术专著相比,孙席珍的教材讲义,无不是薄薄的小册子,但每句都是精华。"文革"结束后,孙席珍未曾有外国文学方面的专著印行,但对一些重要的作家作品,都有专文论述。如莎士比亚、歌德、席勒、巴尔扎克等,他均综合考订,论前人所未及;对一些尚未引起研究界重视,却别具一格的作家,如喜剧作家哥尔多尼、英国浪漫主义诗人布莱克、美国的国民诗人朗费罗等,他都以点睛之笔,指出其重要性和独特性。

图 17 《外国文学论集》书影

孙席珍早年写诗成名,后来投身轰轰烈烈的大革命,一旦回归学术讲坛,又能静下心来,坐稳冷板凳,甘守清贫,在平淡的教书生涯里,留下人生的传奇。熟悉孙席珍的杭州大学的故交老友都知道,孙教授有两件名事:一是他有两位夫人,二是他常常闹饥荒。一位穷教授,哪来的两位夫人?他常闹饥荒,又如何养得起两位夫人?

一位夫人,前面已经提到过,是北伐时的革命战友——李桂生。皖南事变后,孙席珍与李桂生失去联系。经过许久的辗转打听,终无音讯。此后,一次到学校讲学的机会使他无意间结识了吕苹女士。这位娴静文雅的青年女士无疑

图 18 1958 年冬，孙席珍夫妇在杭州大学校园

也被孙席珍的诗人气质与学者风度迷住了。吕苹的传奇家世、携弟上学的艰辛经历也深深地吸引着已届中年的孙席珍。吕苹出身于江苏常州一个诗礼传家的书香门第，著名历史学家吕思勉正是吕苹的远房堂兄。吕苹的父亲，早年倾向革命，是有名的激进分子，曾破坏菩萨偶像，惹来族中长辈的呵斥训责。吕父一怒之下，去了日本士官学校，成为蒋介石、阎锡山的同学校友。他曾做过阎锡山的参谋长，后因看不惯阎的军阀作风，挂冠封印而去。回到老家，为族人驱逐，在祠堂边上一间破屋内栖身安家。吕父性情耿介，不肯与世合流，从此不问生计，又无任何积蓄，赤贫之家仅靠吕母替人缝洗衣服度日。吕苹之上，还有一姐，下面还有三个弟弟。吕苹姐妹俩一个工作，一个读书，轮流替换着带大了弟弟们。吕苹姐姐进入大学，是抗战时活跃的青年学生，后在大学任教。吕苹读幼师，是陈鹤琴的学生。此时，孙席珍以为李桂生已辞世，便与吕苹结为伴侣。

时间到了 1952 年，孙席珍任教的浙江师范学院（杭州大学的前身）来了一位风度不凡的女士。她带着一位小女孩，自称是孙席珍的妻女。

原来，李桂生也失去组织关系，一直在乡下养病。她原以为像孙席珍这样活跃的人若无消息是必不在人世的，后来偶尔听到他的消息，就相寻而来。

图 19 1950 年的孙席珍夫妇

孙教授一下子有了两位夫人。他先后把平湖秋月罗苑、灵隐白乐桥某别业

的上好寓所给李桂生和大女儿居住。自己与吕苹几经搬迁,后在杭州大学道古桥(河南)宿舍定居下来。但户籍登记时,派出所的民警犯了难,一个人怎么好有两位夫人呢?

没有办法,孙席珍只好办理了离婚手续。可离婚不离家,他当时就立下规矩,工资收入,平均分成两份,一份李桂生,一份吕苹。虽说二女小吕、三子小昭、四女小华、五女小祥先后出生,家中经济明显紧张,但一家一半的规矩却雷打不动。每个星期日,孙席珍都要携家人一起去灵隐看望李桂生。一放假,孩子们也常常就住在李处。每到过年,李桂生还会给孩子们做一身新衣。

图 20 1956 年,孙席珍与夫人子女在杭州西湖苏堤

吕苹来杭州后,一直没有参加工作,两家人靠一个人赡养,难怪孙教授总要闹饥荒。据说,"文革"红卫兵到中文系抄家,系里某教授抄出过 10 万元存款(这在当时无疑是天文数字),孙席珍家中左搜右搜,却只搜出 10 元钱。"文革"中只发基本生活费,向无存款的一家人顿时遭遇经济困难。这时,李桂生主动拿出积蓄,资助他们渡过难关。至今,李桂生的女儿孙伟还与小昭他们保持密切的联系,直至前几年随女儿去了美国,才渐少音信。

中文系有份刊物《语文战线》,孙席珍常常为之撰稿。每到月底开始闹饥荒的时候,孙席珍就去编辑那里催问:怎么稿费还不发呀?尽管经济紧张,可孙席珍为人豪爽大方,待己可以马虎,待友绝不含糊。有外地老教授、老朋友来,他总要在大华饭店请客吃饭,还叫上教研室所有的青年教师。小昭还记得,父亲抽烟抽得很厉害,晚年也要一天一包。但孙席珍自己抽两毛八分的"利群",待

第七章　立身讲坛的文学教授

客时却一定要用三毛三的"西湖"。

图21 1952年8月,孙席珍夫妇在杭州
西湖西泠印社

图22 1956年9月,孙席珍夫妇子女合影

"一箪食,一瓢饮,不改其乐。"这是孙先生的清贫乐。家中小院,满种着各式花草树木。令人奇怪的是,花园里种的都是木本植物。原来,孙席珍不喜欢草本的花。什么原因?也许草本的花总给人一种俯仰随人,没有气节的感觉吧。唯一的例外,就是被认为"四君子"之一的菊花。孙席珍也不喜欢盆景,总觉得人工做假的成分太多。从吴山花店买回茶花、栀子花后,他总是特地将花盆打破,让花木自由自在地生长在地上。孙席珍最喜欢的是桂花。他认为,杭州的民间故事,文人加工的痕迹太多,只有月中桂子的传说,想象最丰富,民间气息最浓。难怪他家的桂花树是整个老杭大最香最深的一株。院中还有一株腊梅,是从李桂生处移植来;花开的寒冬时节,只剪一枝插在花瓶里,家中便香深似海了。

图23 1954年,孙席珍夫妇在杭州
西湖孤山中山公园

孙席珍学术之余,节假日会与三两好友出行游玩。他不喜热闹,专拣人烟稀少、安静僻远的地方,如九溪、云栖、西溪等地。生活中的孙席珍也不喜大鱼大肉,爱吃点油炸花生米,再炒点豆腐干丝韭芽,来点酱制大头菜,便可佐酒下菜。他爱整洁,常常扫地抹灰,看见垃圾必随手捡拾起来。平时只喜喝点酒,抽点烟,喝点茶。虽说早年绍兴家中曾

一度经营茶叶,平水珠茶正是家乡特产,可孙席珍喝的茶名曰"特绿",其实是较一般的品种,只是春末夏初的龙井炒青罢了。一个人消遣时,他常常独自推牌九,边推边想事:许是早年的革命风云,许是当年的险恶形势,许是曾被他描摹到文学里的中国现实,又许是百废待兴的学术理论、教育战线。

图24　1952年9月,孙席珍夫妇与友人虞鉴青(左一)、王荣初(左二)在杭州虎跑定慧禅寺前

图25　1953年,孙席珍与浙江大学同仁在云栖。左起为王荣初、胡士莹、王焕镳、孙席珍、汪玉岑、虞鉴青

清贫者最大的乐趣还是书。家中别无长物,连书架都是从学校借的。只有那一架又一架的书,让"文革"来抄家的人犯了难。从中午开始搬,三轮车一趟

趟地拉,直拉到吃晚饭,书都还是没有拉完。抄家的人拉累了,终于劫后余生,还留下两架书。后来,"文革"前只读了小学的小昭就是靠这两架书自学,成为恢复高考后的第一批大学生。

第二节　从反右到"文革"

1952年,我国各高校仿照苏联模式进行了院系调整,此次调整一直持续到60年代。浙江大学的文科一部分并入复旦大学、华东师范大学,一部分与之江大学合并组成浙江师范学院,其余调入北京大学、厦门大学、南京大学等。浙江师范学院后来又与新建的杭州大学合并,定名杭州大学。孙席珍随之先后任浙江师范学院、杭州大学教授。50年代,运动频仍,从1957年的反右、到1958年的教改,经历过政治风雨的孙席珍心情十分复杂:一方面,高度的政治自觉性使他始终站稳立场,并不曾被运动冲击;另一方面,对运动扩大化,影响高校的正常教学秩序,他又十分不满。孙席珍在运动过程中所做的选择,既显示了一位革命者坚定的勇气,又展现了一个正直知识分子的良心和责任。

图26　1952年,孙席珍(左二)与浙江大学同仁王焕镳(右二)、王荣初(左一)、虞鉴青(右一)摄于钱江之滨

图27　1953年,孙席珍(右)与虞鉴青在杭州岳王庙

反右时期,孙席珍一度担任过领导小组的副组长。他熟悉杭大内部的派系斗争,对人事纠葛有很清醒的认识。反右之前的杭州大学,由于院系调整等一些历史因素,形成了一个内部小集团。他们拉帮结派,任人唯亲。大鸣大放一来,这些人蠢蠢欲动,挑起内部斗争。他们提意见,不是抱着改进工作的良好愿望,而是带着私怨旧仇,一心想自己掌权,觉得搞政治工作的干部都该下台,共产党少来干涉业务,还在小集团内部自己搞分封,谁做校长,谁做教务长,谁聘教授,等等,不一而足。孙席珍对此深恶痛绝。在一次大会上,他气愤地直接开火:"谁封你的?封神榜上封的?"

就这样,他认为右派分子要一分为二地对待。像这样公报私仇,一心结党营私,打击别人,抬高自己,完全站到政治反面去的极右分子,的确应该毫不手软地处理。他与反右领导小组的其他成员一起,严肃处理了小集团的为首成员。

但也有些右派是扩大化的结果。像被划入丁玲、陈企霞、冯雪峰反党集团,后被林乎加(省委常委,时任杭州大学校长)留在杭大的《文艺报》主编陈企霞就和孙席珍来往十分密切。陈企霞亲切地尊称孙席珍为"老大哥",还说自己30年代走上文学道路的最初,就曾点着钱庄的煤油灯读过孙席珍的小说。孙席珍则跟他诗酒来往,毫不见外。他们喝酒聊天,高谈阔论,佐酒常食孙席珍最喜爱的天下最鲜美的螃蟹。正如当年郁达夫请孙席珍在正阳楼食蟹一样,这实在是一件雅人雅事。孙席珍是老习惯,坚持用手剥,绝不使用任何工具,喝的是平时最喜欢的青梅酒,青梅煮酒论英雄……

李桂生在灵隐时有位邻居很了不起,老人的五个女儿有四个在解放前就参加了革命。唯一一个没有参加革命的三女儿杨心泉,读的是中央大学音乐系,也被打成右派,发配到农场劳动。逢到周日,孙席珍带着儿子小昭去李桂生处时,常常不避嫌疑地与杨谈天。孙席珍认为,杨心泉就是右派扩大化的结果,她只是一个纯粹的音乐家。当时在浙江,她的钢琴、声乐都是第一,还用自己的工资资助一位学生求学。这个名叫聂中明的孩子,后来成为中央广播乐团的指挥,在"文革"前中国的指挥家中,排名第三。像这样一个陶醉在艺术世界里,并尽心尽力培育英才的艺术家,怎么可能是右派呢?孙席珍没有办法改变反右扩大化的大局,却用自己的行动表达了同情的立场。

接下来的教改,更是优劣两面并存。学生们跟教师一起备课,随时向教师

提各种意见,还一起组织考核,参与了教学的整个过程。一方面,这造成了教学秩序的混乱,挑战了教师的权威,使得一些学生充满了权力控制欲,为后来的红卫兵造反埋下了伏笔;但另一方面,教改打破常规,释放天性,却也让一些有天分的学生崭露头角,充分发挥了教育的能动性和创造性。孙席珍与学校领导共商发展大计,他们在教改中整顿教师队伍,高标准、严要求,将某些确实不合要求的教师请出了杭大,留下来

图 28　20 世纪 50 年代,孙席珍(左)与浙江师范学院同仁王焕镳(右)在莫干山剑池

的则是最精华的师资力量。他们还开玩笑总结道:中文系北大是地主,杭大是富农。整个杭大,可以说有十三个半教授撑门面,而这其中,中文系就占了三个。除了孙席珍教授,还有两位便是夏承焘、姜亮夫。教改中,中文系共开掉了四位水平有欠缺的教授、副教授,他们有的不会讲课,有的学术水平不够。

图 29　20 世纪 50 年代,孙席珍(左)与友人在莫干山

但是,渐渐地,政治挂帅的风气越来越明显了。反右、教改,也搞得大家人心惶惶、人人自危。高校是知识分子聚集的地方,人事纠葛与政治斗争掺杂在一起,情形越来越复杂了。学校培养人才要求又红又专,把家庭出身成分、政治觉悟摆在了第一。有些学生仅仅因为出身好,是共产党员,业务水平有明显欠

缺,仍能留校任教,被重点培养。孙席珍亲自相中的很有学术前途的讲师汪玉岑、助教蔡一平,先后被卷入复杂的斗争,调离杭大,孙席珍不得不接受上级给他指派的助教。好在他不管政治风气如何,对青年助教还是一样严格要求。对一些生性质朴的年轻人来说,还是能在孙席珍的悉心指导下,通过自己的勤奋来弥补天分的不足。

图 30　1959 年 10 月,孙席珍(左)与同仁汪玉岑(右)在杭州大学校园

　　孙席珍在教学上格外认真。他每学期都制订授课计划,在整个外国文学教研室统一教学进度,保障基本教学内容不出差错。因为得力助手的调离,他不放心青年教师的讲课,每讲到重点部分,如但丁的《神曲》、歌德的《浮士德》等,都要亲自去讲。这样,孙席珍在学术研究之余,还承担了繁重的教学任务。但也正因为他与一些跟他一样认真负责的老教授们的不放心,整个五六十年代,在运动不断的情况下,杭州大学中文系还是能保持较为正常的教学秩序与学术水平。

　　运动不断,孙席珍却从不在乎。他还是耿直仗义,敢作敢当。反右前,小集团蠢蠢欲动,在行政事务、职级评定、教学安排上处处插手,不公平的现象屡屡出现。中文系的学者王驾吾起初因为小集团的排挤打击被评为高教四级。孙席珍与王驾吾并无任何私交,但凭孙席珍对王驾吾学术水平的了解,他当时就拍案而起,怒斥搞小动作的行为。在孙席珍的据理力争之下,王驾吾后来被定为高教三级。这事过去之后,孙席珍也从不跟人提起。王驾吾知道后,也只在

好友面前谈论过。二三十年之后,孙席珍之子小昭始从他的老师——一位谭其骧的弟子和一位郭绍虞的弟子口中得知。学界盛传孙、王两位学者之间这种相孚相通的高谊,正与小集团那种处处只讲私交私情的行为形成了鲜明的对照。

图31　1952年,孙席珍与浙江大学同仁胡士莹(右)、王焕镳(左)

中文系还有一位学者胡士莹(宛春)是位藏书家,家里藏着许多明版书,《中国藏书史》专门为他写有一节。他不大与人交往,但却与孙席珍、王焕镳(驾吾)来往甚多。胡士莹的书法和围棋是杭大一绝,但他常常一个人坐在家里悟棋谱,不轻易与人下棋。尼克松访华时,杭州笕桥机场的牌子还是胡士莹写的。他跟孙席珍开玩笑说:"席公啊,你看我写这个牌子,一分稿费也没有,还倒贴了宣纸与笔墨。"孙席珍跟他哈哈大笑了之。胡士莹儿子是部队作家,写过经典电影《柳堡的故事》,剧本故事出书后,胡还特地赠送给孙席珍。孙席珍家里的中堂,字是王驾吾写的,画也是驾公的手迹,画的是一枝红梅。"文革"中,红卫兵抄家,限令撕掉这字画,要求第二天要挂领袖像。那时候,大部分人家都挂领袖的标准像,千篇一律。孙席珍想了半天,最后挂了一幅李琦的国画,画的是毛主席在十三陵水库劳动,总算还保留了一点知识分子气息。

与孙席珍交往甚多的还有杭大副校长林淡秋。林淡秋30年代在上海左联从事左翼文学运动,与孙席珍一南一北,虽多有交流,却不曾面晤。孙席珍常跟林淡秋开玩笑说,过去你在上海左联,我在北方左联,你算是我的老领导了,如今在杭大,又是我的上级,还能比邻而居,真是好大的缘分哪! 杭州大学道古桥

（河南）宿舍 11 幢，贤达云集，住在同一幢楼房里的，还有党委副书记朱子英、中文系主任叶克等同志，大家工作虽都紧张，但公忙之余，或相值于庭园，或小叙于客室，倾心而谈，一心为公，甘苦相共，都无怨言。林淡秋分管文科，制订了一个符合"八字方针"的教学科研方案。实施后，杭州大学文科的教研工作逐渐上了轨道，学风大振，教室中弦诵之声不绝，操场上气氛十分活跃。一天黄昏，林淡秋与孙席珍到校园里散步，看着蒸蒸日上的光景，林高兴地对孙说："倘能像这样稳定几年，不断巩固，继续发展，前途就大有可为了。"林淡秋当时兴奋愉快的神情，让孙席珍印象十分深刻。

图 32　1963 年 12 月，孙席珍（左）与诗人、杭州大学同仁马骅（中）、蔡良骥（右）在嘉兴南湖烟雨楼

　　林淡秋也十分看重孙席珍的学术水平。孙席珍最初从南大借调过来，他在南大本来教的就是现代文学。孙是现代文学的亲历者，又是重要作家之一，他教现代文学，具备得天独厚的优势。当时请孙席珍过来的中文系主任、国学家郑奠本来也是想请孙席珍教授现代文学的，也是因为一些小集团的排挤，不让孙席珍教现代文学才作罢，这其中还有孙席珍在中国大学时的学生。孙席珍既看不惯小集团的颐指气使，更不愿过多纠缠于人事，干脆去了外国文学教研室。实际上他解放前就是外国文学研究的先驱者，外国文学一样驾轻就熟。反右之后，小集团分子被打成右派，现代文学教研室本想请孙席珍回来教现代文学，可这时，孙席珍已经是外国文学的顶梁柱。林淡秋说，孙去教现代文学，外国文学谁教？林淡秋对孙席珍的倚重若此。

　　林淡秋收到高教部召开学科会议的通知，一打听，出席会议的都是罗念生这样的学者。林淡秋认为，相应地，杭州大学也应让孙席珍出席。正是在这个只有十几人的小型会议上，学者们商讨了外国文学的学科框架，决定统编教材。作为统编外国文学教材系列的重要组成部分，孙席珍接受了翻译默雷《古希腊文学史》的任务。孙席珍请杭大外语系的郭智石一同翻译。孙席珍本不认识

图 33　20 世纪 50 年代,孙席珍(右一)与外国同行

图 34　20 世纪 50 年代,孙席珍(右)陪同波兰华沙大学教授(中)访问绍兴

郭,后来同在杭大,郭智石曾十分热情地介绍,说自己与孙席珍还是当年在北大读书时的校友。郭智石读的是北大外语系,比孙席珍高一届。他家庭条件优裕,在外租房另住,一心读书,不参与社会活动。孙席珍不认识郭智石,郭智石却久仰少年诗人、学生代表的大名。如今在杭大,校友重逢,倍感亲切,孙席珍便约这位外语系的台柱共同译书。该书先由郭智石译出初稿,再由孙席珍一一校阅修改。孙席珍评郭的译稿,认为译得十分准确,观念、语气、语句都是三四

十年代的口吻，殊为难得。两位老北大学者珠联璧合的合作，也算得上一段文坛佳话了。可惜的是，由于十年动乱，书稿的翻译一度陷入停顿。"文革"结束后，郭智石已经仙去，孙席珍又重新找了外语系的另一位教授蒋贤炳完成翻译。等到译著正式面世的1988年，孙席珍也已辞世四年了。

孙席珍与人交谊，不倾慕权势，也不受政治影响，而是有自己的识人标准。中文系有的老教授学问好、脾气也怪，唯独与孙席珍相得。外系也有孙席珍的莫逆之交。体育系教游泳一位副

图35　20世纪50年代孙席珍（右）陪同外国同行在绍兴

图36　20世纪50年代孙席珍（左）陪同外国同行在苏州

教授叫李昭伟，酷爱摄影，每次孙席珍与好友出游，几乎都是李昭伟给大家拍照。有个广东籍的学生叫赖作安，本是印尼华侨，被打成右派后遣返回了印尼。在三年自然灾害的时候，孙席珍却意外地收到了他从印尼寄来的包裹。里面竟装了一千克的维C以及当时国内还没有的人字拖鞋等吃穿用品！

"文革"十年浩劫开始的时候，孙席珍已是近六十的人了，下乡、下厂总有其份。白天干上一天活，晚上还得写劳动体会。他开始用小学生的练习本写日记，每日一记，只简略记载当天发生的事，以备可查。面对这样的历史曲折，这

种运动,孙席珍看得很开。小昭还很清楚地记得,父亲在批斗、劳动的间隙与儿子相处时,总是要他抓紧学习。当时书都被抄去了,孙席珍就叫儿子背《辞海》。那是按学科一小本一小本分装的征求意见本,不求多看,每日两三个,只求活用掌握。孙席珍教育儿子,运动并不可怕,历史上更大的运动、文字狱多得是,运动总是要过去的。

图 37 20 世纪 50 年代孙席珍(左)与波兰华沙大学教授(右)在绍兴周家台门

"文革"中,孙席珍、林淡秋等人一同在场地上劳动。上十双凶神恶煞般的眼睛,紧紧盯住这群手无寸铁的文弱书生,毒辣辣的太阳烤得人几欲中暑。可只要孙席珍他们手上的锄头和铲子稍一停挥,擦一下汗,就有人冲上前来,狂吼怒骂,甚或对准后脑猛击一拳。大家相距不过三四米,但彼此不能交谈一句。

图 38 20 世纪 50 年代孙席珍(右)与波兰华沙大学教授(左)在绍兴农村

与孙席珍共同下乡劳动的同伴中有位教授,略略年长几岁,每天晚饭后得跑里把路才能到他的住宿处。半路上有一片沙滩急流,必须过一条长长的独木桥,那位教授面对着沙滩急流和独木小桥发了愣。孙席珍看他胆怯,便自告奋勇,早上把他迎过桥,晚上同样拉着他的手把他送过去,然后再从桥上返回住地,日复一日,风雨无阻。

又有一次,下乡到了另一个地方。有一位同伴,年纪虽只有五十岁左右,但是双眼患白内障,近在咫尺的地方也看不清,这次却来到一个水乡。这天他们乘了船去劳动,上岸时,此君心慌意乱,早已一脚踏到水里去了。只听"扑通"一声,人便随波荡去。在那个时代,死个把"牛鬼蛇神"并不算什么事,但孙

图 39　20 世纪 50 年代孙席珍(右)与波兰华沙大学教授(左)在绍兴乌篷船上

席珍不顾一切,凭着他早年练就的一点水性,即刻跳下水去,把落水者拉上了岸。

后来,"牛棚"中有位同伴重病垂危,送回家去,不久便死去。消息传来,孙席珍不禁流泪不停,他老是想到那同伴临去前的一句话:"我不知道能不能活到你这个岁数。"孙心地善良,对同志全心全意;但另一方面,对那些居心不正,丧失原则在别人头上捞取自己好处的宵小之流又无比憎恶,常不顾自身安危,伸张正义,与邪恶做不屈不挠的斗争。

孙席珍对前来吊打他的红卫兵说:"你们以为你们在革命吗?当敌人把刀放在你脖子上的时候,才能看出是不是革命!"后来有些曾在运动中冲击过他的学生不好意思见他,他却一笑置之,毫不芥蒂,说:"过去我也批人家,有什么关系。"

"文革"中,孙席珍被关过两回:一次单独关押在学生楼的楼梯间里,一次是在中文系的大教室,几十位老教授都关在一起。在那个大教室里,老教授们一个一个被仔细审查。单纯做学问的学者经历简单,很快就放了出来。孙席珍的经历实在太复杂了,是最后一个放出来的。在他前面放出来的,就是"丁陈反党集团"的陈企霞。孙席珍与陈企霞常常谈笑风生,指点江山,关押中也照样意气风发,因为他们都是从文学到革命,真正经历过残酷斗争的人,不像一辈子做学

问的老教授们,大多是不问政治的书呆子。如果说 50 年代的政治运动中,孙席珍还时刻谨慎小心的话,那么到了"文革",关在牛棚,胆子反而更大了,也更敢说话了。

　　李桂生也是硬骨头。"文革"开始,李桂生其时已经脱离革命工作许久,完全是一个家庭妇女。但因为孙席珍的关系,红卫兵也来抄李桂生在灵隐的家。这位女师大风潮中的闯将,大革命时的风云人物,可不是好惹的,她捋起袖管就和红卫兵真的对打起来,还揪着红卫兵到杭大找孙席珍对质。历史隔了几代人,当年的学生代表与今天的红卫兵,要算一算这本革命的新老账簿。红卫兵还真被这个不起眼的老太婆吓住了,他们悻悻而去,从此不敢再动抄家的念头。就这样,李桂生还保留了两箱子藏书,其中就有孙席珍当年为写作《辛克莱评传》而专门收集的郭沫若翻译的辛克莱作品,几乎是全的!约在 1968 年底 1969 年初,李桂生因病去世,当时吕苹也因病住院,是半大不小的小昭处理

图 40　20 世纪 50 年代的孙席珍

图 41　1962 年 11 月,孙席珍(右二)与山东大学商承祖(右一)等人在曲阜孔林洙水桥

图 42　1962 年 11 月,孙席珍(右二)与刘长厚在曲阜孔庙棂星门

图 43　1962 年 11 月,孙席珍与刘导生、吕振羽、包坤、齐德仁、刘长厚等人在曲阜孔庙

了后事。火化后孙小昭悄悄取了几块骨殖,草葬在离李桂生家不远的北高峰下。其时孙席珍正被关"牛棚"未得消息,放出来后过了一段时间,吕苹才小心地告知。孙席珍一言未发,老泪长流,默默坐了很久很久。后来孙席珍在小昭的陪伴下,先后两次去吊唁。

　　相对而言,孙席珍在"文革"中受的身体冲击并不太大。其中一个重要的原因在于,与孙席珍交往过、共同参加过革命的友人实在太多了,频繁而来的外调占据了大量的时间,以至真正关押、批斗、劳动的时间反倒不多。光为陈伯达一个人,就来了好几趟,每次都是直接用车将孙席珍接到刘庄或是大华饭店。孙席珍还发现了一个有趣的规律,被调查的人级别越高,前来外调的人就越客气。细心的孙席珍将所有的外调材料都用复写纸留了底,以保存历史的真实。这些留存的外调材料,都一一注明谁来信、谁来访,外调某某人。但有很多时候,直接写外调,不提人名。这个出现最多的神秘外调对象,不是别人,正是陈伯达。从外调的频率来看,除了陈伯达,其次就是孙席珍在江西时的老战友夏征农。

图 44　1962 年 11 月,孙席珍(左)与张君侠在济南千佛山兴国禅寺前

“文革”中,孙席珍与儿子小昭偶尔会谈论起陈伯达、张致祥等旧时战友。他回忆道,30 年代,陈伯达与他同在中国大学教书。陈伯达运用马克思主义分析中国历史,讲得十分精彩。可惜陈伯达是福建人,讲一口闽南方言,学生很难听懂。他到延安后,发挥了对政治

图 45　1962 年 11 月,孙席珍(右)与吴富恒(中)、商承祖(左)在济南大明湖历下亭

时事、哲学的研究特长,为毛泽东看重。1958 年,陈伯达奉中央命令,创刊主编《红旗》,还曾专门请孙席珍去北京一起工作,帮助恢复党籍。孙席珍思虑再三,觉得党刊责任重大,脱党已久的自己已不适合。“文革”中,孙席珍十分庆幸自己退出政治漩涡的决定。他多次跟儿子小昭谈道,“文革”最先整到的就是文艺界。周扬和当年鲁迅周围的冯雪峰、胡风等人,个人积怨很深,演变成两条文艺路线的斗争,“四人帮”又插手其中,政治运动为人际纠葛推波助澜。当时文艺

界揪出了一大堆人，号称六十个黑帮分子。孙席珍感叹说："我要是去了北京，肯定不能逃脱，必然也是黑帮分子。按照我的身体状况，在北京肯定就被整死了。"又说陈伯达在这个位置上，很多事都迫不得已。陈伯达书生意气，有些糊里糊涂的。林彪事件发生后，陈伯达下狱。孙席珍一听新闻就说，这肯定是江青、康生他们搞的鬼。陈伯达跟林彪，"文革"刚开始时都没有任何关系，江青他们完全是借机捣鬼，趁机夺权。

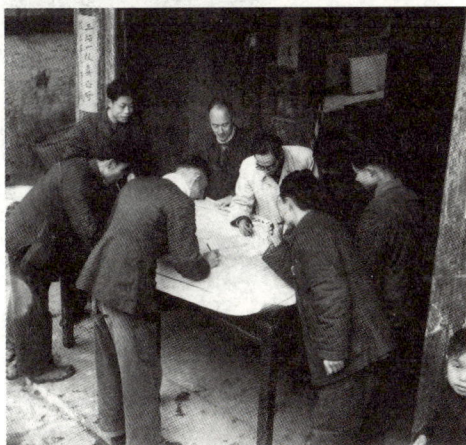

图46　1960年3月，孙席珍（白衣者）与杭州大学师生在农村

图47　1960年3月，孙席珍（左一）在宁波古林人民公社灯塔大队万诗墙前

图48　1962年2月，孙席珍（右三）与人在洛阳龙门西山之麓伊水桥

"文革"后期,恢复了教学,高校开始招收工农兵大学生。孙席珍也恢复了教学的资格。当时批林批孔,学生们一边上些古文,一边开会学习、批判。教师们教学没有什么系统性,讲个三两篇法学文选,再读读马克思恩格斯合著的《费尔巴哈·唯物主义观点和唯心主义观点的对立》(《德意志意识形态》第一卷第一章)。这种讲法,也只有孙席珍这样学问站得住脚,马列思想也烂熟于胸的人才吃得消。夏承焘等只做学问的教授去教工农兵学员,讲得过于艰深,又不能结合政治,反响很不好,教了没几天就不再继续。孙席珍却认为夏承焘学问虽有所长,政治态度却有问题。夏承焘是词学权威,他有一篇论文在日本发表,考证《满江红》不是岳飞的作品,是伪作。孙席珍却认为,这篇论文不该发表。连日本人都说,《满江红》这样一首爱国篇章,就算是伪作,抢都要抢过来。孙这就完全是从政治高度来评价了。

图49　1962年2月,孙席珍(右三)与唐向青在武汉长江大桥

图50　1962年3月,孙席珍(左五)与徐迟夫妇、唐向青、史莽、马骅、李苏卿等作家同游杭州西湖三潭印月

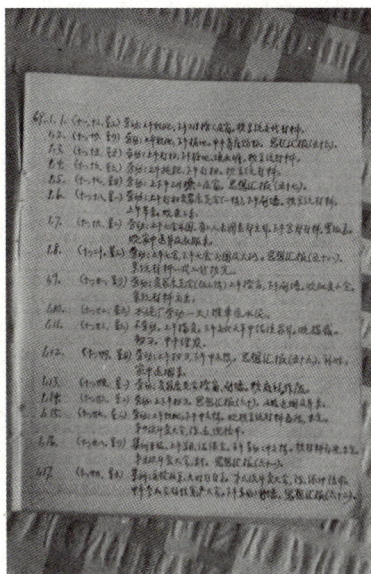

图 51　孙席珍"文革"中的日记

图 52　20 世纪 50 年代,孙席珍(右三)等人摄于北京北海公园

孙席珍敢讲真话,政治过硬,赢得了工农兵学员的喜爱。他当年的学生陈继光曾经回忆起这样一件事:

> 1973 年秋,我考进了杭州大学中文系,成为一个当时不香现在很臭的"工农兵大学生"。这里之所以要特别强调一个"考"字,是因为那年是"文革"中唯一一次高考,许多老三届的高中生都是凭借着这个"考"字,脱离了大有作为的"广阔天地"。只是还未入学,就出了一个交白卷的小丑张铁生,山雨欲来风满楼。

> 应当说"工农兵学员"素质的确参差不齐,虽说我们那一届同学大都是抱着读书求知的愿望入校的,但想做"反潮流英雄"的也不乏有人。一天,陈坚老师上大课,讲授现代文学,不料正在大家听得认真之时。突然有三位老兄"跳将出来",声称"不听这样满堂灌","甩手挺胸"退出了课堂,还"恶人先告"贴出了一张大字报,名曰:炮轰资产阶级的教育方法。

> 出于对此类无端闹事的深恶痛绝,我和两位同学也立即联名写了一张大字报,名曰"工农兵'上大学','上'是第一",对他们作了尖刻的批驳。

> 就在我们开始张贴大字报之时,我看到有一位风度颇为清雅的长者就在一旁阅读。等我们撒下梯子、提起浆糊桶时,已经同步看完的

第七章　立身讲坛的文学教授

177

他笑眯眯地问我:"你是某某某吧?"我说:是,您是? 他说:我叫孙席珍。然后竖起大拇指称赞说:"你们这张大字报写得好! 是中文系的第一张革命大字报!"

孙席珍? 不就是有名的教授吗?

在当时情势下,一位教授敢于这么旗帜鲜明地表态,十分罕见。我们的情绪顿时高涨起来,回到寝室就四处宣扬。要知道"教授"这个头衔虽与"资产阶级"联在一起,但在我们这些人心里却是崇高得很。"教授都不怕,我们怕什么?"于是,先是我所在的八组,然后是八组所属的三班。然后是全年级,各具特色的大字报纷纷"出笼",而每张大字报的首句无一不是表示肯定我们的这一"第一张革命大字报",把那三位首先贴出的大字报晾到一边去了,最后终归于无声无息。[①]

陈继光还深情地回忆起孙席珍那"衣冠楚楚,头发梳理得又黑又亮又整齐,穿着西装'招摇过市'"的资产阶级做派,他"拿烟的姿势也颇为别致:他常用三个手指竖拿着纸烟,边与你聊天边很惬意地用食指弹着烟灰"。孙席珍看过陈继光的一首应景小诗后,对他说:"诗是一种心灵的真实流露而不是一种对时态的迎合。"这句话从此后被这位青年诗人奉为圭臬。

图 53　20 世纪 70 年代末,孙席珍在书房

图 54　20 世纪 70 年代末,孙席珍夫妇参观杭州菊展

① 沙牧:《自古俊才多抱负》,《江南》2007 年第 5 期。

178

第三节　现代文坛实录

　　"文革"后,孙席珍以一个现代文学亲历者的身份,自觉有义务为后人留下一份信史。他说:"目前我为了响应中央领导和文艺界的号召,抢救现代文学资料,不得不把工作重点转移到中国现代文学方面。"他放弃了写作长篇的计划,搁下了《西方文学史》的系统修订出版,连最心爱的《诗歌理论》也无力重写,集中精力撰写回忆录,抢救了一批弥足珍贵的史料。

　　本来,孙席珍"文革"结束后回现代文学教研室,从事现代文学教学研究是顺理成章的事,但还是因为人事纠葛,孙席珍仍然不愿去教现代文学,也不愿再回外国文学教研室。他说:"我还教过写作,就去写作组吧。"孙席珍的个性可见一斑。一方面,他率性而为,才华使然,外国文学、现代文学也好,写作也好,都是信手拈来,而且一拈便拈成大家;另一方面,他不愿陷在人事纠葛的泥潭里,不愿俯仰随人,坚守自我的立场,清静为文,耿直为人。

　　从"文革"结束直至逝世期间,孙席珍先后出席全国性会议二十余次,写作论文近百篇,回忆录二十余篇,出版著作二种,完成著作六种。这些全国性的会议,有些是文艺界拨乱反正的重要转折点,奠定了新时期现代文学研究的基础。孙席珍在会上都做了重要发言和倡议,起到了应有的作用。如在1978年的黄山会议、1979年的乐山会议上,孙席珍先后建议成立鲁迅研究学会和郭沫若研究学会,他本人也先后任两个

图55　1981年12月,孙席珍出席在杭州举行的中国写作研究会第二届年会

学会的顾问。1979年10月30日,孙席珍与夫人吕苹一同参加了在北京召开的中国文学艺术工作者第四次全国代表大会。在这次里程碑式的四届文代会上,孙席珍与周扬等文坛旧友重逢,回顾历史,总结经验教训,讨论现代文学的研究方向以及当代文学创作的走向。他又先后担任浙江省文联的部分领导工作以及当代中国写作学会副会长,被聘为中国社会科学院郭沫若著作编辑出版委员

会顾问、茅盾研究学会顾问。

图56　1982年12月，浙江省写作学会成立大会全体同志留影。前排左十为孙席珍

图57　1983年4月，孙席珍在教育学院系统现代文学教学研究会议发言

孙席珍以极大的热情投入到新的工作中。然而，年光催人、岁月无情，衰老与疾病不可抗拒地到来了。孙席珍以高度的责任感和使命感工作着，他要与生命做一场悲壮的搏斗。他身患心脏病，需做手术，装心脏起搏器，乐观的他笑着跟朋友说："我这个心脏起搏器，一定要装进口的。国产的不行，我还要多奋斗几年。我要向中央打报告申请。"心脏起搏器是病人自费的，当时国产的两千，

进口的要八千。1980年8月,孙席珍病情恶化,他直接向胡耀邦申请的报告很快批了下来。安装心脏起搏器的费用自费两千,余下由国家支付。手术后的孙席珍,工作得更起劲了。他常常从医院出来就直接去开会,席不暇暖,未尝一日得闲。

为了厘清过去混乱的文艺思想,为路线做正确的定性定位,周扬常来杭州向孙席珍问询商议。而这时的孙席珍,已经是医院的常客。周扬总是到病房来探望。当年南北左联的两位领导人,干脆把病房当成了工作室,开始热烈的讨论。孙席珍将这些工作视为分内责任,从不事张扬,不居功自傲。他抢救现代文学史料,参与鲁迅、郭沫若、茅盾等现代文学巨匠的研究工作,几乎每日都是满负荷工作。

图 58　20 世纪 80 年代初,孙席珍住院期间周扬前往探视

孙席珍论文学,确有不俗的见地。他在30年代北平任教期间,曾一度教现代文学,便有《现代中国散文选》问世。这是最早的一部现代散文选集,由周作人作序,孙席珍为这本书所作的后记《论现代中国散文》今天已经成为现代散文研究必读文献,在学术论文中引用率极高。这本散文选与时下的编选标准完全两样,以孙席珍独特的眼光与判断编选,其中有三分之一的作家都不为人所知。孙席珍从纯粹的文学标准出发,认定第一散文家实为周作人,俞平伯、朱自清次之。周作人散文重在"神韵",语丝派散文中,"其他只能尖巧刻画,富有讽刺俳

偕的意味"，只有周作人散文能做到"冲淡"二字①。俞平伯则能在夹叙夹议中不堕入理障，获得知识和趣味的双重"雅致"。

孙席珍以为的纯粹文学标准，既不是脱离了社会阶级的所谓的纯文学，也不是左翼教条下的阶级文学，而是立足人生的，浪漫与现实的融合。正如他的文学创作一样，骨子里是浪漫的精神，实践上却是现实主义的"活的中国"，因而他才能不囿于成见，不以人废文，不以宗派主义造成评论上的偏颇。孙席珍论文论事一直十分犀利，他反对的是一种温吞水的文学。虽然沈从文赞美过他的"战争三部曲"，但他依然坚持自己的观点，对沈从文不以为然，从不往来。孙席珍以为，文学是有所表示，需反映社会，唤醒人性的。尽管沈从文前期的小说，从艺术上来讲确有贡献，有些也值得回味。后期的小说他读得不多，但从政治功利性角度来看，丧失了担当的文学也就无法承担沉重的社会责任。

"文革"结束后，被抄家的书发还了一部分给孙席珍，但其中也有部分弄错了主人。孙席珍之子小昭在发还的书堆中找到一本毛边本的梁遇春的《春醪集》。正想打开来看时，孙席珍却淡淡地说："这种作家没什么好看的。"他特别反对儿子看巴金的小说，说这种软绵绵的书，不能激励人。今天看来，孙席珍对巴金、沈从文、梁遇春的批评确实难避政治挂帅的嫌疑，忽略了从人性角度表达社会的审美丰富性与可能性。但一方面，从政治角度批评沈从文，也许正是孙席珍的历史局限性所在；另一方面，他能够不以个人好恶臧否作家，始终坚持独立判断，却也显示了左翼对于政治与文学关系的独特认识。

图 59　1979 年 6 月，孙席珍夫妇在成都武侯祠

然而，对于政治第一的延安文学，孙席珍也不是全然肯定的。由延安文学发展而来的"荷花淀派"、"山药蛋派"，孙席珍从来不读。有时文学界开会，与孙犁、峻青等人相逢，虽然他们并不认识孙席珍，但都把孙席珍视为文坛前辈，十

---

①　孙席珍：《论现代中国散文》，《现代散文选》，人文书店 1935 年版。

分尊重。客观地说，"荷花淀派"、"山药蛋派"之流派是否成形，其文学价值如何，学术界本也在讨论之中。也许，当政治第一，剔除了生活的丰富性，截断了五四文学传统以及西方近现代文学传统的中国当代文学，也就只剩下了一个抽象而政治化的"民间"了。

图 60　1979 年 6 月，孙席珍夫妇在成都薛涛井

"文革"前，杭大接收了两个大右派：一位是和孙席珍很谈得来的陈企霞，一位是陈学昭，号称二陈。而陈学昭出身名门，15 岁便出外求学为文，参加过浅草社、语丝社，创作上深得鲁迅、茅盾等文坛前辈的教诲。后留学法国，获文学博士学位。回国后，抗战爆发，她三赴革命圣地延安；战火风云中，她一直辗转在东北、华北、西北解放区。陈学昭是一个坚定的革命者，她的文学创作，政治色彩很浓。孙席珍以为，一个作家的作品除了要有所作为之外，还要在文学史上有影响，或至少在某一方面有开辟性的贡献。陈学昭除了长篇小说《工作着是美丽的》之外，实在再没有什么值得称道的作品，在上述两方面都未曾达到。像这样大胆尖锐的批评，说明孙席珍仍然重视文学的本质内涵，与那些极"左"的"批评家"们完全不同。

孙席珍对他自己的创作，也不吝批评，认为新文学大系，选了"诗孩"的诗，却没有选他的小说，有失偏颇。出版于 1985 年的《新文学大系》（1927－1937）诗集中入选了孙席珍写于 30 年代的《阿比尼西亚》等两首政治抒情诗，承担该诗集编选任务的是艾青。大概还是受"诗孩"名声所限，"新文学大系"的选家仍然把孙席珍看作一位诗人。平心而论，"诗孩"的政治抒情诗非其长项，代表孙席珍最高创作成就的应该还是其 30 年代的新乡土小说。"新文学大系"却囿于成见，选诗而不选小说，实为憾事。

孙席珍 30 年代的诗歌创作，除了政治抒情诗之外，也仍有极具"诗孩"个性特色的篇章。30 年代他曾有一首小诗《无题》，写一个头戴方格巾，提着筜篮到湖边去漫步的少妇。诗的最后两句写道："便是隔岸的樱花/也低垂了权枝。"偶然的机会这首诗被王云五看到，编发在他主编的《国闻周报》上。《国闻周报》是

第七章　立身讲坛的文学教授

一个偏时事新闻评论的刊物,从不登创作,却在封三上破例发表此诗。王云五写信给孙席珍,信中感慨:当年的京华才子又回来了!《无题》淡淡的忧伤,轻轻的悲哀,伤感喟叹,余音袅袅,直追《槐花》。"诗孩"的余情,在 30 年代已经转化为《向前跳跃》的战斗号角,极少发生。而这首《无题》,正是偶一为之的"诗孩"余响。

孙席珍对鲁迅、郭沫若、茅盾十分尊崇,对郁达夫也极称赞他的才气。晚年他对这些现代文学大家都分别从自身与其的交往出发做详尽的回忆,试图复活他们的个性,摹写他们的神采,为现代文坛做珍贵的实录。他怀着由衷的钦佩,回忆自己与之交往、向之学习的点点滴滴,用细节为文学巨匠们传神写照。他回忆现代文坛的旧友故交,充满深情,又能寥寥几笔,勾勒人物的神韵,揭示人物光彩照人的精神品质。

"庾信文章老更成,凌云健笔意纵横。"孙席珍晚年写作的这些回忆性散文,不仅极具史料价值,更是散文中的佳品。1978 年,孙席珍将为郭沫若写作的悼文《怀念郭沫若同志》寄给山东的《文史哲》编辑部。很快,孙席珍收到主编的来信,信中说道:"孙老,您的悼文堪称上乘。我们是学报,本不刊登文学类,现在破例刊登。"这样,一份学术刊物却发表了一篇文学价值与史料价值兼具的佳文。他的学生华宇清编选的外国抒情诗选《金果小枝》请他作序。当晚,书的责任编辑与孙席珍、华宇清喝酒谈天。喝完酒,孙席珍回家,序文一挥而就。第二天一早,他将这篇序文交到了编辑手上,文章功底深厚,将许多外国诗歌的源流、影响叙述得一清二楚,更不拘泥学术套路,全然用散文的笔法写出。恐怕这种充满个性化的,兼具学术与文学所长的文章,只有勃兰兑斯的《十九世纪文学主流》才能擅美于前。

孙席珍更站在自己的文学立场,以考据的功夫,考订文坛先辈创作的细节,一一加以补充说明,为《鲁迅全集》、《郭沫若全集》的出版修订作出了不小的贡献。他分别撰文论述了鲁迅与日本文学、与东欧文学的渊源关系,又指出,鲁迅受外国文学的影响十分复杂,研究宜细不宜粗,如"像鲁迅这样一位富有战斗性的猛士,怎么会瞩目于灰色的安特莱夫乃至显然具有厌世倾向的阿尔志跋绥夫",鲁迅对日本无产阶级文学的看法,在双方联系交流过程中起过什么作用[1],

---

[1] 孙席珍:《我们应当怎样继续深入地研究鲁迅学习鲁迅》,《孙席珍文论选集》,浙江大学出版社 2002 年版,第 361 页。

都是深具矛盾性却极具研究价值的课题。他先后写下《鲁诗丛谈》、《鲁诗续谈》、《谈余赘言》、《谈〈教授杂咏〉》等五篇文章专门讲述鲁迅诗歌的创作背景、主题思想及艺术特色。因为他与鲁迅有师生交谊，他的考订既结合鲁迅生平经历，又博采文献，令人信服。

对于将鲁迅神化的极左风气，孙席珍并不苟同。他在"文革"时期与儿子小昭的交谈中提道：实事求是地说，说鲁迅是思想家、革命家和文学家是有些夸张的，只能算一个半家。文学家没有问题，思想家则只能算半个。虽然鲁迅的思想非常深刻，站在了时代的前头，但毕竟没有思想方面的专著，他的思想都是别人替他总结提炼出来的，不够系统。学问方面，鲁迅不如周作人（的确，周作人在现代文学理论及散文理论建设方面是先驱者与集大成者）；文学方面，散文不如周作人，旧体诗不如郁达夫。尽管孙席珍一直将政治标准天然地嵌入文学标准之中，但他还是能客观地评价周作人。这既反映了政治标准与文学标准一定的矛盾性，同时也显示了孙席珍追求两者统一的艰难努力。至于说鲁迅是革命家，孙席珍更难苟同。鲁迅毕竟从没有具体实际的革命行动，实在很难称为革命家。

孙席珍还认为，鲁迅晚年，不少事情都被身边的人蒙蔽，引起了一些无端的争斗，造成了左翼阵线的内耗，还一直延续影响了五六十年代乃至"文革"的文艺路线斗争。这恐怕是孙席珍身陷"文革"，对现代文学的一种历史性反思吧。

对于郭沫若，孙席珍视为除鲁迅之外的现代文学的又一面旗帜。他深情回忆了北伐战争时期自己在郭沫若领导下工作的情形，对郭的神采风度作了极具个性的描写，又对郭沫若的文学成就作了如实的评价。《怎样深入进行郭沫若研究》一文中指出，朱自清仅仅从自由诗派、格律诗派、象征诗派等流派的角度划分，事实上低估了郭沫若诗歌的创作成就，也没有全面认识郭沫若诗歌的整体面貌。孙席珍对郭沫若历史剧的研究，能辩证地看待莎士比亚化与席勒化的问题；孙席珍还认为，评价郭氏的历史论文《甲申三百年祭》，应从该文在中国革命过程中的历史意义以及它在当时所产生的积极作用来谈，而不是纠缠于几个细枝末节，舍本逐末。

孙席珍担任了《郭沫若全集·文学编》的审稿工作。他放下了其他一切工作，夜以继日，不嫌其烦地查阅有关资料，务求正确、充实，指出了大量注释以至排版上的差误，补充漏缺之处，先后写成"校阅意见"五篇以供郭沫若研究者们

参考。当时负责郭沫若全集编辑的吴伯箫同志，来信赞扬说："未读全文，即深感佩，治学严肃精神，不减鲁、郭当年！"《校阅意见》后在一些刊物上发表，每条意见，都显示了孙席珍学识之深厚博大，举凡古今中外的历史文学典故，均成竹在胸，信手拈来。根据"注释体例"规定，凡是英、法、德、俄（以及日本）的人名、地名、书名和作品中人物的姓名等，均应注上该国的原文。而这方面的注释特别混乱，忽而用俄文，忽而用英文，又有字母错漏讹误的，孙席珍都一一代为加以订正。他在校《蜜桑索罗普之夜歌》时，发现其注释"蜜桑索罗普（Misantbro-po），厌世者"欠妥，指出"按 MisanthroPe（末一字母为 e，不是 o），可译为孤独者，亦可译为厌世者或恨世者。消极悲观为厌世，愤世嫉俗为恨世，本诗作者（郭老）、《莎乐美》的作者（王尔德）和译者（田汉）以及作品所表达的思想内容，皆并无厌世倾向，译为厌世者欠妥，以译为恨世者（或孤独者）为宜"。像这样的详细考订与辨析，如没有深厚的学养，是根本无法进行的。

孙席珍对茅盾，不仅服膺其文学成就，更认为他的小说可作信史读，《蚀》三部曲是能够错综复杂地反映现实社会生活斗争的空前作品；《子夜》可视为"中国现代历史小说"，是现代长篇小说的重要成就；《春蚕》、《秋收》、《林家铺子》、《腐蚀》等杰作绘制了中国民主革命的历史画卷，无愧为中国现实主义文学的硕果。

孙席珍更钦佩茅盾谦和平易、治学严谨、虚怀若谷的为人。"文革"前茅盾有一次到浙江视察，杭大当局曾请他做个报告，他却说开个座谈会好了，比较生动活泼些。那次会上，茅盾与杭大同志论文论史，古今中外，滔滔不绝，大家在轻松的氛围中收获良多。茅盾还同孙席珍谈起西湖各处名胜的楹联、碑刻等多半颓败不堪，应当督促有关单位好好保存，并特别举了苏小小坟前"湖山此地曾埋玉，花月其人可铸金"一副对联为例，认为书法、联语，两者极其隽妙。由此，足见茅盾对文物的重视。1979 年，孙席珍请茅盾为一部书稿题签，因久疏通问，曾托他的表弟陈瑜清向他先容。茅盾欣然应允，回信又向孙席珍请教《子夜》中"咸肉庄"一词的英译。孙席珍与陈瑜清一起商量，搜索枯肠地想出了英、法文里若干表示"下等娼寮"的词汇，却都觉得不够贴切。后来孙席珍向茅盾转达他的意见：觉得不如照字面直译再加注释，也许更能恰如其分。茅盾也认为这样更妥。四届文代会后，孙席珍夫妇前往问候茅盾，他正卧病在床。孙席珍夫妇正想退出，茅盾再三邀请，一定要坚持起身接待。

孙席珍在"京华才子"时期创作的小说、散文,带着浓郁的创造社浪漫抒情因素。孙席珍十六岁就来到北大求学,年龄尚幼的他读了郁达夫的《沉沦》,毫无惊奇之感,觉得它正切中挣扎于苦闷、迷茫中的时代青年的心绪,是一种坦率的自述,一种诚实、自然的精神上的自我暴露。尤其是结尾处的"我"蹈海而死之前的慨叹把家国爱恨都表达了出来,因而绝非无所为之作,在那个时代具有一定的积极意义。到《春风沉醉的晚上》、《薄奠》,尽管仍然只是小资产阶级式的同情,但作者能在那个时代就把眼光移到劳动人民身上,并借此反映出一个时代的侧影,已经难能可贵。

图61　1978年,孙席珍(右)与茅盾表弟陈渝清在杭州湖滨

图62　20世纪80年代,孙席珍夫妇在自家庭院

30年代初,上海亚细亚书局请孙席珍与赵景深、胡云翼编选一部《现代中国短篇小说选》。书局老板唐坚吾要求每位作家各选一篇,孙席珍建议在《春风沉醉的晚上》、《薄奠》两篇中择一采入,赵景深力主选用《过去》,说那是众所公认的名篇,胡云翼也赞同《过去》一篇。孙席珍考虑到赵景深是郁达夫的稔友,胡

是郁的门生,又以一对二,遂放弃原议,服从多数。事实上,孙席珍也认为,《过去》结构谨严,情节委婉曲折,叙述娓娓动人,其中虐待狂和受虐狂以及恋爱的逆反等变态心理的描写,为国内作品中所罕见,从艺术角度上看,确也不失为力作。当然,孙席珍主张选《春》《薄》,则更看重郁达夫作品中向劳动人民靠拢的新思想因素。

孙席珍也看重《迟桂花》一文,认为小说写一位略具文化知识,渐近中年的闺秀,受了封建礼教的深刻影响而不自知,从小养成温驯善良的性格。夫亡以后,返回娘家,内心像一潭止水,在阳春天气里,渐渐重又点燃希望。迟桂花,

图 63　20 世纪 80 年代,孙席珍夫妇与人在承德避暑山庄

象征灵魂的复苏,暗示新的生机的重现,作品的整体基调还是积极的。

孙席珍还十分赞赏郁达夫的散文,他认为郁达夫的《一个人在途上》,写丧子之痛,哀婉凄恻,真切感人,即使是铁石心肠的人,读了也禁不住会泫然泣下。孙席珍认为,郁氏的旧体诗除了鲁迅以外,无人能与比肩。针对有人批评郁诗用典较多,孙席珍反驳,认为郁氏用典精工自然,毫无矫饰,实为旧体诗中的翘楚。

"文革"结束后发还的孙席珍藏书中,现代作家有鲁迅全集、沫若文集、茅盾文集、瞿秋白文集、韬奋文集,其他现代作家的作品一本也没有。从这张藏书单,也能看出孙席珍的文学立场来。

孙席珍还勇于突破文学的禁区,从事实出发,敢讲真话。1979 年,全国鲁迅学会在黄山开会。会上,有位青年同志提出瞿秋白的问题,请教大家。那时谈论秋白,还是一个禁区,一般研究现代文学的人,都避而不谈。孙席珍即席发言,说:"为什么不可以谈?我们研究现代文学,就要实事求是地谈问题。"他说:"秋白不仅是一位革命家,也是一位杰出的文学家、理论家、翻译家。他那精辟的思想、深邃的论述、杰出的贡献,在我国文学史上有不可磨灭的地位。"孙席珍

把压抑不住的闷气，一股脑儿地倾泻出来，整个会场都受震动，一时群情奋发。

　　孙席珍从事学术研究，是从西方近代文艺思潮起步的，后转入现代文学领域，不仅是工作的需要，也更具有得天独厚的有利条件。中国现代文学，本身就是在西方文艺思潮影响下发展的。几乎每位现代作家，都不同程度地受到西方文艺思潮的不同影响。因而，孙席珍对现代文学的研究，不仅局限于与几位文坛前辈的往事回忆和文坛史料的披露揭发，或是单篇作品的考订解读，更能从思潮、流派的角度，梳理比较，为现代文学思潮的研究打下坚实的基础。他在《关于中国现代文学思潮流派问题》一文中分别从规律问题、主流问题、思潮与作家作品的结合、文艺批评、资料的掌握运用鉴别问题，以及人的问题着手，主张辩证看待、精细研究，以发展的眼光、批判的眼光做研究，实为确论。

图 64　1982 年 5 月，孙席珍在海口

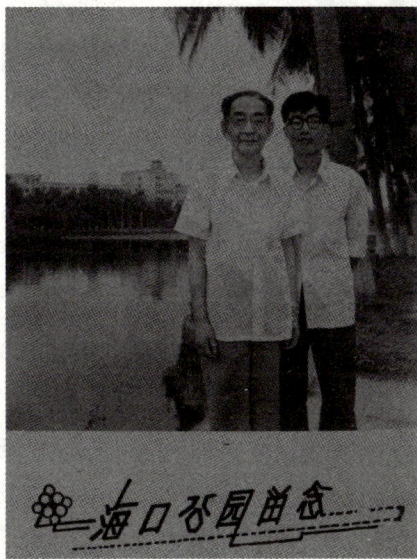

图 65　1982 年 5 月，孙席珍与学生在海南岛海口公园

　　孙席珍在 30 年代就一度研究写作学。在中国大学任教期间曾著有《白话书信作法》(1930)、《文学概论》(1933)、《诗歌论》(1935)。新中国成立后，以《诗歌论》为基础曾著有《诗歌理论》，中国青年出版社已约定印行，甚至都预付了一半稿酬，书稿却毁于十年浩劫。这是孙席珍晚年最为痛惜之事。以"诗孩"之切身写作体验，并融入系统的学术眼光，《诗歌理论》的散佚无疑是诗歌理论界的重大损失。但他在平时与儿子小昭的随意谈话中，也常穿插贯穿一些关于诗歌

的基本理念。

图 66　1982 年 5 月,孙席珍在海口与人合影

图 67　1982 年,孙席珍与学生、新加坡作家协会主席李汝琳合影于书室

　　《青春之歌》里用过雪莱的一首诗,译作"冬天来了,春天还会远吗"。这句译文因为电影《青春之歌》流传甚广,几乎耳熟能详。孙席珍说,这样的翻译完全是散文的翻译,完全没有考虑到诗歌的文学特质。孙席珍教给儿子的是郭沫若的翻译:"严冬如来时,哦,西风哟,阳春宁尚迢遥?"①匈牙利革命诗人裴多菲以那首《自由与爱情》而闻名,但他还有一首爱情诗《你爱的是春天》:

　　　　你爱的是春天,
　　　　我爱的是秋季。

　　　　秋季正和我相仿,
　　　　春天却像是你。

　　　　你的红红的脸:

---

　　① 雪莱:《西风歌》,郭沫若译,《沫若译诗集》,人民文学出版社 1956 年版,第 102 页。

好似春天的玫瑰，

而我这倦倦的眼神，

像秋日暗淡的光辉。

假如我前进一步，

只前进一步，

我就会站在

冬天那寒冷的门槛。

可假如我退后一步，

你又跨一步向前，

啊，我们就会一同进入

美丽热情的夏天。①

孙席珍教给儿子的，也是旧译，诗题为《假如》："你是春天，/我是秋天。/假如你前进一步，我退后一步。/我们就相逢在火热的夏天。"

图 68　1981 年春，孙席珍在自家寓所

孙席珍还谈起，马雅可夫斯基的政治诗真正有气概。他举了一首《护照》，大意为：在海关，英国人来了，拿出护照，很有绅士风度；美国人来了，拿出护照，

---

① 　[匈]裴多菲：《裴多菲诗选》，孙用译，作家出版社 1954 年版，第 73 页。

总显出大亨的味道；法国人来了，拿出护照，优雅高贵；我来了，拿出红色的苏联护照，用手扬了扬。

孙席珍说，这就是气势！小小的一本护照，莫大的自豪感，诗人对苏维埃祖国的深情热爱与高度赞扬，全凝聚在了扬手的一瞬间。

孙席珍偏爱这些革命诗人，因为他们即使是写爱情也写得豪情万丈。但孙同样也能体验细腻丰富的感情。他喜爱李商隐、黄仲则这些感伤诗人的诗作。李桂生过世后，有一次谈到《唐诗三百首》，孙席珍先说这是本案头必备书，又突然说起元稹的悼亡诗写得好，真正使人落泪。"文革"中，小昭偷看《红楼梦》，其中海棠诗社一段，排名第一是《问菊》。小昭便问父亲，《问菊》好在哪里。孙席珍答道：一样开花为底迟。若干年后，毛泽东提出要多读几遍《红楼梦》，并一再提到《问菊》此联。孙席珍还说，黛玉与湘云的联句："寒塘渡鹤影，冷月葬花魂。"也不亚于《问菊》。

我们能大略地看出，孙席珍的诗歌观，既要求有所作为，具备革命激情与理想；也绝不偏废人类情感中最细腻、最丰富的表达。家国情怀与个人感伤，革命者与京华才子，正是孙席珍的两个不同侧面。而这两方面，又绝不冲突，绝不矛盾，都成为孙席珍文学观的系统组成部分。

儿子小昭在博学的父亲影响下，小学五六年级就读了不少文学作品。看完《三家巷》、《苦斗》，那时他就觉得，《三家巷》像《红楼梦》，《苦斗》学《水浒》。"文革"中，小昭在《文学评论》上果然看到了类似的评论，不免向父亲炫耀。孙席珍说：你不要得意洋洋，好像是多了不起的发现。文学理论不是这么容易学，也不是这么容易懂的。

后来读毛主席的诗歌《蝶恋花·答李淑一》，有评论说这是两结合的作品。善于思考的小昭问：现实主义再进一步就是批判现实主义，再到高尔基的革命现实主义，浪漫主义再进一步发展下去是什么？

孙席珍答道：浪漫主义是没有完成。又接着反问：请问现实主义完成了吗？

从五六十年代到"文革"，文艺界的路线斗争与政治斗争纠缠在一起。在此影响下，文学作品被功利化地解读。对现实主义、浪漫主义文学思潮的理解也停留在表面，往往被政治化地套用，"两结合"的创作方法成了一种新的教条，把文学变成了概念的传声筒。宣扬现实主义，却废除了文学的批判功能，使文学创作题材狭窄、风格划一，远远背离了真正的现实主义精神。文艺界提出的"写

真实论"、"现实主义——广阔道路论"、"现实主义深化论"、"反题材决定论"、
"中间人物论"、"时代精神汇合论"、"离经叛道论"、"火药味论"等从生活实际和
创作规律出发,努力提高认识生活和反映生活的能力,扩大艺术探索的道路等
可贵的理论探索则被诬蔑为所谓的"黑八论",提出者也无一例外地被打成"右
派",在"文革"中倍遭打击。孙席珍与儿子小昭有关文学的这些谈话,隐隐透露
出他对文学政治化的反思,对"左"倾僵化教条主义的不满。在当时的条件下,
孙席珍无法系统地表达自己的文学观。他有不满、有怨气,却只能被压抑。但
孙席珍仍然在只言片语中传达着倔强而富有生机的独立思考。

　　1984年12月31日晚,浙江医院的病房里,为新时期文艺用尽全部力量的
孙席珍终于被过度的工作耗尽了心血。他带着未完的书稿,未尽的心愿,未能
看到新一年的黎明……

图69　1984年初夏,孙席珍夫妇在自家庭院与学生合影

　　我曾经问过小昭,孙先生兼具革命家、诗人、作家、学者的多重身份,你以
为,他更看重自己的哪个身份? 小昭先生并不回答这个问题,却告诉我:"父亲
自早年离家后,除了1923年省亲一次之外,再也没有回过老家。80年代,他曾
托人打听过,才得知老家已经没有亲人了。几十年的世事变迁,战乱动荡,竟早
失了音信。父亲死后,葬于南山公墓。我为他题的碑文是'诗人、教授孙席珍之
墓'。许多父亲的友人来看后,都觉得题得恰当。"他顿了顿,接着往下说:"你问
父亲最看重哪个身份。我觉得,他骨子里其实始终是一个浪漫诗人。他的一生

是从诗歌开始的,由诗歌成为'诗孩',从此出名,成为学生代表走上革命道路;从事左翼文学创作,成为作家;进而走上文学研究之路。而他最看重的,则是他最后的人生选择,是他的学者身份。父亲曾谈起与老舍的一段对话,老舍说,作家在大学讲坛上讲三天就讲完了,他算是厉害的了,也只能讲三个月,但也还是不如教授。父亲以为,学者才是真正有学识,可以以之立足天下的。"

图70 20世纪80年代的孙席珍

正在这时,小昭先生的手机响了,一听之下,却是《国际歌》的熟悉旋律。用《国际歌》做手机铃声,恐怕也是独此一家了吧。小昭说,这也是受父亲的影响(而纪念父亲),(父亲)钟爱那些激昂感人的歌曲,特别是譬如像抗战时期的合唱;父亲不止一次地讲起,能久唱不厌的只有《国际歌》,它能真正打动人,鼓舞人。歌曲,其实就是诗。

孙席珍年谱

王姝编

1906 年(清光绪三十二年　丙午)　出生

　　7 月 21 日,农历六月初一生于浙江省绍兴县平水乡红墙下村,名彭,字席珍。父亲略读经史,无意功名,亦不甘入幕作师爷,与二三相知,往各处旅行,曾南涉港澳,北至塞外,长江上下。孙父倦游归来,与人合伙在上海开设了一家专门运销南亚和中东各国的茶叶庄,经营尚可。排行第七,上有四位姐姐、两位哥哥,还有两位妹妹早夭。

1912 年　6 岁

　　绍兴老家发生火灾,屋舍器具被烧光,全家迁往上海。

1914 年　8 岁

　　1 月入上海汉文小学,第一次世界大战爆发,航运受阻,外销停滞,茶叶庄倒闭,家境日趋困难。

1915 年　9 岁

　　7 月间全家返回绍兴,入绍兴第五师范附小读书。父亲在机关谋得小职员位置,因不善逢迎,屡遭裁遣,终于失业。靠积蓄与典当度日。

1916 年　10 岁

　　小学三年级,与陶元庆弟弟陶思孝同班读书,常一同闲谈、踢球,由此知晓陶元庆。后来曾去陶家几次,陶元庆在沪读书,始终未曾谋面。

1917 年　11 岁

　　许钦文从绍兴第五师范毕业,任五师附小体育教员。时孙席珍在五师附小

读四年级。

1918 年　13 岁

7 月,小学毕业。就读小学期间,几次跳级,用了四年多的时间,读完了七年制小学。在绍兴读中学。

1919 年　14 岁

春,因学费无着,随出嫁的二姐转学到安徽芜湖读一所教会中学。五四运动发生,6 月,参加当地的学生游行,打开了视野,开始阅读《新青年》等期刊,受到五四思想的影响。

1921 年　16 岁

7 月,中学毕业。

8 月,拒绝父亲辗转求得的银行练习生机会,从亲友处筹得路费,入北京大学学习哲学。先后听过陈大齐的哲学概论、徐炳昶的西洋哲学、胡适的中国哲学、梁漱溟的印度哲学,对各种流派无所适从,又不满于脱离实践的纯理论探索,于是选读李大钊的马克思主义经济学、马寅初的正统派经济学。课外研读《共产党宣言》等马克思主义经典著作。

经孙伏园介绍,入《晨报副刊》任校对,半工半读。下午下课后步行赶到报馆,常常赶不上晚饭,路上吃两个饼、一包花生米充饥,工作到晚上 10 点多才能回寓。

在北京期间,与众多新文学人士都有密切来往。在绍兴会馆许钦文处结识陶元庆。

1922 年　17 岁

本年起,先后选修、旁听经济、法律、历史、文学、地理等课程,开始练习写作。下午没有课时,常常在西城京师图书馆读书,被管理员赞许为"勤学苦读的好小子"。

春,处女作《故乡六首》,经周作人修改后,推荐发表在《晨报副刊》。

4 月 24 日,在《民国日报·觉悟》上发表《春风——小孩子的诗》,共计二十四首,分四次连载完。

秋冬,反对胡适的保守思想,北大二十五周年的灯谜,斥其为丧家狗。

本年,陆续发表诗歌数十首。

1923 年　18 岁

5 月 15 日,长诗《稚儿的春天》在《晨报副刊》连载。

5、6 月间因赵景深向孙席珍所在的《晨报副刊》投稿,得以相识。孙也向赵的《绿波旬刊》投稿,由此加入"绿波社"。

6 月 14 日的《朝霞》刊登的《绿波社第二次开会纪事》,介绍新加入的社员九人,其中就有孙席珍。

7 月 9 日长诗《黄花》在《晨报副刊》连载,不久,由报馆出版单行本。发表短诗近百首。

夏,应邀拜访周作人,遇见鲁迅即将出门,这是第一次遇到鲁迅。后来在晨报馆孙伏园办公室,还见过数次,未能深谈。但鲁迅的文章都经他校对。

秋,在街上偶遇郁达夫,相谈甚欢,郁请孙席珍至正阳楼食蟹。

冬,回绍兴老家,正逢五妹早夭,圣诞节夜,写下《五妹的死》,于年后发表。写作《湖上》等一系列散文。

11 月 10 日在《东方杂志》发表短篇小说《误会》,为目前所见最早的小说作品。

本年,在《妇女杂志》上发表《青年的悲哀》、《我之理想的配偶》等散文,同时开始小说创作,发表《高楼》等小说。

1924 年　19 岁

3 月 21 日第一篇翻译——泰戈尔的《秋》发表。

上半年,在学期中间插听鲁迅的授课。从秋季起正式听课,听了整整一年,从未缺课。同时也选修其他中文系课程,但完整听完的只有鲁迅的"中国小说史"、周作人的"欧洲文学史"。

春,某个下午,到孙伏园办公室有事,时逢陈大悲、钱玄同、鲁迅正在伏园办公室谈天,便在门外等候。钱玄同发议论:既然徐志摩称为"诗哲",冰心称为"诗华"或"诗娃",正看到孙席珍站在门口,就指着说:那此君也可以叫"诗孩"了。鲁迅点头称是,认为当然可以,而且也颇恰当。

10 月校过鲁迅的打油诗《我的失恋》,亲自送去排字房。后该诗被总编刘勉己暗中抽出,孙伏园愤而辞职。升任助理编辑。

秋,为石评梅编选诗集,题为《百花诗选》,交与王统照的《文学旬刊》发表,约刊登了一半左右。

11 月 25 日早期小说代表作《槐花》发表于《东方杂志》第 21 卷第 22 号,被前辈学者誉为"京华才子"。

12 月至 1925 年 12 月,北京绿波社与星星文学社合作,共编京报副刊《文学周刊》,孙席珍任执行编辑。

12 月 29 日,拜访鲁迅先生,邀他为《文学周刊》撰稿。

本年,发表《南旋》、《湖上》等散文,戏剧体小说《花环》。

1925 年　20 岁

1 月 6 日,鲁迅托许钦文带稿给孙席珍,即《诗歌之敌》,发表于 1 月 17 日《文学周刊》,后收入《集外集拾遗》。文中称孙席珍为"诗孩",这是"诗孩"称谓在北京文化圈传开后的正式发表。

春,选为北大学生会代表。"五卅"运动爆发,积极投身学生运动。经王小隐介绍,担任《大北日报》国际政治版编辑。

6 月参加"五卅"雪耻大会,不久遭北洋军阀逮捕。约一周后释放。

7 月由北大同学卓恺泽(曾任长江局书记,后被国民党特务杀害)介绍,加入共青团(CY),编在东城沙滩小组。瞿秋白曾为该小组授课,并教授《国际歌》。入团证明人:陈毅、张肖梅。

任北京学生联合会代表。在北京各界雪耻大会工作,后调入爱国运动大同盟。大同盟的党团书记是安体诚,孙席珍担任记录工作。时,国共合作的北京党部在翠花胡同八号,孙席珍晚上常去向安体诚、王若飞、于树德等领导汇报工作,陈毅为中法大学代表,在党部任秘书。暑假,去长辛店组织工人运动。

8 月,李桂生被刘百昭带着一帮流氓、老妈子打成重伤。声援女师大风潮,结识女师学生会代表李桂生。

10 月,徐志摩主编《晨报副刊》,与其共事,诗文深得志摩赏识。

1926 年　21 岁

在"三一八"惨案中幸免于难。后在于树德等人的安排下,依靠海员工会,取道天津、上海、香港。李桂生与许广平在学生运动产生误会、矛盾,此时更加激化。

5 月,到达广州,准备入黄埔军校。由时任政治总教官的安体诚介绍入党。

7 月,在安体诚安排下,入北伐军,在林伯渠所在的第六军担任连指导员。北伐军进湖南后,他升任营政治指导员,进湖北后,又升任团政治助理,后调入军政治部工作。

11 月,攻克南昌后,在街头偶遇郭沫若。第二天,郭沫若调其入总政治部秘书处任秘书,兼编纂股长,主编《革命军日报》。南昌的形势其时十分复杂。北伐的胜利使蒋介石既惊又惧,他将窃据的"总司令部"移到南昌,有意识地与邓演达主持的总政治部对抗。总政与总司分作两地,十分不便。为了牵制蒋介石,邓演达敦请郭沫若率秘书李一氓驻节南昌,任总政副主任,负有与我党密切联系,并监视蒋介石的重任。邓自己仍然坐镇武汉,控制中枢。这样,南昌便形成了蒋氏反动势力与郭沫若麾下的革命政权相对立的情形。与孙席珍一起战斗着的,就有时任宣传股长的潘汉年。不久,郭沫若的秘书长李一氓率先遣队转至上海工作,郭沫若身边不再有专职的秘书。于是,除了主编《革命军日报》的日常工作之外,一旦有事,身在秘书处的孙席珍也常常分担起郭沫若的秘书工作。

1927 年　22 岁

春,江西江城,一位某女中学的校长因为慕石评梅名,打算请她来当教务主任。孙寄信给石相邀。后,孙转至安庆,相期于新秋时节在庐山聚首。

4 月,"四一二"反革命政变后,郭沫若发表《请看今日之蒋介石》,被蒋通缉,孙席珍也被调至第三军政治部任编纂股长。

6 月,第三军军长朱培德派了一连兵力,以欢送为名,将孙席珍连同贺培真(作曲家贺绿汀之兄)等十二人一齐押送回武汉。任第八军政治部宣传科长。

7 月,"宁汉合流"后,受组织派遣,秘密回到南昌,准备参加南昌起义。从武汉出境,坐船到九江,再转火车到南昌,就住在时任南昌市公安局长的朱德家中。此时,郭沫若也正赶往南昌。由于国民党事先侦知,我方为先发制人,提前在 7 月 31 日午夜过后,8 月 1 日零时一分发动了南昌起义。当地百姓也称这次起义为"七三一事变"。郭沫若错过了起义发动的第一枪,但参加了 8 月 5 日的誓师大会。

南昌起义失败后,根据党的指示,一部分人南下广州;另一部分转入地下,往北走,经九江芜湖,再沿长江去上海。孙席珍奉命转入地下,与李桂生扮作假夫妻同行。途中染上疟疾一类的病。

9 月,到行医或是经营药材的李桂生家养病。由李母化了装,送到江西乡下亲戚家躲藏。孙席珍与李桂生隐居在南昌新建县一个叫梅岑的小村子。居处十分僻静,出了村子不远,是一座翰林墓,阴森恐怖,更加少有人来。村子很安静,只有一个聋子外婆喜欢说笑,常来谈天,后被写入短篇小说《聋子外婆》。与

李桂生结为夫妻。

1928 年　22 岁

夏,坐船经鄱阳湖来到上海,转入地下,以写作维持生活。

在上海期间,因上海地下组织被破坏,交通员朱斌失踪,与组织失去联系。

7 月,借资去日本,在东亚预备学校补习日语,准备进早稻田大学研习国际政治。

8 月,编译《东印度故事》,由亚细亚书局出版。文学小丛书,前有赵景深序、译者序。

早期作品集《花环》(小说、剧本、散文集)由唐坚吾的亚细亚书局出版,后于1930 年再版。

编《曼殊代表作》,上海亚细亚书局出版。

11 月,因经济来源不继,由日本回上海。

春潮书局出版短篇小说集《到大连去》,赵景深有评论。本书收《到大连去》、《局外人》、《银姑日记》、《律师》、《六老堂》、《顺先生》、《聋子外婆》7 篇小说。

12 月,由上海现代书局出版中篇小说《凤仙姑娘》,1932 年 11 月再版,1937年又出个人刊,书末有著者跋。

本年,海上客旅中,石评梅去世消息传来,写作《忆评梅》。为上海亚细亚书局编郑光祖的戏剧故事《倩女离魂》。

1929 年　23 岁

1 月,真美善书店出版短篇小说集《金鞭》。本书收《金鞭》、《归来》、《翰林墓前》、《芳邻》、《家教》、《呆天生》、《洞箫》、《四八头脑》8 篇小说。

2 月,真美善书店出版中篇小说《战场上》,为"战争三部曲"第一部。《小说月报》发表战争三部曲,郑振铎予以介绍。单行本时,冯乃超、沈从文、黄伯绳等撰文评介,法译、丹麦译,瞿秋白评论应认识区别战争的性质问题。

4 月 16 日,访鲁迅,不见。留函并书四本。

28 日晚,又访鲁迅,仍不见。

编辑郑光祖《倩女离魂》,上海亚细亚书局出版。

6 月,真美善书店出版短篇小说集《女人的心》。收《哀愁夫人》、《阿娥》、《在一〇三旅舍里》、《湖畔手记》、《失却的丈夫》5 篇。

7、8 月间,与鲁迅通信两次,索稿,并赠《女人的心》一本。

10 月 5 日,陶元庆去世消息传来,撰写悼念文章《怀陶元庆先生》,发表于《一般》(上海,1926)。

11 月,《雪莱生活》由上海世界书局出版。分 12 章概述英国浪漫主义诗人雪莱(1792—1822)的生平、思想和著作,其中有 4 章讲述他恋爱婚姻方面的故事。卷首有徐蔚南的《生活丛书发刊旨趣》。

《莫泊桑生活》由上海世界书局出版。本书主要依据 Ernest Boyd 的 *Guy de Maupassant* 一书编写,分"少年时代"、"修养时代"、"开始工作"、"成功"、"病与光荣的死"等 5 章,概述莫泊桑的一生。附录为莫泊桑年谱。

《高尔基评传》由上海联合书店出版,署名邹弘道。包括《高尔基评传》(米尔斯基)、《高尔基论》(倭罗夫斯奇基)、《高尔基论》(布哈林)、《高尔基论》(塞拉菲莫维奇)、《最近的高尔基》(升曙梦)、《高尔基访问记》(巴比塞)和《高尔基著作年表》等 7 篇。书末附编译后记。

1930 年　24 岁

2 月,往河南洛阳师范教国文,编有讲义《国文指导》教习写作。在学生中宣传进步思想,使不少学生后来走上革命道路。其中有发动"晋西事变",率十几万决死纵队脱离阎锡山,归属八路军的韩钧;又有坚持狱中斗争,最后被国民党反动派杀害在蚌埠工委书记任上的烈士张复礼。

4 月,上海现代书局出版"战争三部曲"第二部——中篇小说《战争中》。

6 月,《辛克莱评传》由上海神州国光社出版。本书系据 F. 戴尔的 *Upton Sinclair : A study in social protest* 一书及其他材料编译而成。附年谱和辛克莱著作编目。

7 月,洛阳师范校长杜华若实为国民党特务,即将加害孙席珍。此事为学生侦知。由张复礼连夜护送离校,转往开封,再前往北平。厦门世界文艺书社出版短篇小说集《夜姣姣》。

8 月,应周作人之邀,前往北京。时为北大文学院院长的周作人本拟聘入北京大学,却遭校长胡适反对。周作人再向北师大推荐。到北师大第二部(即女师大)国文系教书,任讲师。谢冰莹成为孙席珍的学生。后又任教于北平师范大学。

10 月,《白话书信作法》,由上海亚细亚书局出版。

10 月、11 月间,潘漠华、台静农到北平西城寓所与孙席珍商议成立北方左

联。几天后,开始筹备工作,欲推举孙席珍为主席。孙席珍力辞,建议以几个常委集体领导。后由燕京大学同学杨刚担任联系人,负责筹备期间的联络工作。

12月16日,北方左联成立会,通过了章程和工作纲领,推选潘漠华、台静农、刘尊棋、杨刚和孙为常委,孙兼任书记,又推选了执委。由于北方的特殊形势,孙席珍的身份一直保密,从未以北方左联名义公开活动,都以学校老师名义出现。李俊民任秘书长。

本年,《花环》由亚细亚书局再版。因符浩入狱,谢冰莹将孩子小号兵寄养在孙席珍家。

1931年　25岁

春,谢冰莹突然把孩子送到符浩母亲那里,与江静恩一起悄悄离开北京去了南方。

3月初,左联五烈士被杀害后,"北方左联"在北大法学院举行隆重的追悼会,孙席珍与潘漠华都参加了,到会人员有八九百。

3月下旬,中国大学请"左联"的孙席珍演讲,在中国大学礼堂举行,到会的有六七百人。演讲的题目"现代写实主义文学"。他没公开提出"无产阶级革命文学"或"社会主义现实文学",只强调写社会生活的真实,揭露社会生活的黑暗面。

8月,到北平大学女子文理学院任文史系讲师,又到中国大学国学系任讲师。

1932年　26岁

1月,北新书局出版"战争三部曲"第三部——中篇小说《战后》。毁于"一·二八"炮火,已亡佚。

10月,《近代文艺思潮》由北平人文书店出版,本书系著者在大学讲授的讲义纲要,包括"近代的精神"、"文艺复兴"、"古典主义"、"浪漫主义"、"自然主义"、"新浪漫主义诸相"、"新理想主义及其他"、"新写实主义"8章,介绍欧、美(主要是英、法、德、俄、美等国)近代的文艺思潮。

11月,译著《英国文学研究》(日)小泉八云著,由现代书局出版,包括《英国文学中的圣经》、《英国的民谣》、《英国诗中的鸟》、《十九世纪前半的英国小说》、《十九世纪后半的英国小说》5篇。该书属现代文学讲座丛书,选译自小泉八云 *Interpretation of Literature* 一书,并将各篇中所引诸诗一一译出,附于书后跋文内。

本年,编译《英国浪漫诗人》,由亚细亚书局出版,《外国文学漫谈》由神州国光社出版,《战争文学论》由北新书局出版,均毁于"一·二八"战火。

1933年　27岁

3月,参加北方文总。二十九军吉鸿昌部队,在我党领导和冯玉祥的支持下,组织了抗日同盟军,在古北口、喜峰口一带,进行了坚决英勇的抵抗。潘漠华等几位同志,亲往慰劳和宣传。回来后,因事机不密,被特务逮捕了一些进步学生。

4月23日,参加李大钊公葬。

8月4日,在北平艺术学院召开的"欢迎巴比塞反战调查团北上"的筹备会上,由于内奸徐突微出卖,与会代表方殷、臧云远等十九人全部被捕。代表团到达时,又有同志被捕。

本年,与孙席珍联系密切的左联领导有好几个被捕。一起发起左联的台静农、刘尊棋和社联的负责人范文澜先后被捕,洪灵菲刚从南方北上,在李大钊侄女家被抓去,随即遭秘密杀害。潘漠华年底调任天津市委任宣传部长,不久被捕,最后瘐死狱中。孙席珍也曾几度避往通州等地,造成一些活动脱节。

本年,《欧洲文学史》(论著)由中国大学出版部出版。

1934年　28岁

4月,吴承仕创办《文史》,创刊号由孙席珍与齐燕铭编辑,孙为《文史》重要撰稿人及编辑。出版后,寄赠鲁迅、茅盾、郭沫若、郁达夫各一本。

孙席珍写信向郁达夫、郭沫若为《文史》约稿,郁寄以小品散文一篇。另由王志之写信向鲁迅约稿,鲁迅寄以《儒术》一文,并转来茅盾的稿件,同时认为《文史》作者较为驳杂。

8月中旬,郁达夫携夫人至北京,孙席珍陪同游玩,在长安街芳湖春饭店(从经理到服务员都是女性,在北京很有特色)请郁达夫吃饭。

秋,由杨刚介绍,在北平西单北面路西一家三开间的咖啡店里结识埃德加·斯诺。杨刚告诉孙,斯诺拟编选一些现代中国小说,其中有孙的《阿娥》。孙请杨刚转告斯诺,对《阿娥》并不满意,建议他从《小说月报》中以北伐战争为题材的《火和铁的世界》、《从蛟桥到乐化》两篇短篇中选择。

10月,《文史》第4期因孙席珍的小说《没落》而遭禁,12月出了最后一期。

11 月 28 日至 1935 年 1 月 11 日期间,因《文史》上的小说《没落》被捕。

本年,《文学概论》(论著)由中国大学出版部出版。

1935 年　29 岁

1 月 11 日,由许寿裳等联名保释出狱。

1 月,《现代中国散文选》(上、下卷)由北平人文书店出版,周作人作序,孙席珍作后记《论现代中国散文》,选收周作人、鲁迅、俞平伯、朱自清、叶绍钧、丰子恺、林语堂、徐志摩、冰心、茅盾、郑振铎、郁达夫、郭沫若、钟敬文、徐蔚南等 25 人的散文 69 篇。书前有周作人的序,书末附编者的《论现代中国散文》。封面处俞平伯题署书名为"现代散文选"。

5 月 19 日,得斯诺来信,告之他已译《阿娥》,如蒙允许,将在美国《亚细亚》杂志发表,将来收入《活的中国》。

7 月 20 日,斯诺来信,告之已收到孙寄来的照片及传记资料。

22 日,下午 12 点左右,应邀到斯诺家吃饭,与斯诺夫妇交谈。斯诺与孙谈起鲁迅,认为鲁迅是中国的伏尔泰。孙席珍认为鲁迅比伏尔泰更伟大,应比作高尔基。斯诺略带幽默回答,鲁迅谁也不用比,还是中国的鲁迅。孙又向斯诺推荐台静农的《地之子》,李俊民的《跋涉者》,以供介绍给外国读者。

8 月,升任中国大学教授,东北大学聘为教授。

暑假,去东京与质文社(东京左联)联系。

10 月 15 日,《盍旦》创刊。《盍旦》至 1936 年 2 月,第 5 期停刊。

秋与吴承仕去泰山为冯玉祥"讲学"。吴承仕讲国学,孙席珍讲国际形势。

冬或 1936 年早春,中山公园"来今雨轩"茶室,北平文化界举行了进步人士一次茶话会,参加者有北方左联、社联、剧联一些成员,法国哈瓦斯通讯社和苏联塔斯社记者,斯诺、史沫特莱也出席。由斯诺介绍认识了史沫特莱。

12 月,参加"一二·九"运动。

年底,由陈伯达介绍入党,成立特别党员小组,孙与吴承仕、齐燕铭、张致祥、曹靖华都是成员,由陈伯达直接领导。

本年,《诗歌论》(论著)由中国大学出版部出版。

1936 年　30 岁

2 月,联名发表《北平文化界救国会宣言》。

3 月,《湖上》由上海中国文化服务社出版,内收散文《自序》、《五妹》、《南旋》。所译日本小泉八云的《英国文学研究》由上海商务印书馆再版,汉译世界名著丛书。

春,因中国左联解散,向陈伯达请示北方左联问题。

春、夏间,主动请缨参加国际纵队,支援西班牙内战。后因抗战爆发作罢。

6月,北方左联自动解散,未发表声明。

斯诺的《活的中国》由乔治·哈勒普书店出版,第一本在欧洲出版的中国现代进步短篇小说集,孙席珍的小说《阿娥》收入其中。

6月到7月间,"两个口号"论争,在北平市内灯市口借了一所会堂召开了两次大型座谈会,每次出席者都有百余人之多,孙席珍主持,负责记录的是余修。后来又在西郊燕京大学骑河楼清华同学会也讨论过一次,出席的人也很多,报纸上还发了消息。孙席珍把座谈会上的意见概括起来,以丁非的笔名写了一篇《关于国防文学的论争》,于9月10日,发表在周扬主编的《文学界》(一卷四号)上。

7、8月间,在西直门内东北大学一间大教室举行高尔基追悼会,曹靖华作了关于高尔基生平和著作的报告,有人朗诵了高尔基的作品《海燕之歌》,史沫特莱也作了讲演。孙席珍则即席创作《悼高尔基》一首。

11月22日,北平作家协会在西单的鸿春楼菜馆成立,由吴承仕先生出面掩护,以聚餐的方式进行。到会者七八十人,大部分是青年文艺工作者。选举了孙席珍等五人为常委,十一人为执委,孙席珍仍负责书记工作。

12月,追悼鲁迅纪念大会在海淀燕京大学举行,曹靖华讲话。

北方局撤退,化装出城,随难民队伍至天津租界。与张致祥油印报纸。

本年,《现代书信作法》由上海中国文化服务社出版。

1937年　31岁

2—3月,前往归绥,参加抗日阵亡将士追悼大会。

3月,《现代中国小说选》由中国文化服务社出版,赵景深、孙席珍等编。

7月7日,卢沟桥事变。北平沦陷后,至天津。

9—12月,与齐燕铭等到山东济南。山东省政治工作人员训练组,担任国际政治教员。

12月,北方局继续撤离,陈伯达、张致祥等人去了延安。而孙席珍则沿津浦线南下,拟去王明主持的长江局报到。途中遇特务跟踪,在山东泰安跳车,在郑

州治疗,南下武汉。

1938 年　32 岁

1—3 月在武汉疗伤。

3 月,由许德珩介绍,来到南昌。

在江西省政治讲习院任导师,主讲国际政治。

4 月,在江西省民众教育馆的礼堂筹备成立南昌市文化界救亡协会,主持筹备会。会上,特务前来捣乱,蒋经国制止特务的破坏,保障了大会的顺利进行。大家齐唱《祖国文化进行曲》,由孙席珍作词,何士德谱曲。

担任江西省文化界救国会常委。

暑假,江西省抗敌后援会在吉安成立,担任该会委员。

政治讲习院第一期学员毕业,孙席珍被派往赣东视察辅导毕业生,同时受抗敌后援会委托,担任上饶、弋阳两县督导专员,推动抗日救亡宣传工作。上饶形势较好,呆了一个多月,弋阳则因县长反动,无法深入开展工作。

秋冬,返回南昌。其时,蒋经国已离开政治讲习院,前往吉安担任新兵督练处处长。

本年,《论国际形势》由江西政治讲习学院研究部出版。

1939 年　33 岁

2 月,南昌沦陷,政治讲习院迁往梅林,招收第二批学员,继续主讲国际政治课程。

本年,《国际问题讲话》由江西政治讲习学院研究部出版。

1940 年　34 岁

8 月,江西青年夏令讲习会,邀去作国际形势的专题报告。华垦务处长詹纯鉴出面主持,分三次讲完。

本年,《阿娥》由无名书店出版。《外交常识》由江西政治讲习学院研究部出版。

1941 年　35 岁

1 月 17 日,皖南事变,新四军办事处撤销,因家庭负担重,留在南昌。

1—4 月,政治讲习院撤销,在江西地方经济建设研究会及战后复兴事业设计委员会工作。

党的组织遭到破坏,再次与组织失去联系。

1942 年　36 岁

4月,因熊式辉派书记长刘已达不断来要求孙席珍加入国民党,不得不离开南昌,到福建,福建省主席刘建绪拟给参议之席,拒之;至长汀,厦门大学校长有意留之,察地形无路可逃,谢之;至广西,进步人士多已至香港、广州,路远囊涩,止之。只得又回到江西。

1943 年　37 岁

1-4月,在江西泰和,应刘震洲邀请,办庐山营造厂。

5月起,营造厂经营不佳,靠刘分给的一些本金,在乡间贩卖油盐糖。

9月,路过长汀,访瞿秋白就义处,巧遇亲手埋葬瞿的老农,访墓。

1944 年　38 岁

在泰和。

在艺风美术专科学校,教授文学。

1945 年　39 岁

在兴国乡间。

6月,因病休业。

8月,抗战胜利,返回南昌。

11月至1948年4月,担任联合国善后救济总署翻译。

1946 年　40 岁

11月,上海百新书店再版孙席珍、赵景深编选的《现代中国小说选》。

本年,翻译《化身博士》,由上海春江书局出版。

1947 年　41 岁

转入上海。

1948 年　42 岁

8月,河南大学(苏州)中文、外语两系合聘教授,又任上海震旦女子文理学院教授,参加上海高教联工作。

1949 年　43 岁

6月,上海解放,在国光印书馆编字典。

10月,上海中华工商专科学校教授。

1950 年　44 岁

4月,任上海大专院校联合委员会业务部长。

7月,参与筹办上海教育工会。

8月,南京大学教授。

1951 年　45 岁

8月,浙江大学教授。

年底,请假赴京,嗣奉指示留沪,向华东局接洽,恢复党籍。

寒假,去上海联系。

1952 年　46 岁

2月－1958年8月,浙江师范学院教授。

1953 年　47 岁

《写作初步》由上海普文出版社出版,孙席珍、王荣初著。

《太阳照上了世界的屋脊》由上海北新书局出版,编入小学爱国主义丛书。孙席珍著、赵白山绘图。

1958 年　52 岁

8月,杭州大学教授。

1959 年　53 岁

《日本文学史纲》、《西欧文学史》,由杭州大学出版部出版。

1960 年　54 岁

《印度文学史纲》,由杭州大学出版部出版。

1966 年　60 岁

"文革"开始,先后被关押两次,下乡下厂、被批斗。用小学生的练习本写日记,每日一记,只简略记载当天发生的事,以备可查。

1976 年　70 岁

"文革"结束,重新开始工作。直到逝世,出席全国性会议二十余次,写作论文近百篇,回忆录二十余篇,出版著作二种,完成著作六种。

1978 年　72 岁

10月,出席黄山会议,建议成立鲁迅研究学会。后任顾问。

1979 年　73 岁

6月,出席乐山会议,建议成立郭沫若研究学会。后任顾问。

6月15日,《忆旧话新道"五四"》发表,此后写作回忆录二十余篇,结集《悠悠往事》。

7月,《郭沫若——永远不灭的光辉》发表,此后撰写郭沫若研究论文约十篇。

全国鲁迅学会在黄山开会,提出瞿秋白问题,即席发言,主张实事求是,大胆肯定瞿秋白的贡献。

10月30日,出席在北京举行的中国文学艺术工作者第四次全国代表大会,会后探望茅盾。

1980 年　74 岁

3月29日,参加在北京召开的纪念左联五十周年大会。

6月20日,浙江省文学艺术工作者第二次代表大会开幕,辞谢不往。自省文联成立以来,一直担任部分领导工作。

8月5日,因病情恶化,装体内心脏起搏器。

1981 年　75 岁

8月,出席在杭州的中国写作学会年会,被推选为副会长。

《鲁迅与日本文学》发表,先后撰写有关鲁迅研究的论文二十余篇,后结集《鲁迅研究论稿》。

1982 年　76 岁

6月,被聘为中国社会科学院郭沫若著作编辑出版委员会顾问。

8月15日,《关于中国现代文学的思潮、流派问题》发表。

1983 年　77 岁

3月27日,出席北京会议,任茅盾研究学会顾问。

7月,《孙席珍自传》发表。

8月16日,出席在承德召开的中国写作学会大会,任顾问。

1984 年　78 岁

2月,病发住院。

8月,《外国文学论集》,福建人民出版社出版。

《孙席珍小说选集》,香港南方书屋出版。

12月31日晚,因心脏病猝发,不幸在医院逝世。

1985 年

1月,在杭州殡仪馆举行遗体告别仪式。

7月,《东欧文学史简编》,孙席珍、蔡一平编,湖南人民出版社出版。

11 月,《文学写作基础》,湖北人民出版社出版。

1988 年

5 月,《古希腊文学史》,(英)默雷(G. Murray)著,上海译文出版社出版,孙席珍,蒋炳贤,郭智石译。本书专论古希腊文学,上起荷马,下迄亚历山大时期和罗马时期,包括史诗、悲剧、戏剧、文艺批评等文学样式的发生发展,且兼及于历史、哲学和其他自然科学。

1991 年

3 月,《孙席珍创作选集》,杭州大学出版社出版。

1992 年

6 月,《悠悠往事》,百花文艺出版社出版。

2002 年

10 月,《孙席珍文论选集》,浙江大学出版社出版。

孙席珍著译要目

王姝 编

1922 年

《故乡六首》（诗），春，《晨报副刊》，此为孙席珍发表的第一首诗作。

《春风——小孩子的诗》（诗），共计二十四首，分四次连载完，4 月 24 日，《民国日报·觉悟》。

1923 年

《稚儿的春天》（诗），5 月 15 日，《晨报副刊》。

《黄花》（诗），7 月 9 日，《晨报副刊》。

《误会》（短篇小说），11 月 10 日，《东方杂志》，此为孙席珍发表的第一篇小说。

1924 年

《五妹》（散文）。

《湖上》（散文）。

《槐花》（小说），《东方杂志》第 21 卷第 22 号，代表作之一。

长诗《黄花》，《晨报副刊》单行本。

1928 年

《顺先生》（小说），7 月 1 日，《北新》第 2 卷第 16 期。

《印度半蛮族的神话》（翻译），8 月 12 日，《文学周报》329 期。

《乔琪桑之生平》，8月16日，《北新》第2卷第19期。

《家教》（小说），9月2日，《文学周报》第332期。

《花环》（剧本），9月16日，《北新》第2卷第21期。

《花环》（小说、散文合集），9月初版，上海亚细亚书局，1930年2月再版。

收《自序》、《槐花》、《高楼》、《误会》。三幕剧本《花环》，3篇散文《五妹》、《南旋》、《湖上》。

《东印度故事》，孙席珍译，9月初版，上海亚细亚书局，文学小丛书，前有赵景深序、译者序。

《四八头脑》（小说），9月23日，《文学周报》第336期。

《局外人》（小说），11月11日，《文学周报》第343期。

《变态性欲的林和靖》，11月18日，《文学周报》第344期，林和靖九百年纪念号。

《到大连去》（短篇小说集），1928年11月，上海春潮书局，收《到大连去》、《局外人》、《银姑日记》、《律师》、《六老堂》、《顺先生》、《聋子外婆》7篇。

《绍兴歌谣》（书评），12月23日，《文学周报》第349期。

《凤仙姑娘》（中篇小说），1928年12月初版，上海现代书局；1932年11月再版，个人刊于1937年，书末有著者跋。

《倩女离魂》，（元）郑光祖撰，孙席珍编，上海亚细亚书局出版。

1929年

《金鞭》（短篇小说集），1929年1月初版，上海真美善书店，收《自序》（1928年11月23日）、《金鞭》、《归来》、《翰林墓前》、《芳邻》、《家教》、《呆天生》、《洞箫》、《四八头脑》8篇。

《战场上》（中篇小说），1929年2月初版，上海真美善书店。

《女诗人评梅》，2月2日，《真善美》女作家专号。

《芳邻》（小说），2月16日，《北新》第3卷第4期。

《郑振铎的〈家庭的故事〉》（书评），2月17日，《文学周报》第358期。

《未亡人》（书评，叶鼎洛著，新宇宙书店），3月1日，《北新》第3卷第5期。

《从奔波讲到小说的结构等》（书评，与赵景深合著），3月1日，《北新》第3卷第5期。

《失却的丈夫》（小说），4月16日，《真善美》第3卷第6期。

《许钦文的"若有其事"》(书评,与汪馥泉合著),5月1日,《北新》第3卷第8期。

《雪莱的初恋》,5月16日,《真善美》第4卷第1期。

《女人的心》(短篇小说集)1929年6月初版,上海真美善书店,收《哀愁夫人》、《阿娥》、《在一〇三旅舍里》、《湖畔手记》、《失却的丈夫》5篇。

《怀陶元庆先生》,10月5日,《一般》第9卷第2期。

《火和铁的世界》(小说),10月10日,《小说月报》第20卷第10期。

《莫泊桑生活》,编译,11月初版,上海世界书局,据 Ernest Boyd 的 *Guy de Maupassant* 一书编写,分"少年时代"、"修养时代"、"开始工作"、"成功"、"病与光荣的死"等5篇,附录为莫泊桑年谱。

《雪莱生活》,编译,11月初版,上海世界书局,生活丛书,徐蔚南生活丛书发刊旨趣。

《高尔基评传》,邹弘道编译,11月初版,上海联合书店,包括《高尔基评传》(米尔斯基)、《高尔基论》(倭罗夫斯奇基)、《高尔基论》(布哈林)、《高尔基论》(塞拉菲莫维奇)、《最近的高尔基》(升曙梦)、《高尔基访问记》(巴比塞)、《高尔基著作年表》等7篇。书末附编译后记。

《羔羊》(小说),12月1日,《北新》第3卷第23期。

1930年

《从蛟桥到乐化》(小说),1月10日,《小说月报》第21卷第1期。

《平姑娘》(小说),1月15日,《现代小说》第3卷第4期。

《战争中》(中篇小说),4月初版,上海现代书局;1938年10月,上海文化励进社。

《围城以后》(小说),6月1日,《北新》第4卷第11期。

《辛克莱评传》(编译)6月初版,上海神州国光社,附年谱和辛克莱著作编目。

《进城》(小说),7月16日,《现代文学》第1卷第6期,世界文学家纪念号。

《夜姣姣》(短篇小说集),7月版,厦门世界文艺书社。

《白话书信作法》,10月版,上海亚细亚书局。

1931年

《赵景深的〈栀子花球〉批评与介绍》（书评），4 月 10 日，《现代文学评论》第 1 卷第 1 期。

《在伤兵收容所里》（小说），《现代文学评论》第 1 卷第 2 期。

《作家介绍：杰克伦敦》（翻译），6 月 1 日，《青年界》第 1 卷第 4 期。

《中国的战争文学者说"唯一办法，只有当兵！"——顺便再报告他自己（中国战争文学者孙席珍致记者信）》，11 月 23 日，《文艺新闻》第 37 号。

1932 年

《战后》（中篇小说），1 月初版，上海北新书局（毁于"一·二八"战火）。

《近代文艺思潮》（论著），10 月初版，北平人文书店。

《英国文学研究》（理论），日本小泉八云著，11 月初版，上海现代书局，现代文学讲座丛书，上海商务印书馆 1936 年 3 月再版，汉译世界名著，选译自 *Interpretation of Literature* 一书，并将各篇中所引诸诗一一译出，附于书后跋文内。

《英国浪漫诗人》，编译，11 月初版，亚细亚书局（毁于"一·二八"战火）。

《外国文学漫谈》，神州国光社（毁于"一·二八"战火）。

《战争文学论》，北新书局（毁于战火）。

1933 年

《遣怀》（诗），《文学杂志》第 1 卷第 1 期。

《西单牌楼风景》（诗），《文学杂志》第 1 卷第 1 期。

《旧城和新城》（诗），《文学杂志》第 1 卷第 1 期。

《曲线》（诗），《文学杂志》第 1 卷第 1 期。

《欧洲文学史》（论著），中国大学出版部。

1934 年

《永久的风姿》（散文），《文史》第 1 卷第 1 期。

《没落》（小说），《文史》第 1 卷第 4 期。

《孙席珍讲授"文艺思潮"》，《中学生文艺月刊》创刊号。

《孙席珍过着刻版生活》，《每周评论》第 124 期。

《汴洛之游》（散文），4 月，《青年界》第 5 卷第 4 期。

《怎样研究文学》，6 月，《青年界》第 6 卷第 1 期。

《孙席珍夫妇[照片]》，《青年界》第 6 卷第 4 期。

《文学概论》(论著),中国大学出版部。

1935 年

《现代中国散文选》(上、下册),1 月,北平人文书店,例言,周作人序,附录《论现代中国》(散文)。

《好好先生》(小说),4 月,《青年界》第 7 卷第 4 期。

《我在青年时代所爱读的书:从抒情作品到写实小说》,6 月,《青年界》第 8 卷第 1 期。

《狱中》(诗),署名丁非,7 月 10 日,《文学界》第 1 卷第 2 期。

《诗歌论》(论著),中国大学出版部。

1936 年

《我的职业生活特辑:我对职业问题的意见》,1 月,《青年界》第 9 卷第 1 期。

《湖上》,3 月初版,上海中国文化服务社,内收散文《自序》、《五妹》、《南旋》、《湖上》。

《暑期生活特辑:怎样过暑假》,6 月,《青年界》第 10 卷第 1 期。

《关于国防文学的论争》,署名丁非,9 月 10 日,《文学界》第 1 卷第 4 期。

《向前跳跃》(诗),署名丁非,11 月 10 日,《光明》第 1 卷第 11 期。

《十一月三日》(诗),署名丁非,12 月 10 日,《光明》第 2 卷第 1 期。

《现代书信作法》,上海中国文化服务社。

1937 年

《现代中国小说选》(上、下卷),赵景深、孙席珍编,3 月,上海中国文化服务社,上海百新书店 1946 年 11 月再版。

1938 年

《论国际形势》,江西政治讲习学院研究部。

1939 年

《一月来之国际形势》(时评),《地方政治》第 2 卷第 1 期。

《国际问题讲话》,江西政治讲习学院研究部。

1940 年

《略论县行政干部的培养》(政论),《地方政治》第 3 卷第 1 期。

《本院为什么要成立编审室》,《地方政治》第 3 卷第 1 期。

《彻底·持久·坚忍》,《地方政治》第 3 卷第 2 期。

《悼谢颐年先生》,《地方政治》第 3 卷第 5 期。

《外交常识》,江西政治讲习学院研究部。

《阿娥》,无名书店。

1945 年

《文人相轻》,署名丁非,10 月 15 日,《文艺大众》第 2 期纪念鲁迅先生逝世九周年专刊。

1946 年

《化身博士》,上海春江书局。

1953 年

《写作初步》,孙席珍、王荣初,上海普文出版社。

《太阳照上了世界的屋脊》,孙席珍编著,上海北新书局。

1955 年

《人类的辩护士席勒——纪念席勒逝世一百五十周年》,《浙江师范学院学报》第 1 期。

1956 年

《西欧文学史》(论著),浙江师范学院。

1959 年

《日本文学史纲》(论著),杭州大学。

《西欧文学史》(论著),杭州大学,1962 年再版。

《印度文学史纲》(论著),杭州大学。

1960 年

《东欧文学简史》(论著),杭州大学。

1963 年

《未来主义二论》,《杭州大学学报(人文科学版)》第 2 期。

1978 年

《鲁迅诗歌杂谈——读鲁迅先生几首诗的一些感想和体会》,《文史哲》第
2 期。

《怀念郭沫若同志》,《文史哲》第 5 期。

1979 年

《鲁迅早期的两首旧体诗》,《杭州大学学报(哲社版)》第 1 期。

《论〈唐璜〉》,《外国文学研究》第 2 期。

《鲁迅早期的两首旧体诗》,《杭州大学学报(哲社版)》第 2 期。

《忆旧话新道"五四"》,《语文战线》第 3 期。

《谈〈教授杂咏〉》,《鲁迅研究年刊》。

1980 年

《论〈李尔王〉的形象与思想》,《南开学报(哲社版)》第 6 期。

1981 年

《论〈李尔王〉的创作方法与艺术特色》,《安徽大学学报(哲社版)》第 4 期。

《鲁迅与日本文学》,《鲁迅研究》第 5 期。

《回忆鲁迅谈写作》,《学术论坛》第 5 期。

《天地比寿,日月齐光》,《浙江日报》9 月 18 日第 4 版。

《纪念沈雁冰同志》,《中国现代文学研究丛刊》第 3 辑。

《北方左联的始末》,《中国现代文学研究丛刊》第 4 辑。

1982 年

《鲁迅谈短篇小说——回忆鲁迅的一次讲课》,《学术论坛》第 1 期。

《鲁迅与有岛武郎》,《山西师院学报(社科版)》第 1 期。

《悼念林淡秋同志》,《东海》第 2 期。

《关于中国现代文学的思潮、流派问题》,8 月 15 日,《社会科学》(上海)第
8 期。

《鲁迅作品走遍天下》,《西北大学学报(哲社版)》第 4 期。

1983 年

《鲁迅与东欧文学》,《嘉应师专学报》第 1 期。

《我们应该怎样继续深入地研究鲁迅学习鲁迅》，《绍兴师专学报》第 1 期。

《关于郭老任北伐军"总政"副主任的通信》，《江西师院学报（哲社版）》第 3 期。

《我国进步文化的先驱者茅盾》，昆明《思想战线》第 6 期。

《鲁迅和郭沫若》，《学术论坛》第 6 期。

《鲁迅与东欧文学》，《鲁迅研究》第 8 期。

1984 年

《孙席珍小说集》，8 月，香港南方书屋。

《外国文学论集》，8 月，福建人民出版社。

1985 年

《忆郁达夫》，《西湖》第 9 期。

《怀念郁达夫——纪念郁达夫被害四十周年》，《社会科学战线》第 2 期。

《东欧文学史简编》（论著），孙席珍、蔡一平编，7 月，湖南人民出版社。

《文学写作基础》（理论），11 月，湖北人民出版社。

1986 年

《洪都杂忆》，《抗战文艺研究》第 1 期。

《忆秋白》，《社会科学战线》第 2 期。

1987 年

《〈郭沫若全集·女神〉校阅意见》，《唐山师专·唐山教育学院学报（社科版）》第 4 期。

1988 年

《郭沫若全集文学编诗集注释校阅意见》，《绍兴师专学报》第 1 期。

《郭沫若全集文学编诗集注释校阅意见（续）》，《绍兴师专学报》第 2 期。

《古希腊文学史》，（英）默雷（G. Murray）著，5 月，上海译文出版社出版，孙席珍、蒋炳贤、郭智石译，本书专论古希腊文学，上起荷马，下迄亚历山大时期和罗马时期，包括史诗、悲剧、戏剧、文艺批评等文学样式的发生、发展，且兼及历史、哲学和其他自然科学。

1989 年

《席勒的诗》,《外国文学研究》第 2 期。

1990 年

《纪念陶元庆逝世七十周年:怀陶元庆先生》,绍兴《鲁迅研究专刊》第 10 期。

1991 年

《孙席珍创作选集》,3 月,杭州大学出版社。

1992 年

《悠悠往事》,6 月,百花文艺出版社。

2002 年

《孙席珍文论选集》,10 月,浙江大学出版社。